大力全开

圆圆小啾 著

文匯出版社

图书在版编目（CIP）数据

火力全开 / 圆圆小啾著. -- 上海 : 文汇出版社,
2015.3
ISBN 978-7-5496-1356-4

Ⅰ. ①火… Ⅱ. ①圆… Ⅲ. ①长篇小说－中国－当代
Ⅳ. ①I247.5

中国版本图书馆CIP数据核字(2014)第287800号

火力全开

出 版 人 / 桂国强
作　　者 / 圆圆小啾
责任编辑 / 戴　铮
封面装帧 / 嫁衣工舍
出版发行 / 文汇出版社
上海市威海路755号
（邮政编码200041）
经　　销 / 全国新华书店
印刷装订 / 三河市金泰源印务有限公司
版　　次 / 2015年3月第1版
印　　次 / 2015年3月第1次印刷
开　　本 / 880×1230　1/32
字　　数 / 242千字
印　　张 / 9.5

ISBN 978-7-5496-1356-4
定　价：29.80元

目　录

Chapter 1　是总裁，不是黑车司机

谢依依优雅地走出酒店宴会厅，确定周围没人后，立刻发足狂奔。

她冲出酒店后门，看见空荡荡的路边只有一辆黑色轿车停在那里。

没有出租车，黑车也行啊，只要赶紧离开这个地方！

依依是一个天真无知的平民百姓，根本分不清轿车的档次。她觉得这车跟自家小区外面的无证黑车差不多，趁还没被人捷足先登，连忙冲了上去。

荣轩正在车里闭目养神，家里的长辈今天在酒店宴请一位“救命恩人”。

三天前，他娇生惯养的弟弟荣佑飙车出了车祸，价值五百万的跑车追尾一辆集卡，多亏路人热心帮忙，及时把那小子送到医院才捡回了一条命。

据说那位路人是年轻的女性，当时正在附近小店吃火锅。荣轩不喜欢应付这种家庭琐事，把任务丢给亲戚之后就躲到车里，趁下午的董事会议开始之前假寐一会儿。

正在酝酿睡意，车窗就被人敲响了。

荣轩烦躁地抬起头。

那位救命恩人小姐正趴在他的车窗上呼哧呼哧大喘气，表情惊恐又狰狞。

总裁先生的脑袋上冒了几条黑线。

车窗在谢依依的面前缓缓摇下，映入她眼帘的是一张神情冷峻的男性脸庞，漆黑的眼瞳深邃迷人。

依依被击中了两秒……

现、现在的黑车司机都这么帅了吗？

她顾不得多想，慌慌张张地问："去花园小区，15块行不行？"

男人一愣。

嫌少？

她一咬牙又加了5块："20块一口价！快走！"

她说着就钻进车后座。

发现这辆车……真豪华啊！

车座是雪白的真皮，地上还铺着毛茸茸的纯羊毛地毯。右边角落的那是附带冰箱的小酒桌吗？

这位司机对自家爱车的投资未免也太大了！

想到这里，她突然觉得20块的开价好像有点儿低，所幸司机没有发表意见，等她关上车门之后就慢慢启动车子离开小路。

荣轩不喜欢听车载音乐，一路上车厢里都静悄悄的。太压抑的寂静让依依觉得很尴尬，她看这位司机似乎不喜欢聊天，就主动搭话："师傅，您常在这边儿做生意？"

师傅？！

荣轩心中抽搐一下，佯装淡定："还好。"

"那您肯定知道刚才我去的那家酒店是谁家的，是华荣啊！就是经常在新闻里出镜的那个超有钱的家族企业！"

"知道。"——嗯，超有钱是没错，不过他这个总裁不喜欢出镜，这种事一般都丢给公关经理去做。

"还有，"依依又说，"您知道华荣总裁的弟弟荣佑是个娇生惯养的公子哥吗？”

“知道。”——怎么会不知道，荣佑那小子经常把他气得牙痒痒。

“原来您也挺八卦嘛，”看司机表现得很配合，依依一下子来了劲儿，她立刻抱住驾驶席的椅背凑近司机，满脸悲愤，“但是，您肯定不知道荣家的人全都跟野兽一样凶残！”

荣轩的方向盘差点打滑。

“怎么说？”记忆里，他们荣家似乎没有兽类的基因。

于是，依依立刻开始悲愤地絮叨：“刚才我一走进宴会厅，就被一群荣家人呼啦一声围住！他们抢着来跟我握手，还夸我是千里挑一的豪杰烈女，强烈要求荣佑对我恩债肉偿以身相许，全面改善荣家后代的基因。我、我只是顺手帮了他一个小忙而已，你说他们这叫什么事嘛！”

事情还要从早晨说起。

最近天气渐凉，依依的老板责令旗下美食杂志赶制一期暖心甜品专题，依依和同事们熬了好几个通宵，才兵荒马乱地完成任务。

一大早，依依正埋头在被褥里呼呼大睡努力补眠的时候，被一通电话吵醒了，某个磁性又好听的声音邀请她前往 ×× 酒店赴宴。依依听见赴宴两字就双眼发亮，以为老板心疼员工最近加班辛苦，大发善心办酒席犒劳大家，连忙起床梳妆打扮奔赴目的地。

然而在半路上，她越想越不对劲儿。

老板大人是留洋归来的高端人才（他自己说的），是文艺男青年中的战斗机（同事们说的）。他最烦闹哄哄的中式酒宴，嫌弃人家不如法式餐厅高贵，今天是哪根筋搭错了？还是自己误会什么了？

一头雾水地冲到酒店，穿白西装的侍者将她引入金碧辉煌的大厅，乘上电梯直达 68 层。

随着电梯门“叮”的一声打开，依依看到一群衣着光鲜的陌生人汹涌地朝她冲了过来……

一番惊心动魄之后，她借故去洗手间补妆，脚底抹油赶紧开溜。

荣轩知道家里人的脾气，对这位恩人小姐很是同情，忍着笑问："那么，你觉得荣家人哪里不好？"

"哪里都不好！那么多人握手，我只有两只手，怎么轮的过来！"依依一脸悲愤。

……

这位恩人小姐的关注点好像不对吧？

荣轩循循善诱："重点不在于握手，在于荣佑。"

"嗯，没错，"可惜依依完全误解了他的意思，"荣佑那种大少爷可讨厌了，刚才从头到尾都坐在角落，面如锅底，好像人家欠他二五八万似的。"

关注点还是不对，不过对荣佑的评价倒是一针见血。

荣轩再次忍笑，听见恩人小姐还在继续滔滔不绝："不过话又说回来，华荣总裁是荣佑的大哥，司机先生您猜总裁会叫什么名字？我猜该不会是荣佐吧？兄左弟右哈哈哈……"

荣轩猛地一个急刹车。

依依正笑得专心，毫无防备地往前一冲，门牙跟前座来了一个亲密接触。

"你！……"她痛得眼冒金星，刚要大骂司机刹车怎么不提醒，突然发现那双黑眸正透过后视镜，冷冷地看着她。

那双眼眸仿佛有穿透人心的震慑力，依依瞬间噤了声。

"到了。"荣轩淡淡道。

依依连忙点头，付钱，下车，飞也似的逃进自家小区大门。

一路上她的心都在怦怦直跳，怎么回事？司机刚才的眼神突然变得很可怕，难道他其实是黑社会出身吗？

今天的皇历上一定写着不宜出门，所以她会被荣家的人缠上，还遇到很有钱又很像黑社会的奇怪黑车司机，真是惊心动魄的一天。

依依跑得太急，没有看到自己下车之后，“黑车司机”也跟着下来了。

荣轩右手扶着车门，默默眺望依依像兔子般飞奔的背影，唇角勾起一丝无奈的浅笑。

这时，身后传来机车引擎的声音。一辆帅气的摩托停在车后。骑士摘下头盔，面带微笑的样子看起来很有亲和力，是荣轩的秘书乔溪。

“老板，这么快就进展到送谢小姐回家了？”他笑着说。

“乔溪，看来我要改名了。”荣轩面露深沉。

“改，改名？改成什么？”

“荣佐。”

“现在的名字风水不好吗？”

“不，有人说，兄左弟右。”荣轩抬了抬下巴。

谢依依回到家里洗个了澡，继续蒙头大睡，然后起床，叫外卖，看电视，吃外卖……她晚上早早就回到床上去养精蓄锐了。

只是不知怎么回事，夜里她一直梦见自己被那双漆黑的眼瞳凝视着。那位司机真是深得以眼杀人的精髓，给她留下的阴影在梦里都挥之不去。

平凡的杂志社小编辑谢依依没有想到，自己平凡人生的悲惨插曲并没有因为昨天的逃亡而结束，相反……才刚刚开始。

隔天她一身白领装，踩着高跟鞋挤在沙丁鱼罐头般的地铁里，嘴里还咬着饼干。正挤得腰酸腿疼的时候，手机突然不知趣地响了。

依依艰难地把它摸出来，看见显示的姓名是同事兼好友米嘉。她艰难地按下接听键，八十分贝的尖叫声立刻传来：“谢依依你赶快给我滚到公司来！出大事了！”

地铁里实在太吵了，米嘉的嗓门虽然大但是实在说得太快。依依只勉强听见“滚到公司”和“出大事”，她心中一沉，还以为自己做的暖心甜品专题出了什么问题。一到站，她就惊慌失措地踩着高跟鞋以百米冲刺的速度奔向公司，一路上还撞到了好几个人。

披头散发地冲进办公室，她远远看见米嘉正站在办公桌前，一手捧咖啡，一手拿报纸，连忙冲上去揪着她的衣领咆哮："专题出什么问题了？！"

米嘉莫名其妙地反问："什么专题？我这件衣服是昨天在精品店刚买的，价值五千块，衣领少说也值五百块吧，你不要随便揪哦。"

"不是专题？那你干吗催命似的叫我赶快来公司？"

米嘉表情一僵，尴尬地把手里的报纸拍在依依脸上："喏，你自己看。然后……自求多福吧。"

依依一头雾水地抓住报纸，拿到自己的办公桌上翻看。那是一张三流的娱乐新闻报，瞄到头版头条的一瞬间，她整个人都石化了。

只见标题大字触目惊心地写着：华荣集团总裁荣轩，光天化日密会不明女子，疑为新欢？！

标题下的巨幅照片，是通过广角镜头偷拍到的一辆轿车里的情景——画面上，后座的女子正在递出什么东西给前方驾驶席的男子。

依依一眼就认出女子是自己，而男子，就是昨天送他回家的黑车司机了。

照片内容，应该是她正在给司机付打车费的情景。

司机。

总裁荣轩。

密会。

不明女子。

依依仿佛被一个巨雷当头劈中，瞬间明白发生了什么事。她，她她她，她居然把堂堂的Boss大人当成黑车司机，还用20块钱打发人家？

不，更重要的是，她貌似……还在Boss大人面前针对他的名字发表了不该发表的意见！

依依好想一头在墙上撞死。

米嘉捧着咖啡悄悄从隔间探出头，看依依面如死灰的样子，还以为她知道了她们的老板 Jimmy 和荣轩之间的深仇大恨。

她同情地拍拍依依的肩膀："唉，你这个傻孩子，就算跟男明星发展成不健康的男女关系也不要紧，怎么偏偏跟荣轩扯在一起。"

"我没有跟任何人发展成不健康的男女关系！"依依悲愤握拳，"这只是那天晚上我们俩吃火锅的时候，我路见不平拔刀相助的后遗症啊！"

米嘉想了一会儿，大惊："你是说那天晚上我叫你别狗拿耗子多管闲事，你一边愤怒地说自己不是狗，一边冲出火锅店去围观车祸的事情？"

"嗯，"依依忧伤点头，又加了一句，"但我确实不是狗……"

米嘉没理她，继续追问："就是你事后跟我抱怨说那个被撞伤的男人脾气超级差，一会儿嫌弃救护车不够宽敞，一会儿大喊医生把他弄痛的？"

依依继续忧伤："嗯，其实他是华荣集团总裁的弟弟荣佑。然后，荣家人昨天请我吃饭，吵着要把荣佑嫁给我，我逃跑的时候不小心又把荣轩的车当成无证黑车上去了，还嘲笑了荣轩的名字……"

米嘉的眼神都死了。

显然，黑车事件就是八卦照片的来龙去脉。

"谢依依，你好样的，"她无力地扶着额头，跷起拇指，"一次钓上两个金龟婿，还好意思说自己没有跟任何人发展成不健康的男女关系！"

"我是无辜的。"依依欲哭无泪。

"就凭你那么粗的神经，我当然相信你是无辜的，"米嘉同情地叹息，"但 Jimmy 肯定不会放过你，你赶紧主动去跟他解释一下吧。"

依依突然听不懂米嘉的话了："跟 Jimmy 有什么关系？解释什么？"

"你不知道吗？"米嘉一愣，连忙压低声音，"其实，Jimmy 和荣轩……"

这时，身后传来两声咳嗽。

两个小员工吓得头皮一麻，猫着腰颤巍巍地回过头。

一阵淡淡的古龙水味随风而去。

某人从旁边经过，留给员工们一个潇洒的背影，以及一句冷冰冰的口信：“谢依依，到我办公室来一下。”

依依的头皮更加麻了。

但是老板发话，小员工不敢不从。依依吃完饼干，放下报纸，整理衣服和头发，抹了点口红，最后朝米嘉露出视死如归的眼神。

米嘉的表情同样凝重，朝依依挥挥手，像是在送别离家上战场的亲人。

依依握拳，鼓起勇气转身走向老板办公室，敲了敲玻璃门。

Jimmy 已经稳稳坐在巨大的老板桌后面，戴着招牌式的黑框眼镜，双手支着下颌，面无表情。他穿了一件合身妥帖的黑色毛衣，袖子挽到手肘，标准的文艺青年范儿。

从外形上来说，Jimmy 很帅，眼镜加毛衣的形象堪比电影明星，完全可以帅死整个公司的女性员工。但是，在见识过他屡次为一个小小的工作失误把众下属骂得狗血淋头之后，再也没有人这么想，也没有人敢对他心存粉红幻想了。

有一个毒舌、神经质，外加工作狂的老板，真是人生不幸啊。

如果不是因为公司福利好，依依觉得自己早就撑不下去了。

“谢小姐，你的社交圈子很广。”Jimmy 冷笑，随手扔出一张报纸，正是刚才米嘉给依依看的三流娱乐新闻报。

“还、还好，”依依尴尬搔头，赔笑，“老板，您也喜欢看八卦？”

“不，我很讨厌，”Jimmy 毫不客气地否定依依，在老板椅里非常潇洒地换了一个姿势，“而且，我更讨厌我的员工和不该来往的人来往。”

“我不知道他是华荣集团的总裁啊！”依依欲哭无泪，“我、我是因为遇到一点意外，把他当成了黑车司机。而且，他开车的技术很不错……”

Jimmy 嗤笑一声：“你以为我会相信吗？看到自家的员工和商业竞争对手关系这么暧昧，你以为我会听完你的解释就一笑了之？”

“商业竞争对手？”依依一愣，同时似乎感到了事态的严重性。

Jimmy 继续冷淡而慢条斯理地说：“华荣集团是本市最大的连锁酒店集团，而且近期在快速发展餐饮业。据我所知，华荣旗下的传媒部门正在策划一本美食杂志，而且市场定位与我们的《YO 美食假期》非常相似。在这么关键的时候，你突然和荣轩在一起并且被狗仔队拍下照片，这说明了什么？”

“……”依依目瞪口呆。她的大脑里一片空白，手脚冰冷，嘴唇微微地颤抖着。

Jimmy 是白手起家，经过数年的艰苦打拼才成就今天的事业，每一步都走得如履薄冰。公司主打两本杂志，分别是《YU 时尚之都》，以及依依所在部门负责的《YO 美食假期》。如今杂志行业不好做，Jimmy 养着公司的男女老少已经很不容易，没想到财大气粗的华荣集团也突然要来分一杯羹，用大腿想都知道他会有多紧张。

但是，依依不会巧舌如簧地为自己辩解，因为她真的什么都没做啊！

“依依，我知道你的性格，也相信你的人品。”这时，Jimmy 又说。

“是啊是啊，”依依连忙点头，“老板，我天性纯良，正直热心，不贪财也不贪色，就是偶尔在上班期间偷吃零食。老板对我恩重如山，我不会干泄露公司机密这种伤天害理的事情的。”

“我相信你不会，但是荣轩会。他那个人比狐狸还精，今后一定会想方设法从你嘴里套话，所以最好的解决办法就是，你从明天开始不用来上班了。”

“嗯？”依依眨了眨眼睛，以为自己没理解 Jimmy 的意思。

“听不懂吗？”Jimmy 看着她，一字一句地说，“你、被、辞、退、了。”

依依不知道自己是怎么离开 Jimmy 的办公室，又是怎么回到自己座位上的。

周围是死一般的寂静，只能听见同事们在电脑前噼里啪啦的打字声。

米嘉朝她挥挥手，又指指电脑屏幕。

依依连忙打开 MSN，发现同事群里已经吵成一片，大家都在讨论她和荣轩的事。看见依依的头像亮起来，消息会话铺天盖地地涌向她：

泡面涨价再也不会爱了："依依，你和荣轩是怎么回事啊？"

专注减肥一天半："敲碗敲碗！恭喜平民大胃王妹子嫁入豪门！什么时候吃你的喜糖？"

依依爱火锅："谁是大胃王啊……我和荣轩根本不认识，都是狗仔队在乱编新闻。"

泡面涨价再也不会爱了："骗谁呢你？不认识人家，怎么还上了人家的车？啧啧，我看那部车至少值两百万，把我全身的器官都卖掉也买不起。"

依依爱火锅："是、是吗？我不懂车，以为是普通的无证黑车，糊里糊涂就上去了……"

再吃凤爪就剁手："神马！！！你把堂堂大总裁当成开黑车的了？你是不是火锅里的添加剂吃太多，把脑子吃坏了？！"

依依爱火锅："我也好后悔啊，现在说什么都晚了。华荣的传媒部门也在筹划和我们《YO 美食假期》类似的杂志，Jimmy 担心荣轩会从我嘴里套取商业机密，刚才已经把我辞退了。"

群里沉寂了一秒钟。

突然，依依右手边传来一声巨响。

她被吓得魂飞魄散，转头一看，是米嘉把办公椅一脚踢翻在了地上。

她死死盯着 Jimmy 紧锁的办公室，眼睛里像是冒出了火。大家连忙对她又是嘘声，又是打手势，示意她不能冲动，千万不能冲动。

米嘉握了握拳，半天才硬是忍耐着坐了下来，同时开始噼里啪啦的打字。

米小嘉才不是八卦王："你笨蛋啊！他炒你鱿鱼，你就被他炒？休息日是员工的私人时间，那货有什么资格管你跟谁在一起？还套取商业机密，他有证据吗？他凭什么用这种莫须有的罪名辞退你！"

再吃凤爪就剁手："是啊，是啊，明明是那个四眼闷骚男自己有被害妄想症！以为全世界都想要我们的杂志呢！"

专注减肥一天半："没错，依依，只要你一句话，我们马上砸烂Jimmy的办公室，帮你讨回公道！"

依依爱火锅："大家不要激动，这件事也不能全怪Jimmy。是我自己太迷糊，坐了不该坐的车。"

事主这么说，群里瞬间又沉寂了。

泡面涨价再也不会爱了："……依依，你太软萌太好欺负了，姐姐好心疼。"

依依爱火锅："好感动……"

米小嘉才不是八卦王："别担心，依依，Jimmy那个人嘴硬心软，脾气来得快去得也快。他大概是看到你和死对头在一起，心里实在太气，等过一阵我们再去劝劝，他可能就会收回今天的决定了。"

专注减肥一天半："说的也是，小公司就是这点方便啦，决定员工的去留，还不是老板一个人说了算。"

依依爱火锅："谢谢大家！"

其实，这句话后面本来还跟了一句"那我走了"，依依想了想，在对话框里打出来之后又把它删掉了。她不喜欢伤春悲秋，不就是被炒鱿鱼嘛，此处不留姐，自有留姐处，反正这些年在Jimmy手下学了不少东西，也一直过着还算安逸的生活。

依依想，在自己变成懒散的温水青蛙之前，的确是该换个地方闯荡一下了。

想到这里，心情豁然开朗起来，她开始埋头收拾东西，立马准备走人。

正当她忙得不亦乐乎的时候，MSN 又亮了起来。

屏幕上弹出一个私聊对话框，居然是老板。

Jimmy- 栏目抓紧交："谢小姐。"

依依爱火锅："老板？"

Jimmy- 栏目抓紧交："考虑到你这些年对公司的付出，我会额外补偿你六个月的薪水，月底随奖金一起汇入你的银行账户。"

六个月！

依依震惊了，在心里飞快盘算着六个月的薪水是多少钱。而 Jimmy 在说完这句话之后就不再理睬她，头像状态也变成了"忙碌"。

盯着那句语气冷淡却似乎蕴藏着许多含义的话，依依突然觉得鼻子有点儿酸。

从 Jimmy 的角度来说，他没有错。他是一个资金和人脉都很有限的小老板，华荣集团对他来说是一个很大的威胁。为了保护好不容易在市场竞争中存活下来的自家杂志，他也只能丢卒保车，把商业机密被泄露的可能性扼杀在摇篮里。

依依对天发誓，她不是被那六个月的薪水收买的。

为 Jimmy 卖命了这么多年，她知道这位老板并不像他看起来的这么坏。

嗯，谢依依是善解人意的好妹子。

可……善解人意不能当饭吃啊！

半个小时以后，依依抱着装满私人物品的纸板箱，孤独地走在街上。上班高峰还没有完全过去，路上的白领们行色匆匆，只有她一个人无所事事。

临走前，米嘉把依依送出办公室，一路送到电梯口对她悄声耳语："别难过，回去我就给 Jimmy 洗洗脑子，一定会想办法让他把你召回去的。"

依依笑了笑，并没对米嘉的话抱太大期望。

Jimmy 是个心高气傲的死脑筋，就算犯了错，嘴上也死不承认。她谢依依没这么大的魅力让这个牛脾气老板回心转意，退一万步讲，就算 Jimmy 有脸吃回头草，她还没脸吃呢。

被前老板招之即来，挥之即去，岂不是证明偌大的世界没有她谢依依的容身之处？

呸，才不回去。

那么，接下来要去哪里呢？

依依仰天凝思，她是应该立刻开始找新工作，还是先休息一阵养精蓄锐？

她在心里盘算了一下，自己是独自来到这座城市工作的，一人吃饱全家不饿。经过这些年的积攒，她在银行里有一笔不菲的存款，胡吃海喝一两年应该够。

而且，她的工作经验也很丰富，要搞一本杂志的话，策划、写栏目、组稿、审稿、校对、送印……所有流程一肩挑没问题，同时她健康、强壮、勤奋、耐操、乐于加班，还能忍饥挨饿，能在一天工作 16 小时的情况下只吃一顿。

这么说来，Jimmy 还真是失去了一位性价比很高的员工。

依依为他扼腕叹息。

不过仔细想想，这些年也工作的很辛苦，是该休息一下犒劳自己饱经压迫的身体了。于是依依最终决定先不找工作，回家吃喝玩乐一阵，再慢慢规划下一步也不迟。

刚打定了主意，手机就响了起来。

来电显示是一个陌生的号码，依依接起来，耳边传来非常耳熟又礼貌的声音：“请问是谢小姐吗？”

“你是……？”依依一愣，觉得这个声音很耳熟。

“我是荣先生的秘书乔溪。”

“荣先生？荣佑？”

“不，是荣轩先生。昨天您在酒店说去洗手间补妆之后，就不辞而别了，是不是我们有什么招待不周的地方？”乔溪的声音清澈如水，听着很悦耳。

瞬间，依依的脸从脖子一直红到耳根。

她知道这个声音为什么会耳熟了，他就是昨天早晨打电话请她赴宴的家伙。当然，他也出现在了宴会现场，是一个笑容温和的年轻男子。

依依想，难道她扔下的一堆烂摊子把荣家人惹毛了，他们派出了秘书前来将她捉拿归案？

但是有钱人就这么神通广大吗？都没跟她见过面就能查出她的名字、宅电和手机？平民百姓真是没法儿活了！

幸好，乔溪没有对依依闯下的各种祸发表意见，语气依然礼貌：“谢小姐，请问您现在在公司吗？”

“我……不在公司。”听到公司，依依一阵悲痛涌上心头。

“那您现在在什么地方，方便告诉我吗？我开车来接您。”乔溪又问。

听到“开车来接”这四个字，依依觉得背后一阵发寒。她已经被荣轩的车子整怕了，这辈子再也不想上什么有钱人的车了。

但是俗话说，伸手不打笑脸人。乔溪的态度温和，无懈可击，让依依不忍心说出回绝的话。再说，神通广大的有钱人估计也已经看到了狗仔队的偷拍照片，她很有必要跟荣轩当面解释一下误会。

毕竟，荣佑娶不到救命恩人事小，荣轩跟救命恩人发生绯闻事大。

想到这里，依依立刻分清了轻重缓急，把自己所在的位置告知乔溪，然后在路口乖乖等着。

几分钟以后，一辆帅气的黑色机车飞驰而来，稳稳停在依依面前。

“你好，”蓝色头盔下的双眼透着微笑，乔溪丢给依依另一个红色头盔，

"上来吧，我带你去一个地方。"

依依傻了眼，像她这种小女生总是对狂野的摩托骑手有种天生的憧憬，没想到有朝一日居然能见到活的？而且，乔溪身上充满了如沐春风的气质，她怎么也没办法把他和魅力十足的骑手联系在一起。

看着依依犹豫的样子，乔溪又笑："怎么，后悔了吗？这是荣先生的吩咐，谢小姐不答应的话，我会很为难的。"

他的笑容立刻让依依充满了负罪感，是啊，乔溪也是和自己一样的打工仔，奉命办事而已，小职员何苦为难小职员？再说光天化日之下，他应该也没胆子带自己到什么奇怪的地方去。

反正也闲着没事，依依戴上头盔，乖乖爬上乔溪的车。

"坐稳喽。"乔溪喊了一声，踩下油门。

瞬间，马路上了留下谢依依小姐凄惨的叫声："啊啊啊啊啊啊——"

等到下车的时候，依依已经头晕目眩，两腿发软。出了娘胎之后头一次坐摩托车，那狂飙的速度和在车流中穿梭的蛇行，对她来说就跟云霄飞车一样刺激。

乔溪好心地帮她捧着纸箱子，带她走进一栋豪华的摩天大楼。直到电梯上升了好几层，依依才总算稍微缓过气，同时想起一件重要的事。

"对了，乔先生，您和……呃……总裁大人，看过今天的 ×× 娱乐新闻吗？"

"没看过，不过已经知道那件事了。"乔溪微笑。

依依赶紧抓住他的袖子："那拜托你跟总裁大人解释一下啊，我真的不是故意要上他的车，我和那些狗仔队也没关系。为了这件事，我已经被老板开除了，我不希望再被总裁大人误会！"

其实看到依依的纸箱子，乔溪就已经明白发生了什么事。

真好！

这正中荣轩的下怀。

他冲依依笑笑：“谢小姐，有什么事的话，您可以直接跟荣先生说。”

随着他的话音落下，电梯门也“叮”的一声打开了。

呈现在依依面前的是一座绿意盎然的空中花园，到处充满鸟语花香，还有依依在电视剧里才看到过的紫藤秋千。而在花园中央，绿茵茵的草地上摆着白色的沙滩椅和小圆桌，身穿休闲衬衫的某人正坐在遮阳伞下，悠闲地阅读外文财经报纸。

听见电梯那边传来的声音，荣轩不经意地抬了一下头。眼神短暂交会的一瞬间，依依觉得自己的心脏又漏跳了一拍。

她呆滞地回头看乔溪：“这……？”

乔溪笑笑：“谢小姐，您的事情荣先生已经知道了。为了对您所受的无辜伤害表示歉意，我们华荣集团决定聘用您，您将负责策划我们旗下的新杂志《Fresh 魅力饮食》。”

依依彻底呆滞了。

她露出“救命我不想被聘用啊”的绝望眼神，但乔溪像没看见似的把情况介绍完毕之后就走到花园角落，一边浇花一边等总裁大人的吩咐随时待命。

偌大的花园里，仿佛瞬间只剩下了依依和荣轩两个人。偶尔有一两只小鸟啾啾地鸣叫着从林间飞过，带来令人舒畅的自然气息。

但是，依依的心情一点都不舒畅，因为她看见荣轩合上了财经报纸，从圆桌上拿起一份花里胡哨的资料。

那资料依依太熟悉了，几年前刚从大学毕业的时候，她还是一个喜欢可爱东西的小女生，参加校园招聘期间，她听说用人公司喜欢有个性的简历，就按着自己的喜好，往简历上贴了一大堆亮粉贴纸花边装饰之类的东西，还拍了一套模板最华丽的大头贴当成一寸照，信心满满地把简历们投出去了。

这件事成为了她人生中的一个污点。

很久以后，Jimmy 偶尔心情好的时候，还会把简历事件拿出来嘲笑依依庸俗的品位。

依依真不记得自己当时也给华荣投简历了，只能说当年初生牛犊不怕虎吧。要是换了现在，打死她也不会搞出这么低俗的玩意儿。

看着英俊潇洒的总裁大人用修长漂亮的手指翻看着那份五彩缤纷的简历，依依突然好想变成花园里的一棵树装死，或者一只鸟飞走也好……

“这东西，多少钱一个？”这时，荣轩突然问，指尖摩挲着某一张亮粉贴纸。贴纸上面的粉经过几年时间居然还熠熠生辉，让依依对这种山寨货品的优秀质量哭笑不得。

“两块钱一个吧，”她羞耻地低头对手指，“这是几年前的价位，现在估计翻了五倍……”

“十块？”荣轩挑眉，“那我买两个给你，你开黑车送我回家？”

依依默默地在心里流泪。

“还是红绿色搭配的？真有趣的品位。”荣轩又补了一刀。

依依觉得胸口之痛已经无法承受。

“你当年为什么会应聘我们公司？”总裁大人继续冷酷地发问，“华荣集团只招聘全国重点大学本科毕业的应届生，你只有一个小城市三流大学的文凭，怎么会有勇气来应聘我们家？”

“应聘这种东西不需要勇气吧……”依依小声道。

“那你就是漫无目的乱撒网？”荣轩皱眉，“这不好，说明你办事没有明确的目标和计划，难怪毕业这么多年只能给 You-Time 那种小公司打工。”

You-Time 就是 Jimmy 的公司，依依本想反驳荣轩，表示自己的前东家麻雀虽小五脏俱全，员工该有的福利一样没少。但转念又想 Jimmy 说过荣轩比狐狸还精，此时提起 You-Time 搞不好是找机会探她的口风，打听《YO 美食假期》的商业机密呢。

于是，她顺着荣轩的话面露苦楚："是啊，荣先生，我这个人又懒脑子又笨，在 You-Time 那边随便混口饭吃而已。其实老板很看不起我的，这么多年还在让我做前台接待……"

"你不是杂志编辑吗？"荣轩无情地拆穿了她。

"啊？哦，对对对！前台是我的本职，杂志人手忙不过来的时候才让我去编辑部门充数！"依依连忙随口扯谎。

荣轩头上冒了几条黑线，华荣用人虽然重视文凭，但也同时会参考工作经验。在向董事会通过谢依依的聘用决议之后，他早就把这位恩人小姐的背景调查清楚了，You-Time 虽然只做两本杂志，但在 Jimmy 的严苛调教之下，编辑组的员工个个都是独当一面的大将，随便跳槽去哪个大公司开翻倍薪水都完全没问题。

荣轩不明白依依为什么要把自己说得这么不堪。

唔，大概是 Jimmy 的被害妄想症犯了，在员工面前说了华荣的什么坏话。

总裁大人想了一会儿，决定成全这位华荣集团的新员工，让她自己挖火坑自己跳。

"所以，谢小姐，你认为自己一无是处？"他挑眉。

"对对对，"依依连忙点头，"我连桌子都擦不干净，比清洁工还不如。"

"是吗，"荣轩的眉头皱得更深，"那么看来有必要先把你安排到最基层的岗位上，让你接受全方位的职业培训。"

最基层？哈哈哈哈好啊！

依依大喜，基层就等于是华荣旗下的旗下的旗下……就等于离开荣轩十万八千里，这样的话她就不用担心会跟总裁大人碰面，每天都无忧无……

不对啊！

"你你你……"依依震惊地指着他。

"您，"荣轩看了她一眼，"然后，手指收起来，这样很不礼貌。"

"呃……您！"依依舌头打结，艰难地变换人称，"您不是说要我负责策划新杂志吗？"

"本来确实是，不过既然你一无是处，我只能变动你的岗位了。"

"既然我一无是处，你……您！不是应该直接决定不聘用我，才比较正常吗？我真的不知道什么杂志的商业机密啊！"依依头脑发热地大喊。

一旁在给花浇水的乔溪已经偷偷笑翻了。

谢小姐果然不是总裁的对手，三两下就被他把话套了出来。果然，Jimmy是担心荣轩会通过依依探听You-Time的消息，才会把依依辞退的。

将小员工玩弄于股掌中的大总裁居然还面不改色，继续淡定地问："怎么……谢小姐看不起我们华荣集团吗？"

依依已经完全乱了阵脚，语无伦次道："不是啊！你高攀不起我……不，我高攀不起你……不对，我根本不是来跟你面试的啊！我只是想解释一下，今天娱乐报纸登出来的照片，真的不是我故意要害你被偷拍，我跟那些狗仔队完全没关系！"

嗯，凭你的情商和迷糊劲儿，也不会有关系。

荣轩在心里想。

然后，他故弄玄虚地朝桌子上看了看，拿起一份报纸："哦，你说这个吗？原来这张照片不是伪造的，确实是你害我上了报纸，绯闻缠身？"

"我不是故意的！"

"这种新闻是对我名誉的极大损害，你认为我会听过你的解释就一笑了之？"

呃？总裁大人的最后一句话怎么跟Jimmy的风格这么像？资本家都有被害妄想症吗？

依依突然觉得，自己跳进黄河也洗不清了。

然后，她看见荣轩拿着报纸，淡定却不容置疑地说："那么，谢小姐，在我弄清楚你和狗仔队到底有没有关系之前，麻烦你先在华荣集团待一阵子了。而且，基于你刚才对自己的极差评价，我会给你安排一个不需要专业技能的岗位，薪水也不会很高。我希望你能把自己当成刚出校门的大学生，从头开始，好好学起。”

依依张了张嘴，像一条溺水的鱼。

她觉得，自己好像掉进了一个陷阱。

Chapter 2　失业女青年误入豪门

依依在呆滞的状态下被迫办理了入职手续，说是手续，其实就是秘书乔溪不知从哪儿变出一堆表格叫她填。这堆表格从家庭住址、工作经历到个人喜好无所不包，让依依觉得自己简直在填一份“谢依依使用说明书”。

中途，她坏心眼地思考着要不要虚构地址，没想到看报纸的荣轩突然“嗯哼”一声，看都没看她一眼就说：“谢小姐，为了公司能够深入了解员工情况，每一项条目都请如实填写。”

依依软了，她在总裁大人威严的气魄面前毫无招架之力。

填完表格上交的时候，她觉得自己交的是一份万恶的卖身契，从此以后她就成为了没有人权的资本家的奴隶。

都是狗仔队的错！

似乎……也不全是。

告知依依明天早上八点半会有班车来接之后，乔溪就好心地放她走了。她失魂落魄地晃进电梯，完全不知道自己到底造了什么孽，才会跳进这个火坑。

唯一聊以自慰的就是荣轩开给她的薪水比 Jimmy 高了一点点。

只是一点点而已。

回家以后，她打电话跟米嘉哭诉了一番，但隔天早晨八点还是准时出现在卫生间里。

她睡眼惺忪地咬着牙刷，盯着镜子里的一双水泡眼，心想昨天自己明明下决心要休养生息、醉生梦死一阵子的啊！为什么今天会站在这里梳妆打扮？

要不然，无故旷工吧？

员工毫无理由地不来上班，就算荣轩想留她，其他董事、经理、主管什么的应该也不会同意。反正她已经在荣轩面前丢尽脸了，再多丢一点儿也无所谓。

依依刚这么想着，听见楼下传来一阵汽车喇叭声。

她探头一看，糟了，深蓝色的豪华大巴已经停在楼下，是公司的班车。

不，不对啊，这么恐怖的庞然大物是怎么跑进小区里来的？

平时门口保安看到一个送快递的都明明要盘问半天，难道华荣集团的班车就可以破例？

有钱公司真让人憎恨！

已经打定主意要旷工的依依心一横，装作什么都不知道，继续慢悠悠地刷牙洗脸。

然后……汽车喇叭又响了。

然后……喇叭每隔五分钟就会响一次。

然后……当响到第三次的时候，依依终于崩溃地拎着挎包冲下楼，大喊：“别按啦！”

救命啊！

她认输了！

再按下去，再按她就要变成整个小区制造噪音的居民公敌了！

班车司机是为华荣集团开了几十年车的老师傅，与荣家有一点儿交情，天生脾气直爽火爆，看见依依气喘吁吁地爬上车，他立刻破口大骂：“怎么了你，上个班都 tmd 这么扭扭捏捏的？别以为你是总裁亲自招聘进来的就有什么稀罕，三天之内照样把你训得老老实实！”

满车打瞌睡的白领们立刻来了精神——唷，总裁亲自招聘进来的？走后门的关系户？

大家瞪大眼睛，想看看这位关系户到底是何方神圣。

结果，他们看到一张素面朝天的脸，纯净得好像小鹿似的黑眼睛，廉价短打小西装，收身牛仔裤外加一双旧的平跟鞋。

唉，弄错了吧，这姑娘跟个穷酸大学生似的，还被司机训得唯唯诺诺，哪儿都看不出来有关系户的气质嘛。

大家纷纷继续打瞌睡。

而依依被司机骂了一通，心中瞬间充满负罪感，忧伤得泪汪汪地说：“师傅，都是我的错。不然，您给董事会打个小报告，让他们把我开除了吧？”

司机傻了眼，从来只听说人家挤破头要进华荣集团，没听说有人主动要求被开除的。

再加上这姑娘的稚嫩形象，连精通八卦的司机也开始怀疑自己的消息来源。

他无力地挥挥手：“去，找个位置坐好，别再给我找麻烦了。”

依依连忙乖乖听话，同时确认自己果然不是干坏事的料儿。只不过被喇叭催了几声，她就吓得好像看见了总裁本人似的。

嗯，谢依依不会旷工，谢依依是个好员工。

呜呜呜……她不想当华荣集团的好员工啊！

让依依更加痛苦的是，她上班的地方居然就是昨天接受荣轩面试的那栋豪华写字楼。

写字楼的顶层是荣轩的办公室，而28层是传媒部，《Fresh 魅力饮食》就属于这个部门，依依被分配到的岗位则是该杂志的行政助理。

嗯，就是那种专管打印、复印、整理资料、做表格，连中学生都会干的打杂工作。

《Fresh 魅力饮食》的总编，也就是依依的上司——伊琳娜——是一位标准的职业女性，三十出头。她栗色的长发一丝不乱地盘在脑后，身穿高级职业装，脸上化着精致的妆容，闪闪发亮的耳环和项链一看就知道价值不菲。

站在她面前，依依觉得自己好像一个柴火妞儿。

伊琳娜不爱八卦，对依依这位空降到自家部门的员工亲切而疏远，稍微说了几句客气话之后，建议她四处逛逛，看看自己有什么事能做。

依依知道，伊琳娜的潜台词就是叫她一边玩儿去，毕竟在职场摸爬滚打好几年，她自认为还是比较能揣测领导心思的。大概……总裁大人的这项人事安排让伊琳娜挺头大，她就像抓了一只烫手山芋似的，拿也不是，甩也不是。

本分听话的小员工谢依依是不会给上司添麻烦的，她乖乖来到自己的办公桌前，乖乖阅读电脑里现有的资料，乖乖按照同事的要求帮他们复印。

于是经过一上午，依依的工作成绩是复印文件五份。

依依闲得快长毛了，她趴在办公桌上扭来扭去，偷看伊琳娜和编辑们在玻璃会议室里开会的情景，她觉得无比羡慕。她可是一天能工作 16 个小时的高性价比员工啊！让擅长工作的员工不工作，简直比让她死还难受。

呃，她真的不是被 Jimmy 折磨成被虐狂了吗?

好不容易熬到吃饭，办公室的气氛总算轻松了一些。依依在心里赞叹华荣集团不愧是超级大公司，同事们的自律性都非常高。这里的人不像 You-Time 的大家，总是找机会摸鱼、聊天、吃零食、刷淘宝，被 Jimmy 骂一顿之后才会乖乖识相地去工作。

“依依？”这时有人喊她，依依回头，看见两个打扮光鲜的卷发女生朝她走来。

“你是叫依依吧？我是Mary，这是思倩，我们一起去吃午饭吧。”Mary生性开朗，对这个气质清纯的新同事挺有好感的。

编辑部精明干练的职业女性实在太多，难得来了一个可爱型的姑娘，让人眼前一亮。

“吃午饭？好啊！我听说华荣集团有员工餐厅！”依依一听见午饭就来了劲儿。

她对华荣集团优厚的福利还是略有耳闻，对传说中的员工餐厅更是有兴趣。开心啊，从此以后她再也不用过每天中午忙着订外卖的生活了！

“不是吧，你连员工餐厅都没见过？”看依依欢呼雀跃的样子，思倩被她逗笑了，挽住她的胳膊，“走，我们带你去见见世面！”

三人有说有笑地坐电梯直达地下室，随着门“叮”的一声打开，依依被眼前的热闹景象惊呆了。

近百平方米的空间装饰成高级餐厅的风格，分成中餐区、西餐区和自助区，到处都熙熙攘攘地挤满了人。员工们在选餐区拿取喜欢的菜肴，然后在收银处“滴”的一声刷工作证结账，快速又方便。

依依激动地冲到中餐区——哦哦，鱼香肉丝、油焖茄子、宫爆鸡丁……都是她喜欢的菜！新鲜的！没有在送外卖的路上被外卖箱闷过的！

呜——还有油光锃亮的锅包肉！

老天，她有多少年没吃过这么丰盛的大菜了？

起劲地掏出工作证，依依刚准备大买一通，耳边突然传来一个熟悉的声音。

“谢小姐。”

那温柔的男中音即使在喧哗的餐厅里也很显眼，不，很显耳。

依依呆了一下，感觉有点不妙地回过头。

乔溪正站在她身后，笑容如沐春风。

看到总裁大人的秘书出现，刚才还和依依形影不离的Mary和思倩，瞬间不知跑到哪儿去了。

“乔……乔先生？”经过之前的悲惨经历，依依知道只要遇见这个秘书就准没好事儿，脸上挤出一丝难看的笑容，“哈，真，真巧啊，你也来吃午饭？”

“不，我是来找你的，你没收到我的电子邮件吗？”乔溪笑着说。

“呃？”依依一愣。

糟了，她闲了一上午，完全没想起要看邮件。华荣集团的每位员工都有工作邮箱，重要的事情都是通过电子邮件联络。依依在You-Time的时候没有这种习惯，一下子就把这件事忘了。

“对不起啊！”她连忙道歉，“您是不是有紧急的工作要我完成？我不吃饭了，马上去帮你做！”

“不是工作，”乔溪又笑，“是荣先生说，午休的时候想跟你谈谈。”

“……”

依依突然觉得胃好痛。

一路被乔溪“押”出餐厅，“押”进电梯，“押”到顶楼，依依在心中默默地流泪。

把油水四溢的大餐还给我！

把鸡腿大排红烧肉还给我！

她被押送到的目的地是总裁大人的豪华办公室，今天这个万恶的资本家总算没有再在楼顶花园享受。

他悠闲地坐在老板椅中，一边喝着红茶，一边在阅读一份文件。

腐败！

踩在雪白的纯羊毛地毯上，依依在心中咒骂。

“谢小姐，抱歉占用了你的时间。不过，我认为我们能在华荣集团共事是一种缘分，有必要深度了解一下，”呷了一口红茶，荣轩悠悠道，“那么，就从这份表格开始吧。”

他甩甩手里的文件，正是依依昨天被迫填写的“谢依依使用说明书”。

深度了解你妹，你不能等人家吃完饭再了解吗！

依依欲哭无泪，脸上却只能对大老板挤出谄媚的笑容：“行，老板，您尽管了解。”

荣轩淡淡一笑：“你喜欢吃火锅？”

依依一愣，随即双眼发亮：“喜欢啊！我最喜欢吃火锅了！尤其是加了很多辣椒、大蒜、花椒、茴香的麻辣火锅……嘶哈，寒冷的冬天来上一锅，从头到脚暖洋洋！老板，您喜欢吗？”

她正饿着呢，谈到食物话题就有点儿克制不住。

荣轩的脸抽搐了一下，没有回答依依的问题，继续问：“你……还喜欢吃肉？听乔溪说他是在员工餐厅里找到你的？那里的什么菜比较合你的胃口？”

依依觉得总裁大人的态度有点儿奇怪，但还是老老实实地把自己喜欢的鱼香肉丝之类的菜报了一遍。

荣轩听完，皱眉：“谢小姐，老实说……根据你当年投给华荣的简历，以及你填写的表格和我们今天的谈话，我已经大致了解你是一位什么样的员工了。”

依依睁大眼：“什么样？”

怎么？总裁大人终于发现她的性价比很高了？

然而事实与理想总是大相径庭，荣轩不但没有赞赏依依，反而摇头叹息，露出恨铁不成钢的表情：“谢小姐，你……是一个品位很低俗的人。”

依依震惊地张大了嘴。

“从你的言行举止，到衣着风格，到兴趣爱好，到饮食风格，都非常准确地体现了这一点。你知道《Fresh 魅力饮食》是一本什么样的杂志吗？”荣轩问。

“介绍街边小食的平价亲民杂志？”依依下意识地回答。

亲民是《YO 美食假期》的读者定位，Jimmy 觉得荣轩接近依依是为了套取这本杂志的机密，所以依依以为两者的定位应该是相同的。

没想到荣轩很不满意地摇摇头："不，大错特错。我们的《Fresh 魅力饮食》是一本面向外籍人士和商界高管的中英文双语杂志，读者群相当高端。至今为止，我们华荣集团主要经营的是连锁酒店业，但近年来我们会逐渐涉足高端餐饮业。《Fresh 魅力饮食》的内容将会以西餐和创意式中餐为主，所以你作为编辑部的一员，本身需要的是高雅的饮食品位，而不是廉价亲民。”

依依听得一愣一愣："你……是说，你们杂志和《YO 美食假期》的风格完全不同？”

“我不知道你对《Fresh 魅力饮食》有什么误会，但我可以告诉你，我们的确有类似于《YO 美食假期》的亲民杂志，但它已经上市了，并且《Fresh 魅力饮食》才是我们近期的主打产品，所以，这两本杂志是没有任何相似之处的，彼此的内容也不会有任何重叠。”

依依彻底呆滞了。

难，难道是她误会了吗？

还是 Jimmy 误会了？

荣轩的新杂志和 Jimmy 的杂志根本没有共同点，绝不会存在荣轩向她套取商业机密的可能性。

冤枉啊！命苦啊！她谢依依真是比窦娥还冤，之前那鱿鱼根本被炒得完全没有道理啊！

这么说来的话，之前她故意骗荣轩说自己一无是处，也是完全没有意义的行为，是自己挖了一个火坑，把自己安排到了一个低端得不能再低端的岗位上？！

荣轩看着依依青一阵白一阵的脸色，心里已经明白了七八分。

这次，Jimmy的被害妄想症真是让他失去了一位好员工，不过既然生米已经煮成熟饭，他无论如何也不会把依依放走了。

“怎么，听到‘高端’两个字，害怕了？”他明知故问。

“抱歉啊，总裁大人，我事先真不知道《Fresh魅力饮食》是这么高端的杂志，”依依低头对手指，“既然是这样，我真的无法胜任这份工作了，我对高端餐饮业完全没有了解。”

她说的是实话，谢依依是路边摊的爱好者，品位和高级餐厅相差十万八千里。荣轩让她加入编辑组，只会拉低整本杂志的档次。

没想到，荣轩不但没有迎合依依的话，反而冷下了脸：“谢小姐，你以为华荣集团是公园，是你想来就来想走就走的地方？虽然我是为了查清你和狗仔队的关系才把你留下，但在确认你究竟能不能胜任工作之前，我不会随便开除你，更不允许你调换岗位或者辞职！”

依依缩起脑袋，被总裁大人训得连大气都不敢出一声。

没办法，总裁大人毕竟是最大的上司，天生霸气不怒自威。她谢依依这个小员工落在大领导的手里，完全没有还手之力呜呜呜……

“那、那您是什么意思呢？”她结结巴巴地问，“既对我不满意，又不让我走，到底是要我怎样呢？”

“怎样？”荣轩冷笑一声，“当然是按我最初说的那样，对你进行全方位的培训。”

他说着拍了两下手。

办公室右边的门应声打开，一名身穿燕尾服的银发老人，将一张带滑轮的小圆桌推了进来。

紧接着，另一位老人推来一辆餐车，上面用银色的半圆形不锈钢盖子盖着什么东西。

“这是我们荣家的厨师团队，这次为了培训你，我特地将他们邀请来的。”看着依依呆滞的脸，荣轩得意地一笑。

然后，只见老人用非常娴熟的动作将圆桌推到依依面前，摆上全套西式餐具。

嗞啦——

随着银色的盖子被打开，呈现在依依面前的是一块嗞嗞冒油的牛排。

“哇啊！”依依发出一声惊呼，长年买菜做饭的经验，让她练就了一双火眼，立刻就能看出这块牛排的肉质相当好。唔……是牛的哪个部位呢？

不想了，赶快吃才是正经事。

和荣轩聊得饥肠辘辘的依依，迫不及待地想抓起牛排大快朵颐。大块的肉就要用手抓才吃得香，她要……

手指刚要碰触到牛排的前一瞬间，盘子滑开了，依依扑了个空。

“嗯？”她不悦地抬起头。

“谢小姐，麻烦您使用刀叉。”燕尾服老人恭恭敬敬地说，重新将盘子推到依依面前。

刀叉……啊……

依依苦楚地看着那副不锈钢餐具，觉得胃又开始痛了。

她只会用筷子和调羹怎么办？

这时，燕尾服看看荣轩，总裁大人点了点头，自顾自去看他的财经报纸。于是，燕尾服老人清了清嗓子，开始进行第一次员工培训，名曰——用餐篇。

“谢小姐，刀叉是西餐中最常用的餐具，基本用法是右手持刀，左手用叉，轻握尾端，食指按在柄上。关于食物，也不是一次将牛排全部切开，而是吃多少切多少。现在，请您尝试一下刀叉的用法。”

依依愁云惨淡地听着燕尾服老人的讲解，然后愁云惨淡地抓起餐具，开始切割动作。

几秒钟后。

哐当！

只听一声巨响，依依用力太大，整个盘子连带牛排都被叉子戳飞出去，好死不死地撞在玻璃窗上。

荣轩的特别助理宾妮正巧吃饭回来，看见的情景就是一块牛排“啪”的一声粘在玻璃上，然后慢悠悠地滑了下去，留下一道油腻的痕迹。

依依石化了。

周围弥漫着死一般的寂静。

连燕尾服们，一时间也集体陷入呆滞状态。

过了一会儿，依依听见荣轩幽幽的声音传来：“谢小姐，这是上等菲力牛排，今天早上刚从美国空运来的，价值188元。所以……这笔钱就从你的工资里扣了。”

“所以”跟前面的内容根本连不起来，好吗！

依依在心里摔桌。

五分钟后，饥肠辘辘的依依终于回到了温暖的编辑部。

Mary和思倩已经吃完饭，正在跟其他人讨论刚才依依突然被乔溪拉走的八卦。看见依依，Mary立刻暧昧一笑：“依依，饱餐了一顿吧？”

没想到依依面色死灰，步伐踉跄，全身发软地朝人群冲了过来。

Mary既惊讶又诧异，下意识地迎上去抓住依依的胳膊。

依依两腿一软就跪倒在了地上，几乎在同时，一阵咕噜噜的声音从她的肚子里传了出来。

大家愣住了。

依依虚弱地说：“别站着，谁……谁快给我一点儿东西吃……”

结果，谢依依进入华荣集团之后，第一天的午饭内容是一包饼干。

更丢脸的是，在同事们的追问之下，她被迫说出了自己因为绯闻照事件，导致总裁大人对她百般虐待的血淋淋事实。当然，她隐去了一些细节，否则自己真会成为编辑界的一大笑柄。

即便如此，她可悲的经历也足够让众人大笑一阵了。

“哈哈哈哈，依依，你是被荣先生或者乔溪耍了吧！”Mary 捂着肚子大笑，“堂堂华荣集团的总裁怎么可能被三流报纸的绯闻纠缠？他根本就不用理睬这种东西，华荣有专业人员会去处理的。”

“专业人员？”依依一愣。

“是啊，你以为公关部是摆着好看的吗？他们的任务就是消除对公司和总裁有负面影响的消息啊。像你说的那件绯闻，估计公关部已经压下去了，市场上应该不会再贩售那张报纸，网络上也不会有任何痕迹。”

依依难以置信，她冲到电脑前上网一阵搜索。

果然，网上没有关于荣轩绯闻的一星半点儿消息。

晴天霹雳。

她、她被荣轩耍了吗？！

“不过，总裁大人好无聊哦，”看着依依死一般的眼神，思倩同情道，“虽然他的心思难以捉摸，不过干吗要跟你这种平民百姓过不去呢？只是小绯闻而已，装作不认识你不就行了？”

大家也纷纷露出同样不解的表情。

突然，有人惊呼：“啊，总裁该不会是想让依依……”

众人一愣，立刻不约而同地“哦——”了一声。

“什么什么？”依依一头雾水。

但同事们只是对她露出暧昧的微笑，拍拍她的肩膀之后就四散而去了。

依依头上的雾水更重。

怎么回事？

难道，荣轩这么使劲地折腾她，是另有目的？

可惜小员工谢依依是没有胆量去跟总裁当面询问的，因为当天傍晚她又遭到了冷面总裁大人的惊吓。下班之后，她守在停车场的荣轩车子旁边，想再次表示自己胜任不了目前的工作，希望总裁大人把她辞掉。

苦苦等了两小时，当停车场外华灯初上的时候，总裁大人才慢悠悠地走出电梯。

看到依依，没等她说话，荣轩就冷冷道："谢小姐，劝你不要再想辞职的事儿了。《Fresh 魅力饮食》编辑部是一个整体，你是编辑部的一员，要自己想办法去适应环境。因为觉得困难而逃避，这不是一个成熟的职场人应该有的行为。"

说完，他就钻进车子扬长而去。

依依怔在原地，直到车子消失在视线中，才想起自己预先想好的台词居然一个字都没派上用场。

而且，总裁大人的洗脑本领真是可怕，依依明明是被强制招聘进来的，在荣轩的严厉批评之下，她居然觉得自己想辞职是一件很罪恶的事情。

到底在哪个环节被洗脑了呢？完全找不到啊！

莫名其妙被吓到不敢再提辞职的小员工，从此过上了水深火热的特训生活。

继第一天切牛排课程表现极差之后，第二天依依中午故意提前十分钟收工，打算与同事去品尝餐厅新出的糖醋排骨套餐。在收银处，依依捧着套餐欢天喜地地等着结账，当终于要轮到她的时候……

"谢小姐。"一只纤纤细手拦住她，是昨天目睹依依出丑的特别助理宾妮。

"荣先生的厨师团队已经在楼上等您了。"迎着依依死灰的脸色，宾妮微笑着说。

在 Mary 和思倩悲壮的送别眼神之下，依依对糖醋排骨套餐一步三回头，痛不欲生地踏进了前往总裁办公室的电梯。

在荣轩的监督下，依依怀揣饼干充饥，继续切牛排。

第三天，乔溪从上午十点就等着依依下班，牛排则换成了挪威三文鱼。

第四天，乔溪又换成宾妮，三文鱼则变成了澳洲大龙虾，总裁大人的要求是剥出虾肉之后，虾壳能够严丝合缝地还原。

第五天，龙虾升级为大闸蟹，依依拼死拼活都没法把去掉肉的空壳拼回成一整只蟹的形状。

第六天……终于到了双休日！

这天，依依大睡一个懒觉之后，本想找米嘉打电话哭诉一番，拨通她的手机却只听到冷冰冰的语音信箱。原来《YO美食假期》刊载甜品专题的这一期大卖，Jimmy带大家去九寨沟旅游了。

她也要去旅游啊！

甜品专题也有她的一份功劳！

依依啜泣着咬住被子，度过了有生以来最寂寞的星期六。

到了星期天，她倒是一早就被电话吵醒了，来找她的居然是Mary和思倩。Mary在电话里的声音很是雀跃："依依，我们帮你想到一个好办法，让你能从容应对总裁大人的折磨！"

依依一愣："什么办法？"

"别问啦，你赶快收拾一下，半小时以后我们在公司门口等你！"心急口快的Mary讲完就挂断了电话，由依依一个人听着忙音发愣。

虽然不知道那两个家伙在打什么鬼主意，依依还是以飞快的速度穿衣打扮快速出门。辞职已经没指望了，现在的她，的确很需要通过同事的帮助，找到在华荣生存下去的方法！

休息日公司没有班车，等依依坐公车赶到公司，粉红色的轿车早就等了半天。思倩不由分说地把依依拉上车，还没等她坐稳，Mary就踩下了油门。

唉，三十多万人民币的轿车啊！

依依环视车内，心中充满了羡慕嫉妒恨。

华荣集团的待遇果然不错，但为什么荣轩开给她的薪水就这么小气！想到这里，依依突然崛起了熊熊斗志，她要凭自己的力量跳出自己挖的火坑，争取调到编辑岗位上去，薪水翻倍！

“依依，你怎么了？脖子上的筋都暴起来了，不舒服吗？”看到依依狰狞的样子，思倩奇怪地问。

“没、没什么……”依依连忙摇头，“对了，你们说的好办法到底是什么？真能让我逃脱总裁的魔爪？”

“逃脱是别指望啦，不过可以让你掌握主动权，”思倩诡秘地眨眨眼睛，“最近你每天中午都被总裁叫去学习西餐知识，对不对？”

“是啊，”依依垂头丧气，“他不但叫我用刀叉切食物，还不定期问我奇怪的问题，比如奶酪的历史，红酒如何鉴别，我根本就不懂嘛！每次都被他问得哑口无言，然后被他嘲笑。”

“傻姑娘，总裁大人的自我感觉可好了，他就喜欢显摆自己懂得多，而且你越是回答不上来他的问题，他就越是开心，越是加倍欺负你。所以，我和 Mary 今天就带你去书店选几本讲解西餐知识的专业书，你回去好好看看，事先做好功课不就不怕被问倒了吗？”

“啊？有道理啊！”依依眼睛一亮，“外国人的食物本来就不像我们中餐那样种类繁多，认真学的话很快的。而且，总裁让我切来切去的也就是那几样东西，我完全可以回家自己练习嘛。”

“就是这个意思，真聪明！”思倩摸摸依依的脑袋。

“刚才还叫我傻姑娘……”依依嘀咕。

思倩的话让依依豁然开朗，都怪荣轩气场太强，自己一看到他就头脑空白、心跳加快、两腿发软。想当初，她谢依依在大学时代可是临时抱佛脚出了名，就算整个学期不上课，考试前突击一下照样可以及格，小小一个西餐培训又有什么可怕的？

周末的书店人头攒动，就像菜市场一样热闹。Mary 和思倩根据《Fresh 魅力饮食》的风格，为依依挑选了一大堆书以后，就自顾自去隔壁的时装店扫货了。可怜的依依身材娇小，双手还捧着十几本书，书籍堆起的小山让她根本看不到前方的情况。

“对不起，让一让，让一让！”生怕自己撞到人，她一边走一边喊。

而事情就是这么巧，她在这里跟总裁大人狭路相逢了！

此时，某人就在前方的不远处。他听到这个清脆的声音，立刻回过头。

依依的视线全都被书挡住了，不知道自己和总裁大人居然会在这里巧遇。

荣轩今天完全是来闲逛的，他没有穿西装，而是换了一件浅蓝色的休闲衬衫配上米色休闲裤。即使这样，他也照样惹来众多女性的注目礼。

看着依依从自己身边经过却浑然不觉，荣轩差点儿就想拍拍她的肩膀吓她一跳。

在良心的驱使下，总裁大人总算没有恶作剧。

并且，他看见了书堆最上面的那本书的名字——《基础西餐礼仪》。

总裁大人怔了怔，难道这位员工在利用下班时间补课？他以为依依和普通员工一样，喜欢混吃等死，也爱偷懒，所以每天中午给她特训。这样，一方面能让她尽快跟上同事们的水平，一方面也满足了自己爱捉弄人的恶趣味。

原来，这不但没有让依依痛不欲生，反而激起了她的斗志？

荣轩在心里笑笑，看到下属这么努力，身为大老板倒是不好意思再欺负她了。

想到这里，他掏出手机拨了个号码：“乔溪？”

“荣先生。”秘书温文尔雅的声音从耳边传来。

“美国分公司那边的行政会议定在什么时候？”

“下个月。”

“提前到下周吧，你安排一下。”

“安排倒是没问题，但是……谢小姐的培训计划呢？”乔溪的声音有些犹豫。

“给初生的小草一下子施太多肥也不好，偶尔让它晒晒太阳自由生长吧。”荣轩笑笑。

“我明白了。”

于是，斗志熊熊的小员工谢依依在周日啃书一天之后，周一从公司收到了一个好消息——总裁大人去美国开会了！

瞬间，整个公司的气氛都活跃起来，上班时候有人刷淘宝了，下午时候有人吃零食了，傍晚也开始有人敢提前下班了。依依瞠目结舌，她以为华荣集团的员工严谨自律，原来大家不是乖，而是怕总裁？总裁大人有那么可怕吗？比大家的直属上司还要恐怖？

她求助 Mary 解惑，得到的回答是：总裁大人的脾气完全捉摸不透，如果员工被上司抓到摸鱼，顶多只会扣奖金而已；但万一被总裁大人发现，他会用各种手段折磨到你这辈子都不敢再摸鱼！

Mary 惊悚的语气把依依吓出一身冷汗。

说、说的也是啊，自己只不过害总裁大人上了一次无关紧要的小报，就被他强行招进公司各种虐待。以此类推的话……依依打了一个寒噤，她决心要趁荣轩不在的时候加倍努力，绝不能再在他面前丢脸！

熊熊燃烧的依依，每天下班都努力 K 书。不仅如此，她还买来橡皮泥捏成牛排形状练习切割，去菜场买最便宜的虾蟹练习剥壳。在自发地地狱式特训之下，依依的西餐知识突飞猛进，双手也越来越灵巧。

唯一头痛的是练习过的虾蟹舍不得丢弃，只能烧熟了吃掉。不爱吃海鲜的依依被迫吃了一个星期的虾蟹，最后看到海鲜就想吐。

转眼一周过去，这天中午，依依终于吃到了梦寐已久的糖醋排骨套餐，下午一边心满意足地摸鱼、上淘宝，一边和同事们在MSN群里聊天——当然，这种事只能在总裁不上班的时候干。

普罗旺斯的薰衣草田："Mary，这件皮草好便宜哦，才八千块，你帮我看看要不要买？"

Mary想去巴黎："买啥皮草啦，都是动物皮毛皮做的东西，血淋淋地剥皮啊，太不人道啦，我从来不买这种。"

普罗旺斯的薰衣草田："人家喜欢嘛，软软滑滑的好舒服。"

浓情白巧克力："买羊绒大衣也可以啊，我刚看到一款五千块的。"

明年买保时捷："各位！杂志上市之后，有人打算请年假吗？求好心人陪我去马尔代夫！"

浓情白巧克力："抱歉哦，我已经订了意大利十日游。"

围观着同事们的聊天，依依深深感到了自己柴火妞的身份。

大家谈论的内容非富即贵，连取的MSN名都很高端，You-Time的平民氛围在华荣集团里荡然无存，让依依很不好意思加入大家的谈话。

想了半天，她取了一个依依喜欢挪威三文鱼的名字，小心翼翼地发言了。

依依喜欢挪威三文鱼："我……我想去一次香港。"

浓情白巧克力："香港？我都去腻了啦，现在去那边很方便的。"

依依喜欢挪威三文鱼："但是我从来没去过呢。"

Mary想去巴黎："别担心，等你特训结束之后能让荣先生满意的话，还不是想去哪里就去哪里？"

明年买保时捷："就是，我觉得依依这次被选中的概率很高哦，她跟以前那几个庸脂俗粉都不一样，荣佑和荣家的人肯定会喜欢的。"

依依喜欢挪威三文鱼："你们在说什么(⊙o⊙)？"

普罗旺斯的薰衣草田："在说你今后的光辉前途啊，你该不会到现在还不知道自己被总裁虐待的原因？”

依依喜欢挪威三文鱼：“总裁不是嫌弃我跟不上你们大家的水平，所以在抓紧给我补课吗？虽然方法是粗暴了一点……”

Mary 想去巴黎：“……”

浓情白巧克力：“……晕哦。”

明年买保时捷：“……败给你了，你都来公司这么久了，还在以为堂堂华荣集团的大总裁会这么无聊，亲自给一个小得不能再小的助理做培训？”

依依坐在电脑前搔搔头发。

这么说来的话，在她第一天上班的时候，大家听说绯闻事件之后态度也很奇怪，好像知道什么内情似的。难道，她又在不自觉的情况下闯了什么祸？

依依喜欢挪威三文鱼：“呃，是不是我有哪里做得不对，总裁大人在故意找碴？”

普罗旺斯的薰衣草田：“你这个员工到底是有多天真啊？告诉你，你思考的方向完全不对！”

依依一头雾水。

而大家也都沉默着，似乎谁都不想第一个把话挑明。

过了一会儿，又有一个人加入了谈话，是依依的上司伊琳娜。

伊莲涟漪：“依依。”

依依喜欢挪威三文鱼：“老……老板？”

伊莲涟漪：“看来大家都不知道该怎么开口，不过，反正你迟早也要知道的，我来告诉你吧，省得你一直被蒙在鼓里。”

依依喜欢挪威三文鱼：“老板，到底是什么事啊？你们不要吓我！”

伊莲涟漪：“没有吓你（叹气的表情），我们在想，荣先生这么严格地培训你，可能是要把你培养成配得上荣家身份的千金小姐。”

依依喜欢挪威三文鱼："千金小姐？为啥啊？"

伊莲涟漪："为了把你嫁给荣佑。"

头顶劈下一个巨雷。

依依傻眼了。

她顿时激动地站起来大喊："不可能啊！我——"

喊声把大家都惊动了，Mary 连忙离开自己的位置朝依依冲过来，手忙脚乱地捂住她的嘴。

"呜，呜呜！"依依拼命挣扎。

"别喊啦！"Mary 掐了她一把，"现在是上班时间，你想把总裁的眼线都叫过来，害大家吃苦头？！"

依依勉强收了声，心中庆幸还好嘴巴被捂住了。不然刚才头脑一热，她可能已经把自己救了荣佑一命的事情给说了出来，到时候就更加八卦满天飞了。

但是，那天在宴会厅，她明明已经用落荒而逃的方式表明了自己的拒绝意愿，荣家的人为什么还紧追不舍？

他们就这么急着把荣佑嫁出去……哦不，是……就这么急着把媳妇娶进门？！

Chapter 3　我不要做少奶奶

经过 Mary 的好一番解释，依依才明白公司内部错综复杂的八卦。

华荣集团是一个家族企业，经过三代人的努力打拼才得到今天的成就。现任总裁荣轩的父辈大部分已经退位，他就是荣家的家长，无论是整个集团的商业决策还是荣家的家庭琐事，都由他说了算。

听到这里，依依不禁暗暗咋舌。荣轩的权力这么大，难怪整天都是一副霸气十足的样子，把她训得像孙子似的。

不过，呼风唤雨的荣轩也有一件头痛事，那就是他的弟弟荣佑。

荣佑是典型的富家子弟，因为从小缺乏管教又娇生惯养，落下了骄奢淫逸的坏毛病。前几年，他在国外的大学花钱买了个文凭，表面上荣归故里，其实半点儿真才实学也没有。

目前依依所在的写字楼，除了由荣轩亲自率领的华荣集团核心管理团队之外，还有行政人事部、财务部、公关部以及传媒部在此办公。而荣佑就在公关部里混到了一个闲差，成天无所事事地混日子，不是呼朋唤友大办酒宴，就是乱玩飙车不顾死活。

那天出车祸追尾集卡，也是因为在大马路上玩飙车。

到了这个年纪，荣佑的性格估计也就定型了。荣轩早就对这个弟弟放弃了希望，他不指望荣佑继承家业或者辅佐自己，只求他找一个老实本分的姑娘为荣家早生贵子。

荣佑那个只会败家的二世祖，也只剩下生孩子这点儿本事了。

而哥哥负责赚钱养家，弟弟负责传宗接代，这样的分工似乎也很合理。

早在依依来到公司之前，荣轩就已经通过各种途经挑选过一些姑娘，其中不乏被他看中，觉得非常适合嫁入荣家的。可惜姑娘们都受不了荣佑那个败家子，经过一段时间的交往之后，纷纷放弃了嫁入豪门的念头，这辈子都不想看到荣佑那张脸。

因此，尽管哥哥百般努力，弟弟至今仍是光棍一个。

Mary说着说着，其他人也八卦地凑了过来，七嘴八舌地数落荣佑的种种劣迹。

坐在总编办公室的伊琳娜看了看这群姑娘，觉得难得有放松偷懒的机会，也就放了一点水，由得她们去八卦了。

同事们轮番八卦荣佑，依依听得一愣一愣的。原来这家伙在公司里的时候就很难伺候，对大家处处看不顺眼，难怪出车祸被救到医院的途中会这么不配合。

唉，果然金无足赤，人无完人。总裁大人虽然会赚钱，在教育孩子的问题上可相当不行啊。

依依在想，如果是自己的儿子不听话，先啪啪抽他两记屁股再说，有些调皮蛋就是欠揍。

咦？她干吗要想这种事嘛，她连男朋友都没影子，儿子还在天上飞呢。

“咳咳。”

这时，外面传来两声咳嗽。

正在专心八卦的大家瞬间脸色煞白，“呼啦”一声逃回了各自的工作岗位。依依一回头，脸色立刻也没有好看到哪里去。

出现在编辑部门口的，居然是乔溪。

而更糟糕的是，乔溪身后，走廊不远处的阴影中还站着一个人，仔细看看的话，不就是去美国开会的总裁大人吗？

他回来了？

“上班时间，还请大家专心一点儿，”乔溪走进编辑部笑了笑，又看了看依依，“谢小姐，可以跟我来一下吗？”

不可以也不行啊！

看到荣轩的时候，依依就已经猜到会发生什么事了。她点着头走向乔溪，脸上挂着比哭还难看的笑容。

三人离开传媒部一起走进电梯，谁都没有说话。

依依偷偷瞥了一眼荣轩，发现他的神情有些疲惫。也难怪，总裁大人预定的开会时间是七天，也就是说他从美国回来后，都没有休假就继续开始上班了。

她想警告荣轩小心过劳死，但看看人家的秘书乔溪都没有说话，也就不好意思多管闲事了。

踏进总裁办公室，迎面扑来一阵熟悉的气息。

依依默默地深吸一口气，啊，不愧是曾经待了七天的地狱式特训基地呢，真是有种久违的感觉。唉，难道在被Jimmy虐待之后，她又被荣轩折磨成被虐狂了吗？

这些资本家真是瞎了狗眼，为什么就没人珍惜她这个温婉可爱的小员工？

“乔溪，你去忙吧。”荣轩一边说，一边坐进了老板椅。于是乔溪立刻受命离去，偌大的办公室里又只剩下了依依和荣轩两个人。

依依盯着天花板，觉得自己又开始两腿发软直冒冷汗了。

这叫什么，总裁大人惊吓综合征吗？算精神方面的工伤吗？可以申请赔偿吗？

“谢小姐，”双手支在颔下，荣轩淡淡开口，“我不在的这一周，不知道你的业务水平有没有提高？”

“荣先生，”依依躲避着荣轩的视线，盯着窗台上的一盆仙人掌，“在回答您的问题之前，您可以先回答我的一个问题吗？”

荣轩怔了怔，颇有风度道：“请说。”

“您……或者说是您的家人，是不是要把我嫁给荣佑？”——其实，依依觉得这么问不太礼貌，搞得她好像饥渴待嫁的八婆似的。

但她找不到更合适的言语了，荣家人对她的想法到底如何，是一个很严重的问题。这种问题上她是不能被开玩笑的，她有她的底线。

荣轩又怔了怔，也立刻明白了刚才依依和同事在聊什么。

他沉默了一会儿，突然发出一声轻笑。

“笑什么？”依依奇怪地问。

“笑你，我还是第一次在你脸上看到这么严肃的表情，谢小姐，”荣轩笑道，“但是，你完全不用担心。无论你今后会嫁给谁，今天，在这里，你就是一名纯粹的华荣员工。我之所以招聘你，归根到底是要你为华荣集团工作；对你的一切严格要求，也是为了让你尽快跟上同事的业务水平，早日成为独当一面的职场人。”

“真的？”依依怀疑地问。

“真的。”

“你不会强迫我嫁给荣佑？”

荣轩都快气笑了：“现在是二十一世纪了，你以为还是封建时代？我们荣家虽然势力很大，但是不会做出逼婚这种事！”

“你都把我欺负成这样了，还有什么做不出来的？再说你们不是有神通广大的公关部吗，逼婚以后把消息压下去不就行了？”依依还是心存怀疑。

“谢依依！”荣轩猛一拍桌子，“你以为自己在跟谁说话？”

依依被吓得抖了一下，不敢再吭声了。

“八卦这种东西，总是捕风捉影的，”这时，荣轩又说，“我可以告诉你，之前与荣佑交往过的女性，全都是出于自愿，并且是在与荣佑交往之后发现双方性格不合，然后和平分手的。我可以保证，这其中绝对没有任何强迫的成分。如果你不相信的话，我可以把她们的联系方式告诉你，你自己去确认。”

依依在心里想，谁知道那些姑娘会不会陪你演戏，一起来骗我呢？

但这种话她当然不能说出口，总裁大人都这么信誓旦旦地作保证了，她一个小员工也不好意思再怀疑下去，不然会显得自己很没风度。

于是，她噤声了。

接下来，平安无事地进入了培训环节。

燕尾服们轮番推来小圆桌和餐车，这一次，因为事先做了充分准备，依依完美地把牛排切成了大小均等的九份。然后，她又把剥开的澳洲大龙虾完美地拼回原位，虽然没能把剥开的螃蟹也拼得很整齐，但已经足够打八十分了。

实践部分结束，接下来是理论部分。

“谢小姐，请回答以下问题，”荣轩道，“请问，西餐主要有哪几种类型？”

“有法式、意式、德式、俄式、英式，等等。”

“那么正式的全套西餐上菜顺序是什么？”

“开胃菜、浓汤、副菜、主菜、甜品、饮料。”

“酒杯该怎么拿？刀叉在不使用的时候该如何摆？”

“酒杯，应该用大拇指、中指和食指轻握杯脚，小指放在杯子底下固定。这样做，是为了避免手温使酒的温度升高。刀叉在不使用的时候，应该以八字形摆在餐盘正中，表示自己稍作休息；用餐结束后，则应该将刀叉摆成四点钟方向，表示已经吃完了。”

对于荣轩的提问，依依全部都对答如流。她可是经过整整一周埋头苦读的，区区几个基础问题才不在话下。

理论部分也结束了，总裁大人沉默着，没有说话。

依依心中暗喜，总裁大人绝不会放过任何一个讽刺别人的机会。现在他不说话，就表示没刺可挑，就表示她今天发挥得很完美！

果然，过了一会儿，荣轩笑了笑："谢小姐，你很努力。"

"哪里。"依依表面客气，尾巴却已经翘到天上去了。其实她真想跟总裁说，学这种东西好无聊哦，外国人好喜欢装腔作势。

吃东西嘛，就是要开心，怎么开心怎么来。西餐的品种比中餐差远了，规矩倒是一大堆，假如她在餐桌上，看到这么多规矩就已经倒胃口了，哪里还吃得下去东西？

算了，还是早点从培训中毕业，永远的离开总裁办公室吧。继续待下去的话，依依很担心少根筋的自己又会说错话或者做错事，惹得总裁大人不高兴。

"那么……荣先生，我可以走了吗？"她小心翼翼地问。

"等一下，我在想怎么奖励你。"荣轩诡秘一笑。

依依没有发现他眼底的狡黠，顿时大喜过望："真、真的吗？我能不能要求换到编辑岗位去？"

这两个星期的行政助理生活，闲得她都快发霉了，她想工作、她想加薪啊！

荣轩早就猜到了依依的心思，却故意装作为难："换岗？但是你进华荣集团没多久就要换岗，人事部没有这样的先例。"

像是当头被浇了一盆冷水，依依瞬间蔫掉了，她泫然欲泣："真的吗？真的吗？人事部就不能开一个先例？其实之前是我谦虚，我在You-Time里干过不少编辑的活儿，我不是一个单纯的前台啊！"

"真的？"

"真的！您不相信的话，我当场就能设计五款不同风格的杂志封面！"

荣轩差点被依依急切的样子逗笑，表面却还佯装淡定："原来如此，看来 You-Time 果然卧虎藏龙，连区区一个小前台都会设计杂志封面。”

依依当然不知道荣轩是在讽刺她之前吹牛胡编自己的工作岗位，还以为荣轩在夸奖她，连连点头：“是啊，是啊，别人家公司把男人当畜生用，我们 You-Time 把女人都当畜生用呢。”

呃，怎么回事？她想说明自己是有真本事的，怎么话到了嘴里就听着这么奇怪？

荣轩心里早就已经笑歪了，他艰难地咳嗽两下，继续佯装淡定道：“好吧，谢小姐，看在你这么努力学习业务知识的分上，我可以考虑给你换岗。不过，之前你的培训内容属于初级，接下来还有一些中级理论知识等着你去攻克，有信心吗？”

中级理论知识？

培训还没结束吗？

不过，管它什么级，反正不就是背书嘛。

擅长考试前临时抱佛脚的依依对自己很有自信，连连点头：“有信心！只要能换到编辑岗位上去，请总裁尽管考验我！”

于是，荣轩按了一下电话：“宾妮。”

几秒钟后，总裁大人的特别助理就走进办公室，身后还拖着一个东西。

依依一头雾水地盯着宾妮身后的那个东西，脑袋突然“嗡”的一声大了。只见宾妮拽着一个折叠式购物车——对，就是那种阿姨大叔拖着去超市买东西的小车。

而车子里，塞满了砖头一般厚的杂志，把整部车都塞得满满当当。

“这……这是啥？”依依回头，浑身发抖地看着荣轩。

“给你的考验啊，谢小姐，”荣轩微笑着说，“这是我从国外专门为你带来的高端餐饮杂志，共计 25 本，全都代表了世界餐饮类期刊的最高水平。

希望你在业余时间好好学习，尽快取得更大的进步。”

“这堆杂志……比我还重吧……”依依脸色死灰。

“抱歉，我不知道你的体重，”荣轩又笑，“不过我已经考虑到一个人的力气有限，所以送了你这辆购物车，让你拖着杂志回去。”

“……”

“哦，对了，这些杂志都是全英文的，你阅读的时候，顺便学习一下英文吧。”

依依彻底瘫软了。

喂，小员工的希望曙光到底在哪里啊！

她为什么总是从一个火坑跳到另一个火坑！

苦逼员工谢依依拖着沉重的小车，蹒跚地走在安全通道里。

离开荣轩的办公室以后，她看见走廊里竖着一块牌子——电梯维修。俗话说人倒霉的时候，喝凉水都塞牙，但是依依觉得自从自己和荣轩邂逅之后，就没有一天不倒霉的！

书，好重。

心，好痛。

这就是所谓的能者多劳吗？在You-Time的时候，她从来没听说过小编辑还要看纯英文杂志来学习的，学习是要跟实践结合的呀，光啃书不干活是要变成书呆子呀！

该不会坏心眼的总裁大人又在捉弄她？但是她已经明确表示不会嫁给荣佑，荣家人跟她纠缠还有什么意义呢？

算了，基层员工还是想开一点吧，搞不好自己这种小公司出身的小白领，在总裁大人眼里确实素质不够高呢？再说英文也是职场必备的武器之一，多学一点儿也没什么坏处。

人啊，混迹在职场就得乐观一点。

想到这里，依依的心情稍微好些了。

“先生，这里不能抽烟……”这时，楼道里隐约传来年轻女子的声音，听起来很为难。

依依低头一看，下面一层是公关部所在的32层，白色的安全门半敞开着，声音就是从那里传来的。

这栋写字楼全面禁烟，而负责管理的是物业公司的清洁工和保安。有些白领自诩是社会上流人士，不但总是顶风作案，还往往不听劝告，甚至嘲讽物业公司多管闲事。

依依最看不惯有人坐办公室就觉得自己高人一等了，再加上她从荣轩那里受的气还没完全排遣掉，立刻三两步冲出安全门为劳动人民伸张正义。

第一眼看到的情景跟依依想象中差不多，一个年轻的女清洁工满脸拘谨，握着拖把站在走廊角落，冲着一个男人的背影小声重复：“先生，这里不能抽烟……先生……”

而对方置若罔闻，自顾自地靠在走廊窗台上吞云吐雾，连看都不看一眼清洁工。

怎么回事啊？

这世道没有王法了？

男人连基本的礼貌和素养都没有了？

依依火冒三丈，拉着拖车就冲上去大喊：“喂，你这位员工是怎么回事？人家叫你别抽烟没听见吗，聋了还是哑了？！”

对方一怔。

几乎在同时，依依突然发现这男人的背影有点熟悉。

而在她使劲回忆到底在哪里见过这家伙的时候，对方已经慢慢把头转了过来。

“怎么又是你？”他皱眉。

“怎么又是你？！”依依大吃一惊。

那张拽得好像别人欠他二五八万的脸，她就算想忘记也难。

没错，在这边欺负清洁工的不是别人，正是总裁大人嚣张跋扈的弟弟——荣佑！

其实，荣佑和荣轩长得并不太像，可能容貌是分别遗传自父母。荣轩冷峻潇洒，气宇轩昂不怒自威，而荣佑更像一个放浪不羁的贵公子，一双桃花眼很是迷人。

唉，人不可貌相啊。这兄弟俩虽然长得帅，骨子里却都不是好东西。

依依觉得造物主真是太公平了，才不会给女人一个十全十美的帅哥。

不过到了这时，她反倒觉得不生气了。荣佑嘛，干出这档子欺凌弱小的蠢事简直太正常了，上次他满脸是血地躺在救护车里的时候，还有力气大骂救护车不够宽敞呢！

一个人能娇贵成这个样子，还真不是一件容易的事。

话说回来，前阵子依依在酒店宴会厅看到荣佑，他手脚上还都打着石膏，今天却只剩下手腕上还缠着一圈绷带，看起来恢复得不错。

不过，荣佑显然没兴趣跟救命恩人小姐多啰唆，一句“怎么又是你”之后就转过头继续抽烟。

“哎哎哎，荣二少，你这是怎么回事？还不快把烟掐了？”依依急了，特地把“二少”咬成重音，企图唤醒荣佑的羞耻心。堂堂大总裁的弟弟公然违反公司规章制度，像什么样子？

“关你屁事，滚回你的传媒部去。”荣佑白了她一眼。

“你也知道我是传媒部的？”依依笑笑，“那就好办了，你看，我是华荣集团的正式员工。员工看见有人在写字楼的公共场合抽烟，怎么能袖手旁观呢？”

“你他妈有什么狗屁权力管我？”荣佑大怒，“这种小事在家里连我哥都不会管我！”

“你们在家里是什么情况，我不知道，”依依笑了，“我只知道员工在公司就要守规矩，没有规矩不成方圆。既然您是总裁大人的弟弟，就更要以身作则嘛！”

荣佑火了，这女人说得头头是道，凭着他简单的头脑和贫瘠的词汇量，居然一时半会儿找不到话来反驳！但是，他又不敢爆粗口或者动手，依依毕竟救了他的命，欺负救命恩人这种烂事他是干不出来的。

心里憋闷，又没法反抗。

荣佑气得心跳加快，只能转过头去不理睬依依。

没想到，依依居然不依不饶：“怎么？说不过我就不理我吗？总裁大人说了，遇到困难就退缩，不是一个成熟的职场人应该有的行为。我不是那种人，所以我不会退缩，今天你不把烟掐掉，我就站在这里不走了。”

“你他妈有完没完！”荣佑大怒，“不就是抽根烟吗！天大的事老子都干过！”

唉，帅哥就是帅哥，生气的时候也散发着狂傲的魅力呢！依依在心里叹息，她猜想那些和荣佑交往过的女性，最初一定被他这张脸骗得神魂颠倒。

谁知道，他内在和外在的反差如此巨大，真令人痛心。

“荣二少，如果没人教过你‘入乡随俗’这句话，‘守规矩’这三个字你总该懂吧？世界不是围着你一个人转的，如果你为人处事永远由着自己的性子来，总有一天会跌跟头。比如说，上次你违反交通规则在马路上飙车，就差点丢了小命，是不是？”她耐心地劝说。

荣佑立刻被噎得哑口无言，这女人居然把车祸拿来说事，这可是他这辈子最大的软肋！

看荣佑脸上青一阵白一阵的，依依觉得他的心理防线快崩溃了。嗯，循循善诱到此为止，接下来该用狠招给他致命一击了！

抢在荣佑构思出反驳的话之前，依依抢先脸一沉：“所以，最后问你一次，你到底掐不掐烟？”

荣佑被她的突然变脸吓得一愣，几乎在同时，依依抢过清洁工手里的拖把“呼”的一声挥向他！荣佑只觉得面前掠过一道冷风，下一秒，脏兮兮的拖把头就戳到了他的鼻子底下。

“你你你……你要干什么？”养尊处优的少爷什么时候见过这么脏的东西？荣佑瞬时恶心得全身发毛，他一边狠声问，一边不停地往后退，连手里的烟都快掉了。

“到底掐不掐烟？”依依步步紧逼。

她面朝安全门，背对着走廊，不知道身后的情况。此时，办公室里已经有人听到外面的争吵声，好奇地探出头来看。

荣佑站在角落，暂时没人看清他的脸，但这样下去的话迟早会有员工跑出来围观。他不怕闯祸，就怕丢脸，要是让人知道自己被一个小女生用拖把指着鼻子骂，他以后在公司里怎么混得下去？

万分不情愿地丢下烟头，荣佑低骂了一声：“你等着瞧！”

然后，他转身跑进安全门，冲进安全通道不见了踪影。

呼。

依依收起拖把，没想到自己当年在大学社团里学的武术还挺有用，至少荣佑来不及反应。不过，居然要用拖把威胁这位少爷，仔细想来真蠢……算了，下次别再用这种简单粗暴的方法了。

依依随手将拖把还给清洁工，瘦小的女工对她露出感激的笑容：“谢谢您。”

“不客气，”依依豪迈地一挥手，“以后再碰到这种不懂规矩的人，尽管教训。我们总裁是明辨是非的人，他不会责怪你们的。”

清洁工似懂非懂地点点头。

依依则瞅了一眼塞满杂志的购物车，心中感慨。她真是一位好员工啊，总裁大人如此虐待她，她居然还在背后帮他说好话。

自己都快被自己感动了，呜。

“依依，恭……！”依依刚回到办公室，Mary 就笑容灿烂地张开双臂朝她冲了过来。然而看到依依灰头土脸的样子以及手里的购物车，她嘴里恭喜的喜字硬是吞了回去。

依依也来不及跟她解释，扔下购物车就一屁股坐在椅子里气喘吁吁。

“怎么了？”思倩凑上来小心翼翼地问，“总裁不是叫你去准备跟荣佑相亲吗？这堆砖头是什么玩意儿啊？”

“相你妹亲！”依依喘气如牛，把这一车书从顶层拖到这里可是一件力气活！而且中途还遇到荣佑那个败家子，害得她又累又气。

又喘了好一会儿气，她才勉强能说出完整的话：“唉，你们有所不知，基础培训算是过关了，但是还有中级培训呢！总裁让我回去啃这些英文杂志，说是既能学知识又能练英文。”

“你确认自己没听错？”Mary 拿起其中一本杂志，“但是，这是法语杂志啊，连我们都看不懂的。”

依依震惊了。

“还有，这一本是芬兰语。”

“这本是日语。”

“这本是捷克语。”

听着 Mary 细数一本一本的杂志，依依维持着震惊的表情。

她坐在椅子里良久一动不动，一分钟，两分钟……直到众同事发现她不对劲，使劲地摇晃她：

“依依你怎么了？！”

“依依你说话啊！”

“依依你是不是被总裁玩坏了？”

“呵……”良久，依依发出一阵低笑，“呵呵，呵呵呵，哈哈哈哈——”

低笑变成了狂笑，依依猛然站起来，愤怒地冲着天花板挥拳：“浑蛋荣轩！你到底是多恨我！老娘才不怕你，管你英语、法语、菲律宾语还是毛里求斯语，老娘一门一门地学给你看！我不会认输的！”

众人震惊地冲上来捂住她的嘴。

老天，居然有人敢在公司里大喊总裁的名字，贼胆包天、贼胆包天！

俗话说，兔子急了也会跳墙。

那一通狂吼并没能排解依依心中的郁闷，这位被虐待到极点的小员工终于再也忍不住，傍晚一下班就拨通了米嘉的电话，跟她约在两人常去的火锅店见面，准备大吃一顿。

一阵子没见，米嘉还是那么光鲜亮丽，依依却像是一根霜打的蔫茄子。

麻辣火锅的蒸汽模糊了她的脸，她一把鼻涕、一把眼泪地向好友哭诉自己在华荣集团的悲惨遭遇。

米嘉的眉毛微微抽筋，听了半天以后，试探着问：“你是说，华荣集团的总裁亲自给你做地狱式培训？”

依依点头：“嗯，训得我苦不堪言。”

米嘉又问：“他不但教你怎么吃饭，还督促你学英语？”

依依啜泣：“不是英语，是各种各样完全看不懂的鸟语。”

米嘉继续问：“然后，你怒不可遏，就把脏兮兮的拖把指着总裁的弟弟了？”

依依继续啜泣：“不是故意的，我正好被荣轩折磨得心情很差嘛，所以就在荣佑身上撒气了。”

米嘉扶额：“我不知道该如何发表评论了，但是你干吗总是狗拿耗子，总裁弟弟抽烟关你屁事？”

依依啜泣得更大声：“呜呜……说了好几次我不是狗……而且，你不觉得荣佑公然跟华荣集团的规章制度作对，很让人生气吗？”

米嘉越过火锅，伸手掐住她的脸：“老板带头违反制度的事情多了去了，难道你一个一个去管？”

依依拼命挣扎：“好痛……那这样的话，荣轩肯定不会再想把我嫁给荣佑了吧？”

米嘉朝她翻白眼：“废话，一个会用拖把揍人的弟媳妇，你敢要吗？”

依依垂头：“不敢，你这么说我就放心了。那现在，我最摸不透的还是总裁大人的心了，你说荣轩干吗老是折腾我？”

米嘉向后倒进沙发里，抬头看着天花板：“唉，虽然我很想为你解惑，但其实我也不是一个好员工，没脸指导你啊。”

依依一愣：“怎么说？”

米嘉伸出左手：“你看。”

视线刚才被火锅蒸汽挡住了，依依没有看见，现在米嘉伸出手，她才发现米嘉的手背上赫然有一道长长的伤口。

她一把握住米嘉的手，使劲揉：“怎么搞的？你这是怎么回事？”

米嘉继续看天花板：“我跟 Jimmy 打了一架。”

依依的动作定格了：“你，再说一遍？”

米嘉低头看着依依：“说几遍都没问题，我跟 Jimmy 打了一架，我跟 Jimmy 打了一架，我跟 Jimmy 打了一架。”

依依像触电似的甩开米嘉的手，满脸震惊：“你、你、你……该不会是为了我……？”

米嘉潇洒的一甩头发：“表面上是为了你，本质上是为了我们劳动人民的权力和自由。”

“到底怎么回事啊？”

“就是你看到的这回事，我很不爽 Jimmy 因为莫须有的罪名开除你，就去跟他理论。没想到那个死脑筋这次居然死不松口，软硬不吃，随便怎样都不肯再把你召回来。我一气之下，就跟他打起来了……”

“你真猛……”依依瞠目结舌，“难道这个伤是Jimmy打的？他不会这么没品吧？”

“当然不是啦，Jimmy脾气虽然怪，但不会打女人的，这伤是我跟他吵的时候自己不小心蹭到了桌角。你放心吧，他伤得比我重多了。”

看着米嘉得意洋洋地诉说英雄事迹，这次换成依依的眉毛抽筋了。

她真没想到米嘉有这么勇猛的一面，居然敢为了同事跟老板打架。如此仗义的朋友，天底下不会再有第二个了。

但是，她还是有点担心：“Jimmy他……不会因为这件事对你怀恨在心吧？你要小心。”

米嘉一挥手：“没事，别忘了我是You-Time的元老，又是《YO美食假期》的总编辑，Jimmy没了我不行的。依依，你不要忘记，老板选人的首要标准，永远都是看这个人有没有足够的工作能力。在这个前提下，员工一点儿小毛病根本无伤大雅。”

“是吗？”

“是的，而且有些老板喜欢用各种方式刁难员工，这是在从不同角度测试他们的能力。所以，只要你认为华荣集团是一个有前途的公司，对于荣轩的刁难你不必想太多。你是他亲自招聘进来的，他可能只是在测试你的能力。”

米嘉的一席话，让依依陷入了沉思。

回家路上，她仔细寻思着荣轩交给他一堆鸟语杂志，揣测总裁到底是什么用意。

依依不是傻瓜，她才不会把每本杂志的所用语言都学一遍。因为她记得很清楚，荣轩是让她在看杂志的同时练习英文，并没有让她练习其他奇奇怪怪的东西。

难道，如米嘉所说，这是总裁对自己的测试？

测试什么呢？

依依沉思许久，脑中突然闪过一丝灵光。

回到家，她立刻打开电脑，上购物网站，搜索荣轩交给她的那一堆杂志。让她惊讶的是这些杂志的发行范围相当广，分别有不同的语言版本，其中英文版的在网络上全都能买到。

显然，这些杂志都是荣轩特别挑选的，目的是让依依自己去发现它们全都有英文版。而只要依依把杂志买下来，就印证了荣轩之前的要求——她只要练习英语就够了。

总裁的心思到底是有多九曲十八弯啊。

依依在想，如果没有米嘉的提示，如果荣轩面对的不是她谢依依这样聪明的员工，根本没人能猜透他的用意！

但依依不知道，正因为她是谢依依，才会遭来荣轩持续不断地捉弄。

花费几百大洋网购了那堆英文版杂志，依依肉疼不已。

然而，就在她下单的几分钟之后，在位于郊外的荣家大宅，荣轩的书房里响起了新邮件的提示音。

荣轩呷了一口红茶，微微一笑。

一封一封的电子邮件正轮番送到他手里，上面记录着杂志的下单时间和买家的所在地。

天真的依依不知道，所有的事情，乔溪在背后早就安排好了。

这些代购海外杂志的老板都与荣家交情很深，彼此已经商定，只要华荣集团所在的城市里有人购买杂志，购物清单就会第一时间发送到荣轩的电子邮箱里。

电脑屏幕的荧光，映照着荣轩带着笑意的双眸。

要知道，在依依之前，还从来没有人能这么快识破他的这个花招。大多人在拿到这堆鸟语杂志之后，都痛哭流涕地请求总裁网开一面，不要逼他们学习这么多语言。

只有依依，真正用心聆听了他的话，并且用自己的智慧做出了准确的推断。

荣轩意识到，让依依继续留在《Fresh 魅力饮食》编辑部，对她的才能其实是一种浪费。

他，有点不想让依依在传媒部工作了。

Chapter 4　意料之外的升职

“依依，恭喜你！”

隔天，依依一到公司，Mary 就张开双臂朝她冲过来，这次她终于把“恭喜”二字完整地说出来了。

“恭喜啥？”依依肿着眼泡问，昨天下单买书买到很晚，她直到现在都还没睡醒。

Mary 诡秘一笑，把一张纸塞到依依面前。

依依看了一眼，顿时捂住嘴倒吸一口冷气——她，她升职了？！

Mary 塞给她的，是人事部一大早发来的升职通知。

新职位并不是依依理想中的编辑，而是编辑助理。也就是说依依的工作内容，从打杂升级为了“帮编辑们打杂”，简单说来，就是做一些修图、校对、字体排版……那种很麻烦但没有技术含量的杂事。

当然，薪水也小涨了一点儿。

没有实现所有愿望，实现一部分愿望也不错。依依对这次升职很满意，毕竟她加入华荣集团还没多久。

但是在高兴之余，她觉得后背有点发寒。

为什么她昨天刚花了几百大洋，今天就突然升职加薪？总不见得荣轩如此神通广大，知道她荷包羞涩所以特意给她送钱？

不会的，不会的，这阵子培训所用的食材，像是牛排、龙虾、螃蟹，以及依依不小心打碎的餐具，荣轩都从她的薪水里残忍地扣掉了。

如果要送钱的话早就该送，何必等到现在？

不会的，一定只是巧合而已。

无知的小员工，当然不知道自己升职背后发生的事。

其实荣轩很清楚依依的业务水平，但如果直接把她升职为正式编辑，会因为升得太快太显眼而被人注意到，所以暂时让她担任助理编辑。

于是，依依从今天开始踏上了新岗位。

随着升职通知一起送来的，还有新的工作卡，职位清清楚楚地写着“助理编辑”。这意味着依依不再是行政人员，她可以跟Mary、思倩一起参加编辑部会议了！

整个部门的同事都对她表示热烈祝贺，但由于杂志还在策划中，大家不敢放松狂欢，只是约定杂志上市以后一定要补开Party，好好开心一下。

“那么，所有的栏目名称就这么定了。”会议室里，回荡着伊琳娜严肃的声音。

依依坐在距离上司最远的位置，仔细记录着会议的内容。

编辑部的工作效率很高，栏目的名称和需要的稿件类型都已经确定，众编辑的组稿工作也进行了一大半。只要组稿完毕，通过审核，杂志就能进入制作环节准备上市。

“目前，先期广告已经投放了一段时间，因此我们的时间很紧，大家的组稿情况怎么样了？稿子都约好了吗？”伊琳娜朝下属们环视了一圈，“这样吧，从我的右手边开始，大家轮流把工作进度反馈给我。”

于是，从思倩开始大家一个接一个地介绍自己手里的作者和交稿情况。伊琳娜听着下属们的汇报，时不时点点头，看来对他们的工作很满意。

不过，在轮到某个男编辑的时候，情况就不对了……

“林瞳，我跟你说过薇薇的稿子风格不对，兰莉娅也不是专业的美食专栏作者，你为什么还要向她们约稿？”伊琳娜皱眉。

她口中的林瞳，是编辑部里为数不多的男编辑之一，平时上班吊儿郎当，不是迟到就是早退，工作还经常出错。伊琳娜知道他身上问题很多，但考虑到编辑部的性别平衡问题，就一直没有炒他鱿鱼。

然而，林瞳从来不领情，此时被伊琳娜当众批评之后，他不但不认错，反而觉得很没面子，有点不耐烦地说："老板，做生不如做熟，薇薇和兰莉娅是我认识很多年的作者朋友，有写稿信息我当然找她们。你对稿子不满意的话，我可以让她们修改，何必硬要我换其他人来写？"

伊琳娜忍了忍，没有当众发火。

"那么，就请你让她们好好修改，然后再交给我审核。"

"知道啦。"

依依在心里嗤之以鼻，她很看不惯林瞳的散漫和自负。而且，她很怀疑林瞳不肯换人的理由，写稿风格是不可以强求的，有些人不行就是不行，再怎么改也不行，林瞳是专业编辑，不可能不明白这个道理。

她怀疑，林瞳是不是在给自己的朋友开后门，毕竟《Fresh 魅力饮食》是华荣集团旗下的杂志，能够上稿的话，既能有名又能有钱。

不过，这些想法她当然是藏在心里的。会议结束以后，她跟着大家一起鱼贯而出，回到工作岗位上继续干活。

依依今天的任务是帮伊琳娜校对五篇稿子，刚刚升职的她，浑身都充满了力量。

但是没等她看多久，MSN 突然亮了起来，是 Mary 的私聊。

Mary 没空去巴黎了："依依，快来救火！我的 PS 坏掉了，求你帮我修图。"

依依最讨厌牛排："没问题，小事一桩，自己人何必说求嘛。"

Mary 没空去巴黎了："爱你！❤"

依依最讨厌牛排："PS 怎么会坏掉的？"

Mary 没空去巴黎了："都怪信息科啦，昨天下午突然搞什么全网杀毒。

我们正忙着修图，电脑突然全部‘啪’一声黑屏了，等重启以后，我的PS就怎么都打不开，听说其他人的也是。”

依依想了一下，哦，昨天她和米嘉一起去吃火锅，没留下来加班。

所以，只有她逃过一劫吗？

这时，Mary的对话框又弹出来了。

Mary没空去巴黎了：“给你图。”

依依最讨厌牛排：“接啦，那信息科什么时候来修电脑？PS坏掉了不是很要命吗？”

Mary没空去巴黎了：“说是下午会来，所以现在只能靠没中招的人帮忙了，你算一个。”

依依最讨厌牛排：“没关系啦，还有谁要修图又没法用PS的，你叫他们一起来吧。”

这时，其他同事之间也在窃窃私语，大家都在纷纷互相求助。

依依这才知道，昨天她走了以后，信息科把大家搞得苦不堪言，每台电脑分别受到不同程度的损伤。现在，有人能排版，但不能校对；有人能修图，但不能排版，大家只能把自己不能做的工作交给其他可以做的人，以免不拖后杂志上市的进度。

这其中，电脑安然无恙的依依当然接了最多的活儿，一整个上午都忙得脚打后脑勺。

她盯着电脑手忙脚乱，又要修图，又要校对，连午饭都没空吃。然而即便如此，她的工作还是一件接一件，还没来得及把Mary的图修完，MSN已经同时蹦出了三个对话框。

其中，居然也有林瞳。

依依看到林瞳就有些不高兴，但还是尽量保持礼貌。

黑小瞳支持尤文图斯：“依依，帮我校对一篇稿子。”

依依最讨厌牛排：“好的哦，发给我。”

虽然说是校对，但依依之前接到的几篇稿子错误并不多。编辑部的大家工作都很认真，稿子一到手就会马上阅读修改挑错，之后还会自行检查几遍，最后再交给伊琳娜。

把自己负责的事情做到最好，不给别人拖后腿，这就是华荣集团的工作风格。

然而，这种风格到了林瞳身上又不对了。

依依一头黑线的看着这家伙发来的错误连篇的稿子，不知该哭还是该笑。

也不知道林瞳的这篇烂稿是从哪里约来的，不但错字白字满地爬，句子还颠三倒四完全不通。依依觉得，自己小学时候就能写出这种水平的文章了。

偏偏林瞳还不知趣地在那边催。

黑小瞳支持尤文图斯：“你抓紧，我先去吃饭！”

依依最讨厌牛排：“呃……这篇稿子你自己看过吗？”

黑小瞳支持尤文图斯：“看过，没啥大问题，你再稍微检查一下就能交给老板了。”

依依绝倒。

这样的烂稿能交给伊琳娜？

伊琳娜不把它摔在你脸上才怪！

依依最讨厌牛排：“那个……我倒觉得问题挺大啊？这个作者连“的得地”都分不清楚，你确定他以前写过稿子？”

依依其实是在暗示林瞳，这篇稿子连最简单的基本用词都有问题，在伊琳娜那边肯定过不了关。然而林瞳不但没听出依依的潜台词，似乎还有点不耐烦了。

黑小瞳支持尤文图斯：“叫你检查就检查，哪儿来这么多废话？有几个错字有什么了不起的，这活儿你不想干就算了，我自己干！”

说完，还没等依依回应，他的头像就显示成“离开”了。

再然后，依依看到林曈从自己的位置上站起来，头也不回地离开办公室去吃午饭。

哎哎，这位先生本事没多少，脾气倒挺大啊。

依依摇头叹息。

没想到林曈不但工作态度差，业务水平低，而且拜托别人帮忙的时候，连基本的礼貌都不懂。依依倒是也不生气，毕竟她是义务帮忙，多一事不如少一事，再说林曈又不是她的什么人，品行再差也跟她无关。

只不过，有一个这样的下属，伊琳娜应该挺头疼的吧！

真是的，干吗非得要求性别均衡呢！残酷的职场，就应该凭工作才能说事嘛。

依依摇着头，继续回到电脑前忙碌。

到了下午三点多，信息科的人姗姗来迟，开始帮大家修电脑。

依依和 Mary 他们忙了一上午，此时总算能歇口气。大家商量着要趁这个机会去楼下喝点下午茶，然而几个姑娘刚要走，就被伊琳娜叫住了。

最近一直在加班，伊琳娜知道大家很辛苦。看着信息科一时半会儿应该是修不完这么多电脑的，她让大家把包包带上，如果在公司没什么事的话，喝完下午茶就提前下班吧。

“哇哦！”顿时，办公室里响起一阵欢呼。

大家已经不知多久没有在七点前下班了，听到这个消息就像是平民被皇帝颁布了特赦令，开心得都快飞起来了。

“依依，难得这么早下班，我们去好好吃一顿吧，我知道一家很棒的英式三层下午茶！”Mary 拽住了依依的胳膊。

“好啊！”依依连忙点头，快速收拾完东西，就跟同事们一起说说笑笑地离开了办公室。

真棒啊。

提前下班的日子，连天都好像更蓝了，阳光都好像更明媚了。

依依和同事们坐在高级酒店的旋转餐厅里，一边品尝下午茶，一边眺望着城市的风景。如果是在以前，她这个贫苦的小员工无论如何也舍不得到这么奢华的地方来的，如今终于升职加薪，待遇超过了 You-Time 一大截，她总算能够大快朵颐一番。

呜呜呜，不枉她每天加班到七八点，下班后和双休日还要 K 书啊。

“依依，你以前是哪个公司的？”这时，思倩不经意地问。

“嗯？那个……是 You-Time。”依依一愣，下意识地回答。

大家发出一阵惊呼：“咦咦咦咦？听说 You-Time 是杂志界的一朵奇葩，里面的员工一个能顶五个用！”

依依在心里啜泣，岂止是五个，忙起来的时候能顶十个啊……Jimmy 简直是个变态！

“但是，既然你是 You-Time 出身，工作能力应该很强啊，总裁怎么会把你安排到行政岗位上打杂？”思倩又问。

“可能他看不上我在小公司的工作经历吧。”依依摇头。

“你确认他真的不是在考验你，想把你嫁给荣佑？”Mary 嬉笑着八卦道。

思倩立刻掐了她一把：“笨啊，依依都已经拒绝了。再说，谁会整天折磨自己未来的弟媳妇？你看依依被荣轩特训以后，脸都瘦了一圈，让人看着好心疼哦……”

依依干笑：“媳妇什么的不要再提了啦，总裁已经说过没这种打算。”

Mary 惊呼：“真的？那他干吗还逼着你学外语？我们的职位并不要求外语啊。”

依依叹息：“所以我说，他是看不上我之前的工作经历啦。”

Mary 摇头：“不对，不对，这里面有问题。”

其他人也跟着点头。

依依的头上冒出一滴冷汗，你们刚才不都在自顾自地聊天吗？八卦的劲头咋这么足？

餐桌上，就此陷入了短暂的沉默。

半晌，思倩突然一拍桌子："我知道了！"

众人齐刷刷地抬起头："知道什么了？"

思倩严肃道："我有一个大胆的猜想，荣轩可能的确没打算把依依嫁给荣佑。但是，他照样可以把依依嫁进荣家。"

众人问："不嫁给荣佑，怎么嫁进荣家？"

思倩翻了一个白眼："你们真笨，荣家又不是只有一个男人，荣轩可以把依依嫁给他自己啊！"

短暂的沉默。

然后，众人齐刷刷地倒吸一口冷气。

依依觉得脑子有点打结，歪头思考着"荣轩可以把依依嫁给他自己"是什么意思。

想了一会儿，她也倒吸一口冷气。

"思倩，这种玩笑开不得。"她扶额，突然觉得胃好痛。

"不，这是建立在逻辑推理基础上的，准确的严肃的结论，"思倩摇头，"你想，荣佑他是什么东西？败家子啊！荣轩肯定是意识到这辈子都不可能再有好女孩看上他，所以决定亲自上阵，承担为荣家传宗接代的重要任务！"

听到"传宗接代"四个字，依依脸颊一烫，连忙摇头："不，不会的。在总裁身上我完全感觉不到一丝温情，只有资本家如同秋风扫落叶般的冷酷！"

思倩耸肩："嗨，你让堂堂大总裁像邻家哥哥那样，像春风般温暖地对待你，这可能吗？"

依依想象了一下春风般温暖的荣轩，瞬间起了一层鸡皮疙瘩。

于是，思倩斩钉截铁地说："所以结论就是荣轩打算让你嫁给她，所以要把你训练成一名气质高雅、才貌双全的贵妇！"

众人纷纷点头赞同。

依依觉得胃更痛了，她啜泣道："思倩，你真是没良心，居然忍心下这么残忍的结论。总裁那么凶，既严格又嘴毒，我一看到他就两腿打颤。你现在还要我嫁给他，是想让我年纪轻轻就得神经衰弱吗？"

思倩一摊手："改造老公就是女人的责任嘛，再说总裁虽然对下属很严厉，但是有可能对老婆很疼爱呢。"

依依号叫："老公老婆这种词语不能随便说！"

而这时，Mary凑了过来："依依，你别这么急着抗拒嘛。也许思倩猜得不对，但你现在和总裁见面的机会很多，完全可以主动出击。或许哪一天，就会跟总裁擦出爱的火花。"

众人继续点头："对对，说不定总裁就喜欢你这种清纯可爱型的。"

依依扶额："我只想嫁一个平凡的男人，过平凡的小日子而已，你们放了我吧……"

Mary翻了个白眼："嘁，没志气。"

不过，话说到这个地步，大家也就不好意思起哄了。毕竟谁都没有证据证明荣轩对依依有好感，而依依也完全不希望荣轩对自己有好感。

接下来，话题就转向了别人的八卦，荣轩迅速被群众遗忘了。

依依哭笑不得，原来这群八婆只是想八卦而已嘛，具体八卦对象是谁根本无所谓，反正八完就忘。

这一顿下午茶，大家吃得开开心心，晚上又一起去吃烤肉自助餐，直到酒足饭饱才恋恋不舍的回家。

"再见。"

"再见啦，明天见。"

灯火璀璨的商业街上，回荡着姑娘们互相告别的声音。

这座城市的夜生活才刚刚开始，但因为明天还要上班，大家都不敢回去太晚。

“思倩，那明天见喽。”Mary 和依依走到地铁口，向思倩挥手。同事们回去的方向各不相同，只有她们俩同路，正好可以做伴。

走在空旷的地铁大厅里，Mary 沮丧地叹了口气：“唉，好累哦。回去还要把今天修的图检查一遍，明天伊琳娜等着要，信息科的那群男人真会坏事。”

“我也是啦，”依依跟着叹气，“明天要交校对的稿子……”话说到一半，她猛然站住脚步：“糟了！”

Mary 被吓了一跳：“怎……怎么啦？”

“我忘记把装文档的 U 盘带回来了！”依依脸色煞白。

“呼……我还以为是什么事呢，差点被你吓死，”Mary 摸摸胸口，“没关系啦，偶尔一次忘记，老板不会怪你的。再说，你明天早一点去公司，抓紧把活干完不就行了？”

“不不，那样我会睡不着觉，”依依摇头，“我回公司一趟吧，顺便去便利店买明天的早餐。”

“好吧，那你自己小心哦，不要太晚回家。”

“知道啦。”

于是，两人就此分别，Mary 进了检票口。

依依心急火燎地赶回公司。

偶尔犯一次错，从客观上来说是没关系；但是她才刚升上助理编辑，当然要好好争气，怎么能给上司和整个编辑部丢脸呢？

夜晚的公司幽暗而寂静，整栋写字楼只有少数几层还亮着灯光。华荣集团不主张员工卖命加班，基本上九点以后公司就不会有人在了。

依依踩着高跟鞋，嗒嗒嗒地一路穿过大厅，冲进电梯里。回来的路上她还真担心保安已经下班了，急得一头汗。

以为所在的编辑部已经没有人在，依依特地去保安那里拿了钥匙。没想到一走出电梯，她就看见玻璃门敞开着，里面正隐隐透出灯光。

灯光所在的方向似乎是伊琳娜的办公室，这让依依心中充满了敬佩。

不愧是老板，让员工们提前下班出去玩，自己却还在这里加班。

生怕打搅到伊琳娜，依依踮着脚悄悄走进办公室。她来到自己的办公桌前拉开抽屉，看见U盘好端端地躺在里面，就连忙把它拿进包包里，然后准备走人。

正在这时，耳边传来隐约的争吵声。

“林瞳，这到底是怎么回事？你说稿子一定会改好，所以我耐心一直等到现在。但现在你交上来的都是什么东西？之前我提出的缺点根本一条都没修改！”

“我也一样在加班，不是在玩，老板大人！而且你何必把话说得这么难听，什么叫‘什么东西’？这是我辛辛苦苦约来的稿子，不是一钱不值的垃圾！”

依依伸长了脑袋，透过伊琳娜办公室的磨砂玻璃，她这才发现原来除了伊琳娜，林瞳也在里面。怎么回事？林瞳白天被伊琳娜打回去的稿子还没搞定吗？她早猜到改来改去是改不好的，林瞳怎么还是执迷不悟嘛。

这时，办公室的争吵似乎升级了。

伊琳娜又说了几句，林瞳的火气也越来越大，最后猛地一拍桌子：“伊琳娜！别以为你在华荣集团待得久，就他妈倚老卖老！薇薇和兰莉娅都是跟我合作多年的老朋友，她们的水平我比你清楚！这两篇稿子的质量没问题，我说不改，就是不改！”

伊琳娜冷冷一笑，她的耐心终于被这个蠢小子磨尽了，平日的和蔼宽容荡然无存。

“林瞳，”她厉声道，“你给我说话注意一点儿！我是杂志的总编，这两篇稿子我说不行就是不行！而且，别你以为我不知道你心里的小算盘——和她们是老朋友？呵，这个‘朋友’的含义到底是什么，相信你比我更清楚！”

此话一出，林瞳瞬间脸色煞白。

他咬了咬牙，突然把手里的稿子往桌上一摔：“妈的，老子不干了！我他妈告诉你，我们全家移民加拿大的申请已经通过了，才不稀罕你们这个小破编辑部。老子在这里干了五年还捞不到升职，早就他妈的受够了！”

伊琳娜淡定一笑：“原来如此，抱歉，我们编辑部庙小容不下您这位土地神，祝愿你在海外能有更好的发展。”

林瞳愤恨地瞪了伊琳娜一眼，转身冲出办公室。

其实，薇薇和兰莉娅都是不学无术的千金小姐，梦想着动动十指随便打几个字就能成为大作家。而她们两人都有着强大的海外关系，林瞳一方面需要在加拿大有权势的华人给自己做靠山，一方面也想博得美女芳心。

双方各取所需，那两个女人就变成了林瞳手里的“著名专栏作家”。

没想到，伊琳娜那个死女人居然硬是卡着那两篇稿子不让过，明摆着跟他作对！

好吧，没靠山也无所谓，等着看他过几年从加拿大衣锦还乡，把赚的钱狠狠摔伊琳娜一脸！

看着林瞳气势汹汹地冲出办公室，依依连忙躲在暗处，胆战心惊地看着他扬长而去，还沿路踢翻了几个不锈钢垃圾桶。

令人发指，令人发指啊！

这世道真是不对头了，犯错的员工居然敢指着上司的鼻子骂，还有没有规矩了？

伊琳娜果然也和她一样，看出林瞳是在给那两个女人开后门，根本不是认真的在约稿。

依依摇头叹息。

林瞳走了以后，伊琳娜长长地吁了一口气，刚才盛气凌人的表情从她的脸上消失了，取而代之的是深深的无力和疲倦。

她低下头，右手支着额头，微微闭上眼睛。

依依看着伊琳娜，想了一会儿，从抽屉里摸出自己珍藏的谷物奶茶，用热水满满泡了一杯之后，走向她的办公室。

玻璃门被轻轻敲响，伊琳娜一惊。她睁开眼睛抬起头，看见来人更是大吃一惊："依依？你怎么在这里？"

依依搔搔头："有东西落在公司里忘了拿，老板，喝杯热饮料吧。"

此时，伊琳娜心里正又冷又痛，看见依依手里冒着热气的杯子，立刻全身都漾起了一阵暖意。

她笑了笑："谢谢你。"

依依也笑笑，走进办公室把饮料递给伊琳娜之后，就随便找了一个位置坐下。现在不是上班时间，她不想太拘束。

伊琳娜的办公室在整个编辑部的最深处，依依环视一圈，发现这里可以将整个编辑部的情况尽收眼底。这也就是说，伊琳娜随时随地都知道每一位下属在做什么。

这时，伊琳娜刚喝下一口热奶茶。

甜甜暖暖的味道渗入胃里，让她一下子觉得精神好多了。

她抬起头刚想夸奖依依，却差点喷茶——依依正跪在沙发上弯着腰，一脸严肃的观察从这里到自己办公桌的距离。

"你在干什么？"伊琳娜忍着笑。

"我在想，老板您从自己的办公室里，能不能看到我在打游戏。"依依严肃地说。

“当然能，”伊琳娜捂住嘴，忍耐着不发出笑声，“华荣集团所有部门的办公室都是这样配置的，你来到公司的时间不久，可能不知道。不过，我不会像个老古板那样整天监督你们，只要你们把工作做好，偶尔偷懒打游戏也没什么。”

“真的？”依依立刻转过头，露出星星眼，“谢谢老板这么开明！您这样的好人，林瞳居然还跟您叫板，真是不知好歹！”

伊琳娜苦笑，这小姑娘还真会奉承别人。

但是，从依依脸上纯洁无瑕的笑容，伊琳娜知道她并不是在拍马屁。她所有的言语都是发自真心的，没有任何的心机和目的。

在这样的一个女孩面前，她不知不觉就放松了神经，卸下了平日冷酷严厉的上司面具。

“林瞳跟我叫板，不怪他，怪我，”她苦笑，“我曾经以为，他会成为我手下的一员大将。”

“怎么说？”依依一愣。

“做我们这行，很需要热情和闯劲儿，林瞳刚进公司的时候就拥有这两个优点，所以我对他寄予了很大的希望。但是……”伊莉娜摇头叹息，“他永远都只在意公司能给他什么利益，但从不思考自己能为公司创造什么价值。他太自负了，这一点只能说是我看错了人吧……”

“别这么说，林瞳只是害群之马而已，编辑部的其他同事不是都很优秀吗？”依依笑了笑，“对了老板，你要林瞳改什么稿子，要改成什么样？我来帮你改吧。”

“不用了，谢谢，”伊琳娜摇头，“改稿子有时比写稿更麻烦，况且林瞳的这两篇稿子乱七八糟，还是我自己来改吧。”

依依默默在心里赞同，那两篇稿子的确是不堪入目。

“那……您真的不需要我帮忙？”她又问。

伊琳娜笑笑：“哪有人缠着上司要求工作的……好吧，如果你真的这么无聊，就去帮我约两篇新稿来替代林瞳的烂稿子。稿子的主题是奥地利名胜风景区的游记。不用很长，每篇两三千字就够了。”

“知道啦，现在就去！”依依转身就跑。

“下周交也可以的……”伊琳娜连忙补充说明。

“还等什么下周，我现在就上网，晚上朋友都在线呢！”依依的声音已经和背影一起飞出了办公室。

看着她飞回自己的位置，起劲地开电脑的样子，伊琳娜无奈地摇摇头。

依依并没有无聊到不想回家，相反家里还有一堆英文杂志等着她去看。之所以自告奋勇，是因为刚才伊琳娜疲惫的样子，触动了她记忆中的一件往事。

那一年，她刚刚加入 You-Time 没多久，《YO 美食假期》已经上市，但因为还没有形成固定的客户群，杂志销量惨淡。

Jimmy 不希望大家的努力付之东流，于是亲自出马去各大公司拉广告，希望能用广告费度过这段最黑暗的日子。

当时还很青涩的依依，觉得“老板”这种生物是无比强大的。她想看看 Jimmy 如何说动各大公司，让他们愿意在一本小小的杂志上投放广告，于是趁 Jimmy 和他们谈判的时候躲在门外偷看。

然后，她看见一个牛逼哄哄的中年人，把杂志狠狠摔在了 Jimmy 的身上。

而当 Jimmy 离开那个房间之后，不但没有提起自己被羞辱的事，反而淡定地对大家说：“谈判很顺利，应该有机会的。”

最后，不知他用了什么方法，广告合同果然签下来了。

那件事给了依依很深的触动，她第一次看到光鲜亮丽的老板身上，背负着怎样无法让下属看见的重担。身为小员工的自己，只要每天把上司派遣的任务做完就能安然入睡，但是 Jimmy、伊琳娜、荣轩他们，却还要思考如何让小员工永远有任务可做、有薪水可领。

想到这里，资本家似乎也就没那么可恶了。

再说，伊琳娜是个明事理的上司，自己有肉吃，下属肯定有汤喝。依依觉得帮这样的上司干活是一件挺开心的事。

电脑的开机画面亮起，她打开 MSN，在自己的朋友群里大吼了一声。

依依想死火锅了："号外！私活！谁接！"

顿时，群里呼啦一下子跑出来五个人，一边吵着问依依现在在哪里发财，一边问私活是什么要求。这些人都是依依的大学同学，毕业之后各奔东西，但有需要的时候还是会互相帮助，信任度绝对没问题。

于是，依依开始介绍伊琳娜的稿子要求了……

此时，在顶层的总裁办公室里，宾妮终于结束了一天的工作，关上电脑伸了个懒腰。

最近她总是觉得疲惫，因为肚子里的小宝宝已经两个月了。不过，她并没有把这件事告诉公司的任何人，因为那样的话，人事部肯定会考虑到她总裁特助的身份，多给她几个月的产假。

她不希望让自己显得很没用，荣轩的特助，怎么可以请那么久的假呢！

坐在椅子上闭目养神了一会儿，她背着包包站了起来。总裁办公室的灯还亮着，看来今天老板又会比她这个下属更晚离开公司。

带着对总裁的敬重和一丝愧疚，宾妮敲了敲门："荣先生，抱歉，我得先走了。"

荣轩从电脑前抬起头，淡定地看了宾妮一眼："好的，辛苦你了，明天见。"尔后，他皱了皱眉，"你最近脸色不太好，尽量少加班，不用管我。"

宾妮脸颊一烫，她以为自己的化妆技术很完美，没想到总裁居然能发现她的身体状况不对劲儿。但是，老板这么拼命，下属怎么好意思每天都比老板早下班呢。

她笑笑：“少加班的话，老板您应该以身作则。”

荣轩苦笑：“别总是开我的玩笑。”

两人又说了几句，宾妮就离开了办公室。

她坐电梯到了底楼，走出大厦之后回头看了看，观察哪一层的灯还亮着。这是她的日常工作，因为荣轩每天都要求知道谁在加班，哪个部门经常加班，并且偶尔会亲自去慰问下属。

他认为加班是一个很重要的问题，它能看出部门的工作量是否超过了既定，是否存在老板压榨员工的行为；或者是否有人工作不卖力，把白天的活儿拖延到晚上在做。

宾妮记下了亮灯的楼层之后，以手机短信的形式发送给了老板。

而正在这时，一辆重型机车从街道的尽头疾驰而来，发出震耳欲聋的轰鸣声。

宾妮并没有在意，快速编写着短信。而就在她按下发送键的同时，刺眼的亮光突然射在她的脸上。

她转过头。

瞬间，寂静的街道传来一声巨响——

这声巨响并没能完全传入隔音效果非常好的写字楼里，加班的员工们只以为是谁的车爆胎了，抬了一下头之后就继续卖力加班。

而一无所知的荣轩，也和往常一样翻阅着宾妮发来的短信。

今天的内容和平时大同小异，最近经常在这栋楼里加班的，除了他自己，就是因为年关将近而忙得四脚朝天的财务部。除此之外，公关部的人也忙着给年终尾牙的客户们发请柬，再然后，就是各部门几个拖后腿的惯犯了。

荣轩在想，他有必要找那几个惯犯所在部门的经理谈一谈了，他要弄清楚这些人为什么无法在工作时间内做完所有的活。华荣集团不需要员工靠加班来证明自己的价值，这么喜欢拖后腿，干脆跳槽到爱加班的公司去算了。

然而，看到短信的最后，他皱了皱眉。

宾妮说传媒部的28层也有人在加班，那应该是《Fresh魅力饮食》的编辑部。

那本杂志是伊琳娜管的，她那边的事情一向不需要人担心，今天怎么也加入了加班的行列？荣轩想了一会儿，起身离开办公室，打算去那里看一看。

几分钟后，28层的电梯门“叮”一声打开。华荣集团的堂堂大总裁，缓步走了出来。

此时，在编辑部的办公室里，依依正窝在椅子里，两腿跷在桌子上，一边听音乐，一边吃薯片，一边等稿子。

她朋友中的写稿快枪手今天刚好在线，而且刚好从奥地利度假回来，肚子里正塞着一大堆灵感。一听说依依要奥地利游记，对方立刻打包票说马上写马上交。

于是，依依也就不急着回家了，而且在等稿子的时间里，她把伊琳娜白天交给的校对任务都完成了，现在正闲着没事。

然而，正当她呱唧呱唧咬薯片的时候，一片阴影无声地覆盖上来。

咦？

灯坏了吗？

依依好奇地抬起头，一眼看见荣轩淡定的脸。

“啊啊啊啊——”寂静的办公室里立刻传来依依的尖叫声。

在里面工作的伊琳娜被吓得魂飞魄散，她抬起头看见荣轩站在依依面前，立刻明白发生了什么事，顿时哭笑不得。

在华荣集团，加班就有机会受到总裁的慰问，这是大家都知道的事，伊琳娜也想过荣轩可能会过来。但是小员工谢依依不知道啊，而忙得死去活来的伊琳娜也忘了提醒她，所以就发生了眼前这场悲剧。

唉，总裁也真是的，明明早就看到依依悠哉偷懒的样子，为什么不发出一点声音提醒她，非要把她吓成这样？

伊琳娜摇了摇头，但又按捺不住好奇心，偷偷看着荣轩到底会跟依依说些什么。

“荣……荣先生，您怎么还没下班？”此时的依依，又露出了比哭还难看的笑容，趴在桌上汗颜地看着荣轩。

被她压在身下的是一堆零食和几张CD唱片，虽然觉得荣轩早就已经看见了，她还是采取了掩盖罪证这个毫无意义的行动。

因为不这样做，她不知道此时什么姿势比较合适面对总裁大人。

“宾妮看见你们这里的灯还亮着，所以我过来看看，”荣轩已经习惯每次见面的时候都被依依逗笑，淡定道，“怎么白天的工作还没干完？”

“不，不是的，”依依干笑，“是我回公司拿东西的时候正好看到老板在忙，就顺便帮她……”

“那是伊琳娜没干完白天的工作？”荣轩这倒觉得奇怪了。

“也不是……是有人撂挑子不干了……所以……”依依说着，声音越来越小。

按照职场规则，她是不应该把自己部门的家务事说给别人听，更不应该越权向总裁告状。但荣轩他不是普通的总裁啊，依依一看到他就已经两腿发软了，当然不敢对他撒谎或者闭口不谈，大脑都来不及思考，就呼啦啦地把实情全都说了出来。

听着依依前言不搭后语的话，荣轩已经明白了八九不离十。各部门的问题下属他都略有耳闻，也知道伊琳娜手下有一个不懂事的年轻人。

伊琳娜是刀子嘴豆腐心，动不动就把下属的责任揽在自己身上。荣轩理解伊琳娜加班的初衷，但依依居然肯为了和自己完全无关的事情，留下来义务加班，他倒是没想到。

“谢小姐，按照公司规定，如果不是为了你自己的工作加班，是没有加班费的。”荣轩提醒。

“我知道啊，不过正巧看到伊琳娜这么忙，我这么闲，就顺手帮一把了，”依依笑笑，“换了总裁大人的话，您也会这么做的吧。”

他可不会，荣轩在心里想。

他是商人，不是慈善家，永远不会去做对自己没有利益的事情。

但是依依今天的行为，倒是让他对这位救命恩人小姐有了新的认识。这么说来的话，那天她搭救荣佑简直太正常了，因为她的天性就是乐于助人。

荣轩在想着要不要夸奖她几句，依依的手机却突然响了起来。

“啊，对不起……”依依正因为跟荣轩独处而如坐针毡，这通手机真是帮了她的大忙。她匆匆冲荣轩点了一下头，拿着手机逃出办公室，逃向走廊的僻静处去接电话。

荣轩歪了歪头，觉得依依好像很不想跟自己说话。

嗯……自己还想夸奖她呢，是不是自作多情了呢？

这时，他无意中看到桌上扔着一条咖啡，包装刚被拆开了一半，旁边还有一只空的马克杯。看来，在自己到来之前，依依正准备去泡咖啡。

万人之上的总裁大人盯着咖啡和杯子看了一会儿，纠结地把它们拿了起来。

没办法，员工不想听夸奖，总裁就只能从其他方面体贴一下了……

Chapter 5　老板什么的最腹黑了

电话是证券公司的朋友打来的，告诉依依说她买的股票小升了一点。

听说自己赚了钱，依依高兴不已，跟朋友乱侃了好一会儿才挂掉电话，回到工作岗位。

然而，还没走到办公桌前，她的笑容就僵在了脸上。

因为她看见电脑旁边摆着一杯热气腾腾的咖啡，但是她可以确定，在自己去接电话之前，桌子上是绝对没有这个东西的。

伊琳娜正忙着工作。

其他同事早就下班了。

林瞳当然更没可能。

所以唯一剩下的……可能的……就是……？！

依依结结实实地打了个寒噤。

她小心地四下张望，终于在伊琳娜的办公室里发现了荣轩的身影。平日严肃淡定的总裁大人，此时正和伊琳娜有说有笑，似乎心情很好的样子。

不会的，不会的，肯定不会的……

依依看看荣轩，又看看桌子上的咖啡。总裁为苦逼小员工泡咖啡，这种事情怎么可能发生在自己身上！就算真的发生了，她的神经也承受不了啊！……话说，这到底是为什么？荣轩平常总是欺负死她不偿命，今天太阳从西边出来了？

最重要的是她到底应该拿这杯咖啡怎么办啊！

苦逼的小员工，从来没有收到过这么烫手的奖励。

伊琳娜透过玻璃窗，看着依依在桌边转来转去，不知如何是好的样子，终于忍不住笑出声。

“笑什么？”荣轩玩弄着桌上的一株观景植物。

“你把她吓坏了，”伊琳娜用纸巾擦去笑出来的眼泪，“既然被她义务加班的行为感动了，你直接夸奖她就行，何必搞得这么复杂？现在好了，你说这杯咖啡，依依是喝，还是不喝呢？”

“我的确想夸奖几句的，但是她好像再多跟我独处一秒钟就要吓晕的样子，我只能什么都不说了。”荣轩郁闷道。

“你是高山仰止的总裁大人，小员工看到你，不吓晕才怪吧。”

“伊琳娜，你是在趁机取笑我吗？别以为你在公司待得久，就可以这么没礼貌的跟我说话。”

“我这是实事求是，总裁先生，”伊琳娜笑道，“但是，你真的想让她和荣佑交往吗？”

“我是这么想的，但看起来很难。”

“也是哦，别看依依长得可爱，她的性子其实很烈的。而且……说了你别生气哦，我觉得这么好的女孩子，荣佑配不上她。”

荣轩没说话。

半晌，他叹了口气：“我不生气，你说得对。”

伊琳娜又笑：“别这么沮丧嘛，如果你真心不希望荣家错过这么好的媳妇，还是有办法的。”

“什么办法？”

“自己亲身上阵嘛。”

“伊琳娜！”荣轩猛然提高了声音。

"好吧，我不说了。"伊琳娜吐了吐舌头，露出在下属们面前绝对不会出现的调皮表情。

很多年前，当她刚进华荣集团的时候，荣轩还是一个权力不大的年轻副主管，还处于跟在父辈身后虚心学习的阶段。而早早就踏上社会摸爬滚打的伊琳娜，一进公司就是传媒部的副总监了。

所以，从资历上来说，伊琳娜和总裁大人算是同辈。

伊琳娜很清楚荣轩的道德品行，他从各方面来说都不知道比荣佑强了多少倍。但或许也正是这样，荣轩身为兄长才不希望自己处处都胜过荣佑，他希望荣佑起码在婚事上能比自己强一点。

真是兄长的一片苦心。

但是荣轩的顾虑，荣佑究竟能否理解呢？

伊琳娜沉思了一会儿，决定还是不要把这个话题继续下去了。荣轩虽然在商界里呼风唤雨，可是在感情问题上总是有点儿别扭，男人闹别扭的时候就跟小孩子没什么两样，这个时候旁人再怎么劝都没用，还是等着他自己从牛角尖的状态里钻出来吧。

假如太多管人家的闲事，反而显得自己很八婆。而且万一惹得总裁大人不高兴，就得不偿失了。

于是，伊琳娜选择了沉默。

一时间，办公室里没有人再说话。

伊琳娜小心喝着依依泡的热奶茶，而荣轩继续低头玩弄那株观景植物。

过了一会儿，荣轩突然问："谢小姐的工作能力怎样？"

伊琳娜一怔，差点被奶茶呛到："呃，很不错啊。她很聪明，也很努力，有时候我都觉得把她安排在编辑部，是不是太浪费了。"

荣轩点了点头："我也这么想。"

伊琳娜越发糊涂，总裁大人今天是怎么了？聊来聊去都是谢依依，他该不会真是对依依……可惜总裁大人伪装真面目的本事实在太大，伊琳娜一时间也搞不清楚他是在以总裁的身份询问员工的情况，还是在以一个男人的身份对一个女人表示兴趣。

气氛有些尴尬，擅长工作的总裁和擅长工作的女强人，都不知道怎样谈论一个可爱的年轻姑娘比较合适。

而正在这时，荣轩的手机响了。

他的表情顿时一紧，因为这个号码几乎没人知道，只有少数几个人在非常重要的时候才会打这个电话。出了什么事？

“哪位？”他接起来，听见对方焦急的声音。

立刻，他的眉头紧紧皱起来，“在哪里？我马上来！”

旁边的伊琳娜一愣。

此时，在外间的大办公室里，依依还在为那杯咖啡烦恼。

到底是喝，还是不喝？

到底装作什么都不知道，还是向总裁感谢他的一片心意？

依依焦急的在办公桌旁边徘徊，就像热锅上的蚂蚁。更可恶的是，自己在这边苦恼，那边荣轩居然还在跟伊琳娜聊个没完。哼，老板和老板果然心心相惜，一直这么等下去可不是办法，干脆自己就装作什么都不知道，收完朋友的稿子之后就直接回家算了？

依依刚这么想着，只听见伊琳娜的办公室传来一声巨响。

她震惊地回过头，看见荣轩正气势汹汹地推开门从里面冲出来，而伊琳娜脸色苍白的跟在他身后——真是，老天不长眼！为什么刚等她鼓起勇气做了决定，总裁大人就跑出来了？

好吧，现在想走也不行了，沮丧的依依只能立刻改变计划，硬着头皮走向荣轩，打算谢谢他的那杯咖啡。

“呃，总……”走到荣轩面前，她怯声开口。

然而，荣轩看都不看她一眼，大步流星地从她身边走过去了。

咦？

还没等依依回过神，走在荣轩后面的伊琳娜倒是主动跟她说话了。

“依依，我实在太忙走不开，你现在马上跟总裁到医院去一趟。”伊琳娜一脸凝重。

“怎么了？”

“宾妮小姐出事了。”

荣轩和依依开车一路飞驰到了医院，只见两名身穿白大褂的医生迎了上来。

“你们是宾妮小姐的家属吗？”其中一位医生问。

“我是她的老板，到底出了什么事？”荣轩焦急地问。

医生看了看荣轩和站在他身边的依依，像是在确认荣轩说的是不是真话，过了一会儿才犹豫着说：“你们……最好尽快联络她的家人，宾妮小姐目前有流产的征兆，情况相当不稳定。”

荣轩和依依不约而同的大吃一惊。

这时，身穿粉色制服的护士从病房里走了出来：“宾妮小姐醒了，说想见一位荣先生，哪位是荣先生？”

荣轩一言不发地走上前去，依依刚想跟在后面，却被护士小姐拦住了。

“抱歉，宾妮小姐刚醒，一次不能见太多人。”护士小姐笑笑。

“但是……我是她的同事，我很担心她。”依依焦急地说。她虽然和宾妮没有太多的来往，但毕竟宾妮是荣轩的特助，两人还是说过几句话的。

可惜护士小姐的命令斩钉截铁，无论依依如何请求，得到的回答都是闭门羹。

到了最后，依依灵机一动，向护士打听问宾妮需要什么生活用品。她不愿意像个累赘似的傻站在外面，而且目前在场的只有她和荣轩，总裁大人做这种事不太合适，让她来做正好。

正巧，照目前的情况来看，宾妮今晚必须住院，但住院需要的东西她身上一样也没有。于是依依把护士小姐吩咐要买的东西一样样记录下来以后，转身飞奔出医院，去寻找附近的便利店。

荣轩走进病房，看见宾妮一动不动地躺在病床上，脸色苍白。

听见脚步声，她睁开眼睛，看见自家老板，立刻抱歉地笑了笑："真对不起，老板，我明明只是打电话给丽莎她们的，怎么还是被您知道了。"

"我不但知道，而且是最先到达医院的。宾妮，以后有什么事情都要告诉我，因为不管你告诉公司的哪一个同事，我都会马上知道。"

宾妮苦笑："好啦，这个时候就不要对我炫耀您消息灵通了。"

荣轩没有接她的话，而是收起了笑容，微微皱眉："怎么回事？为什么你怀孕不跟公司请假？阿凯呢？"

阿凯是宾妮的先生，也是华荣集团的员工，但属于另一个子公司，平常不跟宾妮在一起办公。

"阿凯的部门有急事，前几天飞澳门了，"宾妮回答："至于我自己……其实是想再撑几个月的，您没有我不行，我不想为了私事一下子从公司消失太久。"

"到底是公司重要还是孩子重要，这种事用得着我来教你吗？"荣轩的脸色微微发冷，"阿凯出差在外，万一你出了什么事，让我这个老板怎么跟他交代？只是十个月而已，又不是十年，你还担心公司没了你会垮掉？"

宾妮低下头："抱歉，我真的不好意思请这么长的假期。而且，今天的事是我自己不小心，跟总裁您真的没关系。"

"说到这个，到底是怎么搞的？电话告诉我说你出了车祸。"

"也不算车祸啦，当时我正在楼下给您发短信，一辆机车突然朝我冲了过来。他们可能是深夜飙车的飞车党，看到前面有人之后来不及刹车，所以……不过没关系，车子是从我身边擦过去之后撞到了隔离栏，我只是被吓得摔倒而已。”

宾妮说的轻描淡写，荣轩的脸色却越来越难看。

他的特助是因为专注工作才会受伤，他这个老板在其中难辞其咎。如果今天宾妮真的出了什么事，那他永远都无法原谅自己。

而当荣轩和宾妮在病房里谈话的时候，负责跑腿的依依终于在三条马路之外的地方，找到了自己熟悉的便利店。

这家名叫“24H”的连锁便利店，是同类商店中商品种类最多的。依依行走在货架之间，按照护士的要求为宾妮添置了一些个人卫生用品，以及几款柔软易消化的食物。想到宾妮是在下班路上出事的，她又体贴地买了棉签、卸妆液和润肤霜，女性的皮肤比黄金还要珍贵，就算住在医院里，也不能忘记每天的卸妆工作。

当走到零食货架的时候，依依停住了脚步。

她想了一会儿，从货架角落拿起一包姜片。

这是她保养精力的秘密武器之一，这种姜片天然无加工，方便好吃有营养，是补充气血的上好零食。回想起上次荣轩从美国回来的时候那黯淡的脸色，以及今天这么晚还来慰问下属的行为，依依确认这家伙是个工作狂，肯定整天熬夜，肝火旺盛气血不足。

反正已经在照顾同事了，就顺手照顾一下老板吧，这也算对他那杯咖啡的回礼。

依依抱着一大堆东西，去收银处结账了。

当她回到医院的时候，护士小姐送来了一个好消息——宾妮的情况已经逐渐稳定，她也可以进病房去探望了。

于是，购物归来的依依左手三个大包，右手两个大包，步履蹒跚地走进病房，正在聊天的荣轩和宾妮被她吓了一跳。

“你这是干什么？”荣轩诧异地问。

“宾……宾妮，这是我给你买的卸妆工具，你先洗洗脸吧。”依依累得气喘如牛，都来不及跟荣轩打招呼，直接冲到宾妮的病床前。

看到塑料袋里的东西，宾妮的眼睛一下子亮起来："卸妆液？依依谢谢你！我正在担心自己没办法下床，不知道怎么卸掉脸上的妆呢！都已经一整天了，再不洗脸的话，我的毛孔都快堵塞发炎啦！"

"嘿嘿嘿，都是同类，我怎么会不懂你的心事呢？"依依狡黠一笑，然后坐到床沿，"来，把脸伸过来，我帮你卸妆。"

荣轩站在一边，沉默地看着这两位小姐兴奋的模样，觉得无法理解女人的世界。

宾妮在事故中伤到了小腿，是摔倒的时候磕到了突起的人行道砖头。但是与腿部的皮外伤相比，她似乎更在意自己的脸，这就是女性天生的爱美本能吧。

荣轩突然觉得自己站在这里很多余。

这时，病房门突然被人一脚踹开，某人大喊大叫地冲了进来："出了什么事！宾妮被飞车党撞伤了？！"

听到那个耳熟的声音，依依手里的棉签打滑了一下，沾满睫毛膏的棉头在宾妮脸上留下一道黑痕。不用说，敢在医院里这么大吵大闹的，除了那位二世祖，也不会有别人了。

荣佑似乎刚从哪家俱乐部赶过来，一身漆黑的皮衣，短发被发胶固定得根根竖起，左耳还戴着一枚亮闪闪的耳钉。

循声而来的护士立刻追在荣佑身后，又是摇手又是警告："先生，先生，病房里不能大声喧哗！"

荣佑眼睛一瞪："什么大声喧哗？老子来看朋友怎么了？老子……唔！"

一旁的荣轩再也看不下去，走上去就一把捏住荣佑的嘴。

荣佑拼命发出"唔唔"的声音，却光瞪着荣轩，不敢出手反抗。

依依身为观众，简直叹为观止，不愧是兄长啊，一只手就把不听话的弟弟给制伏了，真了不起！而妆卸了一半的宾妮，已经对这样的戏码再熟悉不过，低头捂着嘴轻笑。一时间，病房里的气氛居然因为荣佑的到来而变得轻松起来。

过了一会儿，觉得荣佑不敢再嚷嚷了，荣轩慢慢放下手。

“是哪个死小子敢把我的人撞到流产！”荣佑立刻跳脚。

“我没有流产，只是摔了一跤有点危险，需要静养而已。”宾妮连忙解释。

“宾妮是我的特助，不是你的人，请你分清楚，”荣轩也跟着说，“另外，这些飞车党跟你是一伙儿的吧？你去给我查查清楚，到底谁活得不耐烦了，敢撞我们华荣集团的人！”

“我跟他们才不是一伙儿的！我玩的四轮驱动车，他们那是两轮车！”

“都一样是飙车，有什么区别？总之这件事就由你负责了，搞不定就别回来见我。”

“你！”荣佑刚想爆粗口，看见荣轩森冷的眼神，气焰立刻全部都被浇熄了。

不仅是荣佑，连旁观的依依都能感到荣轩身上寒气逼人。她与宾妮对视了一眼，宾妮耸耸肩，她则情不自禁地抖了几下。

两位女下属都知道，总裁大人现在真的很生气。

“机车圈子的事情，我确实不清楚……”被荣轩瞪得大气都不敢出一声，荣佑蔫头蔫脑地说，“不过，乔溪可能对这一带的飞车党比较熟，等他从美国出差回来以后，我可以去问问他……”

“那好，我等着你的反馈，”荣轩点了点头，又看了看依依，“你和荣佑先出去一下，我有几句话要单独跟宾妮说。”

正巧，宾妮脸上的妆也卸的差不多了，依依为她打了一盆水并送上毛巾之后，就基本完成了任务。她虽然很不想跟荣佑独处，可是忌惮于总裁大人的威严，还是不情不愿地慢吞吞和宾妮告别，慢吞吞地挪动出了病房。

“宾妮，保重哦。”她可怜兮兮地挥手。

“谢谢，我会好好照顾自己的。”宾妮笑了笑。

“还不快走。”荣轩在后面催了一句，顺手把依依和荣佑一起推出了病房，还用力关上门。

深夜的医院走廊上空无一人，依依打了个哈欠揉揉眼睛，好想马上回家去。

但是，总裁大人还没出来，不跟他打声招呼就离开的话似乎不太妥当。生怕自己不辞而别会惹得总裁不高兴，依依只能硬着头皮到处闲逛，等着荣轩赶快出来。

看起来荣佑的想法也跟依依一样，他满脸不自在的样子，像只困兽似的在病房门口徘徊。

无谓的等待似乎让这位少爷很烦躁，他从兜里摸出香烟。但是刚要点燃，他却看见墙上禁止吸烟的标志，只能又悻悻地把烟收回去。

依依翻着白眼看他，冷声道：“多抽一根烟，少活一整年。”

荣佑也立刻朝她翻白眼：“关你屁事。”

病房门口有一排塑料椅子，两个人分别站在椅子的两侧遥遥相对，互相大眼瞪小眼，就像两个闹别扭的小孩子。

大约瞪了一分钟，依依就觉得眼睛好累，她揉着太阳穴在距离自己最近的椅子上坐了下来：“好啦，白眼别翻个没完了，再翻小心翻不过来。”

荣佑从鼻子里“哼”了一声，也在椅子的另一端坐了下来。

他也不是铁打的，临近年关，公关部为了应酬客户正忙得四脚朝天。今天一整天荣佑都在外面陪吃陪喝，刚要回家却又被自家大哥一通电话催到医院，现在已经累得两眼发花了。

总裁大人真会折腾人。

“喂，乔溪和飞车党是什么关系？”这时，依依没话找话。她不希望等会儿总裁大人出来的时候，看到自己和荣佑冷战的场面，那样她会觉得很丢脸。

“你不知道吧？乔溪本来就是飞车党出身，是我最好的哥们儿。”荣佑懒洋洋地跷起拇指，指了指自己，“当年他进华荣集团，还是我介绍的呢。”

依依震惊了，她无论如何也没法把温文尔雅的总裁秘书，跟“飞车党”或者“哥们儿”这种词语联系在一起。不，等等，难道这就是乔溪身为秘书却飚得一手好机车的真相？那天他飙着车从街道尽头飞驰而来的时候，真的帅到惨绝人寰啊！

“怎么，爱上他了吗？”看着依依呆滞的表情，荣佑又从鼻子里“哼”了一声，“干脆我把你介绍给他吧，省得我们家的七大姑八大姨整天吵着要再见你一面。”

依依的汗毛立刻全都竖了起来：“见我干什么？跟你相亲然后嫁给你吗？”

荣佑跳脚：“你想得美！”

依依忍不住又开始翻白眼：“谁想了，你别自作多情。”

荣佑继续跳脚：“你敢不想？你敢看不上我？！”

依依觉得头好痛，是你自己表现出对这门亲事很反感的态度啊，我这么体贴地顺着你的意思，为什么你还是不称意？

难道，有钱人家的少爷都是这么别扭的吗？荣轩一边嫌弃她业务水平不高，一边又不肯辞退她；荣佑一边根本不想跟她结婚，一边还不准她抗拒这门亲事。

心，好累。

再这样下去，依依真怕自己哪一天会发狂暴走，抄起板砖把这两个口是心非的大少爷揍一顿。

这时，荣轩离开了病房。

看见依依和荣佑隔着好几张椅子在聊天的样子，他露出莫名其妙的表情："你们在干什么？明明在讲话还隔得这么远，玩隔空传音吗？"

依依连忙转过头赔笑："荣先生，我们在谈工作。"

荣轩更加莫名其妙："你们又不是一个部门的，谈什么工作？"

荣佑对依依拙劣的谎言一头黑线，干脆把脸转过去了。

荣轩也没在意他，注意力全都集中在依依的身上："谢小姐，宾妮让我转告你，她很感激你今天的帮助。等她出院之后，会好好酬谢你的。"

依依笑笑："小事儿一桩，有什么好谢的。对了，她的情况怎么样？"

"孩子是保住了，但接下来必须静养。我已经安排相关人员明天一早把她转到大医院去，在她顺利生产之前，暂时不会去公司上班了。"

"就，就是说宾妮请产假了？"依依一惊，"那谁来暂代她的位置呢？"

"关于这件事，我也已经跟她商量过了，"荣轩说着，突然深邃一笑，"那么，谢小姐，这段时间就拜托你了。"

"哎？"依依一愣。

"宾妮的位置，暂时由你来替代。"

"哎！"

"有意见？"荣轩淡淡地看了她一眼，"宾妮的岗位技能要求并不高，今天你正好在场就顺手让你干了。如果你不想干的话，就给我找一个更合适的人选来。"

"这……"

"但如果你找的人不合我的心意，今年一整年的奖金，你就都别想要了。"

"一整年！"

依依的脸一阵红一阵白，她、她到底为啥要傻乎乎地跟来医院啊！好吧，这回又给自己挖了一个新火坑。俗话说，伴君如伴虎，她这个苦逼的小员工好不容易升职到助理编辑，为什么屁股在新位置上还没坐热，就又得换地方？

而一旁的荣佑听见兄长的人事安排，惊得连下巴都快掉下来了。

总裁的特助，这是多少人想着却又得不到的位置啊，他的大哥到底哪根筋搭错了？！

隔天，依依顶着两只黑眼圈在小区门口等班车。

因为加班和宾妮的事，她被折腾到三更半夜才回家，等梳洗打扮全弄完，迷迷糊糊地爬上床的时候，窗外已经蒙蒙亮了。

而更糟糕的是，今天……她……要去……总裁……办公室……报……道……！

总裁特助，听起来多么风光的职位。但是对依依这种患有总裁恐惧症的苦逼小员工来说，这个该死的职位无疑于羊入虎口，绝对会让她减寿啊！

她最近到底招惹了哪路神仙，为什么每次热心助人都会落到悲惨的下场！

下了班车，依依战战兢兢地走进写字楼大厅，还没走几步，就看见前台那边站着一个眼熟的美女。

美女身穿粉色职业套装，一头迷人的大波浪卷发。看见依依，她笑意盈盈地走上来："谢小姐？还记得我吗，我是总裁的秘书丽莎。"

哦，想起来了。

总裁办公室的布置也跟其他部门一样，总裁的私人办公室在最里间，外面是一间大办公室。那里是秘书们工作的地方，丽莎和乔溪都是荣轩的秘书之一。前阵子，依依每天去荣轩那里接受地狱特训的时候，曾经跟丽莎打过几次照面。

看着依依呆愣的样子，丽莎也不多说，一把挽住她的胳膊："闲话少说，走吧，我带你去新的工作环境看看。"

依依大惊，使劲儿挣扎：“等……等等！你是要带我去见荣先生？我还没做好思想准备啊！再说我还没去传媒部整理私人物品呢，东西都在那边啊！”

“你说私人物品？喏，都在那里了。”丽莎随手一指。

依依顺着她的视线，看见前台摆着一只瓦楞小纸箱。而自己的东西正整整齐齐地摆放在里面，一样也不少。

还……还真是好高的工作效率啊。

到了这个地步，依依也找不出当逃兵的其他理由了。她步履沉重的被丽莎拽住，一路拽进电梯里，直到电梯升到30层，她才突然想起一件事——她、她还没跟同事们告别呢，这不是一个很好的逃跑理由吗？！

但事到如今，再找借口也来不及，依依在心里捶胸顿足，无可奈何地看着电梯直升顶楼。

“对了，依依，你知道宾妮的职位为什么叫作特助吗？”这时，丽莎突然问。

“不，不知道啊。”依依无意识地回答，说来也是，荣轩的心腹有很多，但包括乔溪和丽莎在内的所有人都是“秘书”，只有宾妮一个人是特助，这是为什么？

“因为啊，宾妮的职责跟我们都不一样，”看着依依满头问号的脸，丽莎笑道，“宾妮她，负责的是总裁在公司里的饮食起居。”

“公司里需要什么饮食起居？”依依头上的问号更多了。

“总裁日理万机，一天内的大部分时间都是在公司里度过的，华荣就是他的另一个家。而宾妮的职责，也就是将来你的职责，就是让总裁在公司里也能拥有像家一样的感觉。”

依依摸着下巴，原来特助不用处理工作事务吗？听起来比行政助理还要轻松呢。

但是，特助比行政助理的薪水可不止高了一点点，这又是怎么回事？

“你别以为照顾总裁的饮食起居很容易，”看出了依依的心事，丽莎笑道，“别看总裁大人在商场上呼风唤雨，私生活里他是很难伺候的，总是会提一些稀奇古怪的要求。”

“没关系，凡是涉及到总裁的经费，都能请财务部报销的吧？既然如此，我只要满足总裁的一切要求就行了嘛。”依依胸有成竹地说。

没想到，丽莎却摇了摇手指：“不不不，对总裁言听计从可不是一个好特助，宾妮也从来不是这样工作的。该怎么说呢……男人嘛，工作压力太大的话，就会容易闹脾气，你要做的就是安抚总裁的焦躁情绪，既能让他满意，又不能纵容他。必要的时候，你也要用一些适当的方法拒绝他的不合理要求。”

依依想了一会儿，说：“丽莎，听你这样说，怎么觉得我不是特助，是幼儿园的保姆？”

丽莎打了个响指：“对！你就把自己当成总裁的保姆，好好照顾他吧！”

要说特助这个职位，的确不是依依想象中那么简单，其实在宾妮之前有很多人尝试担任过特助，最后不是被总裁赶走，就是自己主动离职。

在公司呼风唤雨的总裁大人，生活中十分的古怪，因此群众虽然十分想当特助的职位，但要是真的让他们去干，却也没多少人有这个勇气。

一无所知的依依，就这样被赶鸭子上架了。

总裁大人和秘书们的办公区域比传媒部大了不止一点点，装修也十分豪华。在里面工作的秘书们看见依依，纷纷向她微笑致意，整个办公区域都弥漫着宁静优雅的气氛，完全没有传媒部那种轻松愉快的感觉。

依依在心里泣血，痛苦啊，她还没适应华荣集团普通员工的工作氛围，就被塞进“总裁秘书室”这种高端的地方来了。如果说 Mary 他们的一件套装，依依要花一个月的薪水才能买，那么总裁秘书们的套装，她花三个月的薪水都未必买得起！

连在游戏里升级都要一级一级地升，为什么她在现实里的工作升职简直能用“腾飞”来形容？

单纯的小员工当然没有想到，就像在游戏里新人有大神带就会迅速满级一样，现实里的她是荣轩招聘进来的，一旦有机会，她升职的速度当然会比别人快啦。

尽管，这意味着她遭受的虐待，也会比别人更多！

荣轩早上有一个紧急会议，因此并没有亲自接待他的新特助。丽莎把依依引到宾妮的位置，向她简单介绍了一下秘书室各位同事的情况之后，就去忙自己的事情了。

依依独自坐在办公桌前东张西望，仿佛又回到了进华荣第一天时候的情景。

不过这一次，她的任务可不是复印文件这么简单了。因为，当她无意中打开办公桌抽屉的时候，映入眼帘的是厚厚一本 A4 打印稿纸，上面写着几个大字：总裁饮食起居注意要点。

依依的头上冒了点黑线，这、这算是宾妮做事认真细致吗？

她又高兴又惊恐，高兴的是关于如何伺候总裁，自己已经有了一本现成的攻略秘籍；惊恐的是为什么这本秘籍会这么厚！

摸着怦怦跳的小心脏，依依谨慎地打开了那本秘籍，埋头细读起来。

要点的第一条就是：切记！决不能纵容总裁！

嗯？为什么不是“总裁的一切要求都必须满足”？想起丽莎对自己的嘱咐，依依越发感到了这本秘籍的重要性。或许，宾妮的“秘籍”不但能让自己做好特助的工作，还能找出治愈“总裁恐惧症”的方法也说不定。

半小时以后，会议终于结束。

各部门的经理和主管们纷纷走出会议室，看到宾妮的位置上坐了一个身材娇小的陌生女孩，立刻全都投来好奇的眼神。因为昨晚宾妮的事情荣轩并没有告诉其他人，所以大家所知道的只是宾妮因故请长假，而这个女孩就是她的继任者。

可是，她这么娇小，又这么可爱，看起来很软很好捏的样子，真的应付得了腹黑的总裁大人吗？

众人充满好奇，带着不同的表情纷纷离去了。

荣轩最后一个走出会议室，来到一门之隔的总裁办公室。

他没有立刻工作，而是躺进椅子里长长地吁了一口气。昨晚都没怎么睡，今天一早又忙着开会，就算是他这样意志坚强的男人，也都觉得有点儿撑不住了。

难道他已经老了吗？

随手按了一下电话，荣轩闭着眼睛说："宾妮，给我一杯咖啡。"

话音刚落，只听办公室外面传来"哐当"一声巨响。

荣轩被吓得心惊肉跳，睁开眼睛只看见宾妮的办公桌前空无一人。而且，不仅桌子前面没有人，连桌上的电话也不见了，只剩下一根长长的电话线一路拖到地上。

荣轩微微探出身，看见一个娇小的背影正蹲在办公桌前，急急忙忙地把电话机捡起来。

他这才想起，哦，宾妮的位置已经换人了。

此时，外面的依依急得满头大汗。她那种平民没有见过这么高级的电话，又能呼叫又能通话又能传真又能打印……再加上正看秘籍看得认真的时候，耳边突然传来总裁大人的声音，她一下子被吓得魂飞魄散，不小心把电话机一掌甩在地上了……

咳咳，幸好，电话机没坏，而总裁和同事们也没有好奇地聚过来看热闹。

依依在心中庆幸大家的淡定，却不知道荣轩在办公室早就把她的举动看得一清二楚了。平心而论，有一瞬间荣轩对依依有点失望，他没想到自己看中的新特助居然会被电话吓倒。不过，想了一会儿，智慧过人的总裁大人就明白了。

这位新特助，不是被电话吓到的。

她是因为患了“总裁恐惧症”，听到了自己的声音，才会被吓成这样。

难道，自己之前真的欺负她欺负得太过分了吗？看现在这个样子，她都快变成惊弓之鸟了。总裁大人默默反省了一会儿，决定重新做人，为了自己今后的日子能与新特助和谐相处，他决定收敛一点点坏心眼儿。

嗯，只是一点点。

Chapter 6　是特助，还是小蜜？

收拾完电话机以后，依依抱着宾妮的“秘籍”，急急忙忙跑到茶水间去泡咖啡。

总裁大人御用的茶水间，当然也跟传媒部的完全不同。依依一走进去，就被里面的豪华装修惊得倒退了两步——这、这真的是茶水间吗？

宽敞的空间以黑白红三色装修，正中间摆着圆形的桃木餐桌和高背椅。右手边，大理石的吧台和全套高级厨具闪闪发亮，简洁而充满了生活气息的风格，完全就是一间小型餐厅的布置。

万恶的资本家！

依依在心中暗骂，手上却忙着在橱柜里找咖啡用具。品位高雅的总裁大人当然是不喝速溶咖啡的，按照宾妮秘籍的指示，依依必须找到……嗯，有了，咖啡壶！

从橱柜里把一个金光灿灿的貌似天平的东西取出来，依依开始研究它如何使用。

据说，这个东西叫作虹吸式咖啡壶，分为两个部分。右边是水壶和酒精灯，左边则用来装咖啡粉，两端以一根透明的玻璃细管相连。

依依先在水壶里灌满清水，因为重量的变化，天平就会向一端倾斜。尔后，她点燃酒精灯，用它把水烧开。

数分钟之后，水滚，开水化成了白茫茫的蒸汽，蒸汽冲破玻璃管里的活塞,进入另一端与咖啡粉混合。等到全部的水汽都与咖啡粉混合之后,因为虹吸原理，热咖啡会通过底部的过滤器回到水壶中，而咖啡渣则会留在原位。

最后，打开水壶上的水龙头，一杯热气腾腾的咖啡就出炉了。

依依第一次接触这种高端货，来来回回忙了半个多小时，才总算满头大汗地泡好这杯咖啡。她觉得有钱人真是闲得蛋疼，一条 3 合 1 速溶咖啡加上 250 毫升的热水也不错嘛，干吗非要搞得这么麻烦，浪费时间浪费生命。

幸好，按照宾妮的秘籍，总裁大人是只喝黑咖啡的。否则如果还要加奶加糖的话，分别具体要加多少，又能让依依忙活半天。

就算是这样，当依依颤巍巍地把咖啡杯放在镶着金边的白瓷托盘里送到总裁办公室的时候，荣轩已经等得快睡着了，正不耐烦地用手指敲击着办公桌。

“谢小姐,你是怎么搞的,掉进水里了吗？”看着依依满头大汗的样子,荣轩已经能幻想出她在茶水间里是怎样的手忙脚乱。他不禁在心里发笑,一上午的工作积累下来的疲惫，倒是因此消失了不少。

“荣先生请用。”

荣轩幸灾乐祸的样子让依依满腹怨言，但是她知道自己胆敢乱说一句话，只会遭来总裁大人变本加厉的欺负，所以只能选择噤声，毕恭毕敬地把咖啡端到荣轩面前。

荣轩喝了一口。

嗯，不愧是他最爱的曼特宁，甘美醇厚的味道一进入口中，积累的压力和疲惫就会一扫而光。

不过……

眉头微微皱了起来，荣轩露出一丝困惑的表情。

一旁的依依也跟着困惑起来，咦，怎么了？刚才总裁大人把咖啡喝下去的一瞬间，明明显得很满足啊。她这个新特助正在沾沾自喜，转眼间总裁大人的脸色怎么又晴转阴了？

而且，总裁大人好像在嚼着什么东西？

看着荣轩嘴里不停地嚼来嚼去，脸上的表情还越来越纠结，依依眼明手快，连忙抽了几张纸巾塞到荣轩面前。

荣轩一低头，吐出一点黑黑的东西。

咖啡渣。

“……谢小姐。”吐完，荣轩抬起头，幽幽地看着依依。

“……荣先生……”依依满头冷汗，硬是挤出一个笑容，“初次上手，对……对不起。”

“虹吸式咖啡壶你都能煮出咖啡渣，真了不起。”荣轩皮笑肉不笑地说。

“哈、哈哈哈哈……”依依听得出荣轩话里有话，立刻连后背都被冷汗浸透了。她的大脑快速运转，连忙急中生智地编出一个借口，“呃，其实……荣先生，这些咖啡渣是我特意放进去的。”

刚才不是还在为自己初次上手道歉吗？

荣轩在心里发笑，脸上却故意装出不解的样子，一脸认真地问：“哦？这怎么说？”

依依干笑：“哈哈哈，其、其实偶尔吃一点咖啡渣对身体有益的，现在电视上不是都号召要吃粗粮吗？咖啡渣也是粗粮的一种，您不要嫌它难吃，它的营养价值真的很丰富的，哈哈哈……”

依依在这边使劲赔笑，荣轩在心里也早就笑翻了。

他真佩服这位小姐急中生智乱吹牛的功力，咖啡渣对身体有益？她恐怕连咖啡渣里有些什么成分都不知道吧？

尽管如此，荣轩还是很给面子地没有拆穿依依的谎言，认真道：“原来是这样？谢小姐，抱歉我辜负了你的一片好意。营养的东西不能浪费，要不然，我再把咖啡渣吃下去？”

依依大为震惊："你！……不不，您，您千万不要……"

荣轩故作奇怪地问："为什么不要？浪费粮食可不是好习惯。"

依依急得满头大汗："这、这是因为……啊，对了！因为纸巾上有荧光剂，食物碰触到荧光剂的话会产生化学反应，对您的身体不好！"

呼，就在这短短的几分钟里，她已经把一年的脑细胞都用光了吧。

荣轩捂住嘴，同时用力深呼吸，掩饰自己因为忍耐不住而早已扬起的唇角。

他发现，要在她面前忍笑，还真不是一件容易的事。

过了一会儿，他才好不容易控制住面部表情，淡淡地说："谢小姐，你的话也有道理。但是因为这张纸巾，我今天摄入的营养成分缺少了，你说怎么办呢？"

"我再给您买几样点心，您配着咖啡一起吃？"依依无奈地回答，她只想赶快结束这一切。

"那你觉得什么点心比较好？"荣轩顺水推舟地问。

其实，这个问题不但是顺水推舟，也是对依依的一种考验。

荣轩想知道，依依经过这一上午的消磨，有没有主动打听过他这个总裁喜欢吃什么。

理所当然，依依是不知道的，因为宾妮的那本"秘籍"内容实在太多太复杂。依依已经啃了一上午，还在费心记录荣轩的工作时间表，根本来不及知道总裁的饮食习惯。

不过，这难不倒她，她凝神思考了一会儿，灵机一动。

"荣先生，虽然我对点心不了解，但是我这里有另外一样东西很适合您。"她说着转身跑回自己的办公桌，从抽屉里摸出一包东西之后，又连忙跑了回来。

在她手里的，正是昨晚在便利店买的那包姜片。

昨晚因为没有机会把它交给荣轩，依依就一直将它随身携带。现在既然谈论到了吃的话题，她就赶紧把姜片拿出来献宝。

品位高雅的总裁大人当然没见过便利店里的零食，这下子是真心觉得好奇了：“这是什么？”

“这个叫作糖渍姜片，荣先生，”依依殷勤地回答，“它可以消除疲劳，补血补气，暖心润肺，提神醒脑，延年益寿等等，是工作之余忙里偷闲享受生活之必备佳品！”

荣轩在心里默默扶额，他的特助小姐还真会胡说八道。

不过是一包姜片而已，居然被她说得如此天花乱坠，看来不止是传媒部，就连广告部都挺适合她的。

“怎么会想到送这种东西给我？”他一头黑线地问。

“因为……那天在电梯里，我觉得您的脸色不太好，”依依不好意思地笑了笑，“荣先生，您日理万机，难免会注意不到自己的身体。不过没关系，我会努力成为和宾妮小姐一样优秀的总裁特助。这包姜片，就代表了我向您做的保证。”

这倒是她的真心话，谢依依一向秉持干一行爱一行的原则，就算在总裁身边伴君如伴虎，她也一定会做一个称职的员工，努力做好自己的本职工作。

而且，那天荣轩略显疲惫的神色，总是在她心里挥之不去。

依依知道总裁的职位，并不像旁人看起来那么风光无限。

荣轩微微一怔，他回忆了好一会儿，才想起依依说的“那天在电梯里”是怎么一回事。当然，那天他从美国回来都没倒时差就直接上班，难免会有些疲倦，但是他没想到这份并不明显的疲倦，居然会被这个小小的员工注意到。

想到这里，他的心中泛起了一层温暖的涟漪。

“谢谢你，谢小姐，”荣轩笑了笑，把姜片认真地收进了自己的抽屉里，“很高兴你如此关心我，也希望你记住自己今天的保证。”

“我会记住的。”依依认真点头。

“那你的礼物，我就收下了。”

“呀，有我的份吗？”

荣轩的话音刚落，门口突然飘来一个轻佻的声音。依依下意识地回过头，看见某位二世祖少爷正把脑袋伸了进来。

真是冤家路窄啊，为什么跑到哪里都能看到这小子！

依依在心里咬牙切齿。

荣轩则一脸烦恼，无奈地说："荣佑，进来要敲门。"

荣佑把西装搭在肩上，一副吊儿郎当的样子。听荣轩这么说，他立刻不服气道："为什么？以前宾妮在的时候我就从来不敲门，现在换了人，怎么连规矩都一起变了？你偏心啊。"

荣轩头痛得扶住额角。

依依也跟着一起扶额角。

荣佑啊荣佑，你怎么就不懂兄长的一片苦心呢！宾妮是熟人而且已婚，用大腿想都知道跟你发展不出什么结果来的，但是谢依依是你大哥心目中弟媳妇的人选啊，他当然希望你在未来的老婆面前有礼貌一点儿！

当然，这门婚事依依是完全不指望了，荣佑在她眼中的形象早就已经跌到谷底。

对于荣佑不争气的行为，荣轩万般纠结，却因为依依在场又不好意思发作，只能冷着脸问："你有什么事？"

荣佑吊儿郎当地把手抄在裤袋里，双眼盯着天花板："没事就不能来找你了吗？"

荣轩一拍桌子："你给我严肃一点！"

荣佑被吓得肩膀一颤："公、公关部的年终尾牙邀请客户名单已经定了请你过目一下！"

荣轩冷笑："早说不就得了。"

依依暗爽在心。

愉快，真愉快啊，没有什么比看到嚣张跋扈的二世祖，被兄长教训到大气都不敢出一声更愉快的事情了！决定了，如果哪天荣佑让她不开心，她就把这小子偷偷抽烟还欺负清洁工的事情告诉荣轩，让荣轩给他一点颜色看看！

依依心里偷偷算计，表面上微笑着说：“荣先生，那我就先出去了。”

荣轩挥了挥手，表示同意。

于是，心情愉悦的特助小姐把兄弟俩留在办公室里，让他们吵个够，自己则聪明地退出了战场。她已经想好了，荣轩和荣佑可能会聊一阵儿，她就趁这个机会离开一下工作岗位，去楼下传媒部的《Fresh 魅力饮食》编辑部看看。

一声不吭就突然换岗，连工作交接的时间都没有。依依觉得自己这样给同事留下一堆烂摊子实在不太好意思，心想至少得去跟大家道个别。

坐电梯来到 28 层，依依探头探脑地溜到杂志编辑部。

办公室里秩序井然，大家都在忙自己的事。依依眯起眼睛看了一圈，发现除了自己和林瞳的办公桌已经空了之外，办公室没有任何的异样。

看来，林瞳还是辞职了。

依依想了一会儿，掏出手机给 Mary 发了条短信。

几秒钟之后，Mary 放在桌子上的手机就亮了起来，她瞄了一眼，立刻抬头向门外看过来。依依连忙跟她挥手，Mary 点了点头就起身走出办公室，跟依依一起来到茶水间。

“你怎么来了？今天大家聊了你一上午呢，”一踏进茶水间，Mary 就压低声音迫不及待地说，“我们还以为，你要么是惹恼荣轩被他沉尸海底了，要么决定嫁给荣佑被雪藏到荣家去了。”

“你们真会幻想。”依依一头黑线。

“废话，要不然谁会一声不吭就突然调岗，还是总裁亲自同意的？”Mary说着掐了依依一把，“到底是怎么回事？一天之内连换两次岗位，你在华荣集团也算是前无古人了。老实给我说真话，给大家一点八卦的素材！”

“其实也没什么，只是我好心又办了坏事，自动跳进火坑……”依依叹了口气，把自己主动留下来加班，然后遇到总裁大人来探班，然后被伊琳娜派到医院去探望宾妮，然后被荣轩顺手任命为临时特助的来龙去脉都说了一遍。

“这事有点苗头，”Mary听完，摸着下巴喃喃自语，“有点苗头啊，有点苗头。”

“什么苗头？”依依莫名其妙。

“你真笨啊！”Mary敲敲她的脑袋，“当然是荣轩对你的态度有点苗头了！你想，华荣集团上上下下这么多人，他干吗非要任命你当临时特助？哦对了，你说是伊琳娜让你跟荣轩一起去医院的？那她可就是你们的红娘啊，将来喝喜酒的时候，你千万别忘了她！”

“你也想得太远了，”依依哭笑不得，“但是，我怎么觉得总裁不是对我有兴趣，是觉得我很好欺负？”

“咳咳，当然……这也不是没有可能。”Mary不自在地咳了几声，上下打量着依依娇小可爱的外形。

的确，华荣集团的女员工一向走的是御姐风格，难得有这么一个白软易推的新人，或许总裁觉得她很适合被揉圆搓扁……哎，说不定最初荣轩把依依招进华荣的目的，就是要让她成为自己的跟班兼保姆的。

但是话又说回来，华荣集团里又不是没有可爱型的女员工，荣轩干吗非要花力气去外面招聘一个？如果对依依没有兴趣，他何必要浪费自己的宝贵时间？

所以，总裁到底对依依有没有兴趣，真是一个问题啊。

难猜，总裁的心思，真难猜。

Mary 在这边备感困扰，依依在那边则是一个头两个大。她懂得职场的规则，自己才进华荣集团不久，就从一个小小的行政助理跳到助理编辑，最后更是一夜之间跳到了总裁特助的级别，这完全是违背常理的。

比起在乎荣轩是不是对自己有意思，她更在乎这次的升职会不会让同事们不高兴。

“Mary，”她小心翼翼地问，“我突然从编辑部不辞而别，大家……没什么意见吧？”

“什么意见？”Mary 奇怪地看了她一眼，“荣轩的秘书丽莎一大早就来帮你收拾私人物品，之后伊琳娜给大家开了一个会，说你临时被总裁调走了，过一阵子会回来的，就这么简单。”

“所以说，你们一开始并不知道我变成了总裁的特助？”依依大惊，同时非常佩服伊琳娜的淡定。她肯定已经知道自己的去向，却并不急于告知大家，这说明她的口风很紧，不愧是上司。

“你真傻，”Mary 笑笑，“就算伊琳娜不说，我们也能猜到啊。总裁的秘书亲自来帮你收拾东西，这当然就意味着你已经变成总裁的人了，至于我，只是从你嘴里得到了更加确切的消息而已。”

“什么叫总裁的人……”依依一阵脸红。

“你想到哪儿去了，”Mary 又笑，“我也是总裁的人，伊琳娜也是总裁的人，我们《Fresh 魅力饮食》杂志的整个编辑部都是总裁的人。在华荣集团里，我们是属于力挺总裁的派系，总裁的任何决定我们都会支持，所以我们也不会对你的调职有任何意见的。”

“派系？”依依还是第一次听到这个词语，“你的意思是说，华荣集团里还有反对总裁的人？”

Mary 沉默了一下。

过了一会儿，她叹了口气：“依依，之前你只是一个小员工，不会涉及到这种事。但是现在你是总裁的心腹了，毕竟同事一场，我不得不提醒你万事小心。华荣集团里的确有反对总裁的人，而且也有对总裁心腹的职位虎视眈眈的人。特助也算是总裁的心腹之一，如今你占据了这个位置，必然会遭受很多人的敌意，你可不能再像以前那样天真了。”

依依思考着，问：“你的意思是说，我会被人嫉妒？”

“是的。”

“没关系，这一点我已经有思想准备了。一个没背景的小员工突然升职成总裁特助，换成我，我也会嫉妒的嘛。只要你们不怪我突然离开，我就已经很高兴了。”

“我怎么会怪你呢，”Mary 笑笑，“早上开会的时候，伊琳娜好像对你的升职很高兴，她一直都很挺你。上司的意思就是我们下属的意思，所以我们当然也为你高兴。哦，对了，你还帮林瞳那个浑蛋收拾了烂摊子，为伊琳娜约了两篇稿子，是不是？她对稿子很满意，早上还当众夸奖你呢。”

“是吗……”依依一阵遗憾，居然没能听到上司当面夸奖自己，真是可惜。

不过，她那些朋友果然靠得住。昨晚急着跟荣轩赶去医院，她从 MSN 上收完朋友的稿子以后就直接交给了伊琳娜，都来不及亲自检查一下，幸好没出什么问题。

依依在想，改天得请朋友好好吃一顿。

“依依，那么我就先去忙了，”这时，Mary 抱歉地笑了笑，“不好意思，杂志就快上市了，我们得抓紧时间。”

“……哦，好好，”依依连忙点头，“等到杂志上市以后，办庆功宴的时候别忘了叫我啊，好歹我也是出过力的！”

“当然不会忘记你啦，你不就是想蹭饭吗？馋鬼！”Mary 笑骂了一句，“……记得，别忘了我的叮嘱，万事小心。”

说完，她向依依挥手告别，匆匆赶回自己的工作岗位继续忙碌。

依依独自在茶水间站了一会儿，仔细回味着Mary的话，过了几分钟才离开。

她曾经以为，整个华荣集团都是团结一致的，大家都是发自真心地为总裁卖命，原来是她想错了吗？在她不知道的地方，有人对荣轩存在着敌意？

平心而论，依依和Mary的想法不一样，她并不是很在意被人中伤或者嫉妒。她走到今天的地步完全不是自己主动争夺来的结果，也并不对任何职位有所留恋。

当初离开You-Time的时候，她原本的计划是休养生息一阵子，是乔溪和荣轩主动发出邀请，她才会阴错阳差地进入华荣集团就职。对于自己害荣轩上了报纸的事，依依一直是有点心虚的；再加上她很怕荣轩，才会没胆子彻底拒绝他，半推半就地留在了华荣里。

华荣集团当然是一个很不错的地方，但是如果谁惹得依依不高兴，她可以立马走人。

因为她既不是那种争强好胜的性格，也完全没有把华荣当作自己职场生涯的终点。

是的，她什么都不怕。

只是，她有点生气。

她生气的是，有人对她的老板荣轩有意见。因为同事之间的内部分裂，是她最不能接受的事情。依依讨厌有人一边拿着老板发给的薪水，一边又把老板当敌人那样仇视。当初You-Time的大家虽然也爱在背后吐槽Jimmy，但原则上一直承认他是一个为员工和公司尽心尽责的好老板，也很愿意为他卖命。

想到这里，依依的脑袋渐渐清楚了。

在这次的升职事件里，她最需要关心的不是自己是否会被人嫉妒，也不是有没有给同事们带来麻烦，而是她的老板荣轩会不会因此被他的敌人抓住把柄，受到恶意中伤。

依依知道自己的力量很小很渺茫，但既然她已经站在了荣轩身边，就会尽一切努力维护自己的老板。而当这个时候，她还尚不知道，自己这种发自内心的正义感和忠诚感，已经与特助的职责不谋而合了。

她，已经是一名合格的总裁特助了。

离开茶水间之后，依依回到总裁办公室，看到荣轩和荣佑还在谈话。

她很惊讶那个二世祖居然有本事谈这么久的工作，干脆自己给自己下班，提前吃午饭去了。然而，在去员工餐厅的半路上，依依想了一会儿，还是绕道去办了一件事。

她离开写字楼，在附近的便利店买了点东西。

既然荣佑刚才吵着也要礼物，就干脆给他买一点吧。既然自己在总裁身边工作，以后跟这位二世祖就是抬头不见低头见，送点礼物让他高兴一下也没什么不好。

再说，难得看见他认真工作，就算是给他一点奖励吧。

依依一边结账，一边在心里笑。

与看到荣轩就两腿发软心跳加速相比，她与荣佑打交道的时候完全感觉不到任何压力。嚣张又单纯的荣佑，就像某种未经驯化的宠物那样犟头犟脑。

依依的第六感很灵敏，她知道荣佑虽然看起来桀骜不驯，但他只是因为缺乏管教而不懂礼貌，其实内心并不坏。

唔……身为特助，她要不要对这位少爷灌输一点待人接物的基本知识呢？

算了，荣佑没被教育好，那是荣家的家务事，她这个小员工还是别狗拿耗子了，小心又好心办坏事，惹得一身麻烦。

一边在心里想着，一边来到员工餐厅，依依看到偌大的空间里已经是一番熙熙攘攘的景象。

因为荣轩的餐桌礼仪特训已经结束了，她不用担心再被他叫去切牛排，就心安理得地来到柜台前，挑选自己喜欢的菜肴。

哇，今天的中餐区有酱猪蹄？还有红烧牛肉！

看见那嗞嗞冒油的美味佳肴，依依顿时馋得连口水都流出来了，她赶紧把菜一样一样往自己的塑料餐盘里面端，唯恐被人抢了先。经过一上午的忙碌，她的肚子已经饿了，再加上面对这么多喜欢的菜，她在兴奋之余就有点控制不住动作幅度。

在拿取一份木耳黄豆汤的时候，她一个不小心，胳膊撞到了身边的一位同事。

“啊，对不起！”依依连忙转头道歉。

然而，在看清对方的瞬间，她的三魂一下子被吓掉了两魂半。

那是一名身材高壮的彪形大汉，鼓胀的肌肉被包裹在西装里，似乎随时会把前襟的纽扣弹飞。不仅如此，他的后颈处还纹着一枚奇形怪状的图案，表情阴沉，整个人都散发着一股狰狞的霸气。

依依吓得腿都软了，她、她这是突然穿越到黑社会了吗？

而大汉似乎也对依依的冒失行为感到很不满，他没有接受这个小丫头的道歉，而是一言不发瞪着她，眼中充满了恶意。

怎、怎么办？依依曾经听说，华荣集团里有一支保镖队伍，专门处理各种普通保安难以平息的骚乱事件。难道，自己今天碰上的就是传说中的保镖？那、那保镖大人的脾气怎么样？胃口大不大？她、她请这位大哥吃一顿饭，能不能平息他的怒气？

大汉继续瞪着依依，眼珠子不怀好意地转动着。

然而，当他无意中扫到依依脖子里的工作证时，眼神突然整个都变了。

“谢……依依？”他狐疑地重复，“你就是谢依依？！”

瞬间，周围人的视线全都集中在了依依的身上。

议论声纷纷四起。

“真的假的？”

“她就是谢依依？看起来不怎么样啊。”

“听说她一夜之间从助理编辑变成了总裁特助？”

“总裁从来不近女色的，怎么会看中这种瘦小干瘪的货？”

众人一边说，一边下意识地纷纷朝后退让。很快，依依周围就空出了一大块，那样子就好像她正在被人围观。至于刚才那个凶恶的大汉，早就不知跑到哪里去了。

依依窘迫不已，她端着餐盘站在收银台前，进也不是，退也不是。

她以为自己的神经够粗了，以前有一次她走在大街上，不巧裙子脱线。路人都对她指指点点，然而神经大条的她居然完全没注意到。

原来，不是因为她迟钝，而是因为那时围观她的人不够多啊。

今天，在这里，她一下子变成了整个餐厅的焦点，那滋味……真难受！

忍耐了一会儿，依依努力平静下来，抬起头，尽量露出一个自己感觉比较自然的笑容。她冲着周围的同事们笑了笑，故作轻松道：“怎么回事？大家怎么都认识我？受宠若惊啊。”

众人安静了几秒钟，而后，人群里突然冒出一个阴阳怪气的声音：“大家能不认识您吗？谢依依大小姐，您如今可是总裁身边的大红人。”

哎呀妈啊，这个声音简直就跟宫廷戏里的太监没什么两样，这位先生是电视剧看多了吗？

依依努力维持镇定，又笑笑：“我并不是总裁身边的红人，只是一个普通的员工。我想，如果大家专心努力工作，不要把精力浪费在八卦别人的身上，肯定都会有机会被总裁赏识的。”

此言一出，周围的气氛顿时骚动起来。

众人听出依依话中有话，她这分明是在反击自己刚才听到的议论。

她是在暗示大家，因为你们议论别人的时候我在工作，所以我才能爬得比你们都高！

事实上，依依真的只是给出了善意的提醒，但是听在一部分小心眼的人耳朵里，就变成了刺耳的嘲笑。

这时，收银处的卖菜大叔看不下去了，好好的午餐时间，你们一群人不认真买菜吃饭，在这里围攻一个小女生像什么样子？

他可不知道这家公司里的人事变动，不耐烦地抓起铁勺，用力敲了几下："喂喂喂！吃饭的时候专心一点，你们还买不买饭了啊？！"

震耳欲聋的吼声一出，众人都被吓了一跳，连忙都不敢再啰唆，老老实实地继续排队买饭。

依依松了一口气，十分感激大叔出手相助。

然而，正当她端着餐盘准备回到队伍中继续挑选菜肴的时候，左侧突然冲出来一个人，狠狠撞在她的身上。依依毫无防备，端着盘子的手一晃，整盘的食物连汤带菜全都泼在自己的手臂和胸前。

油腻的味道在空气中散发开，依依的脑袋嗡的一声大了。

她都不用抬头，光凭那充满恶意的撞击力度，就能知道对方是故意的。

才刚刚安静下来的餐厅瞬间又骚动起来，依依甚至清楚的听见人群里传来几声嗤笑。

更让她吃惊的是，还没等她来得及开口，始作俑者已经大惊小怪的咋呼起来："哎哎哎，你这个人怎么这样呐！要买饭就好好排队，在队伍里插来插去的算怎么回事！"

依依哭笑不得，在队伍里插来插去的明明是你自己好吗？明明看见了我，还故意撞上来。

她抬起头，看见站在自己面前的是一个盛气凌人的短发女生。

女生单手叉腰，满脸怒火地瞪着依依，但眼底却隐藏不住些许得意的神色。

依依估计，这家伙是因为听见了人群里的嗤笑声，所以很得意。她大概以为自己当众羞辱总裁的新特助，是一件既英勇又正义的事。

“抱歉，因为刚才被太多人围观，我觉得有点紧张，不知不觉就走出了买饭的队伍。如果你很着急的话，你可以排在我前面。”依依并不想跟同事在公共场合发生无谓的争吵，她勉强笑笑，在柜台前为短发女生让开一个位置。

泼在身上的饭菜正不断散发出油腻的气味，但是依依尽量说服自己不要在意。

然而，面对依依的退让，短发女生不但不领情，反而从鼻子里哼出一声冷笑：“哼，排在你前面？你说得倒轻巧，那你刚才弄脏了我的衣服，这事该怎么算？”

她说着伸出手，依依定睛一看，对方的袖子上沾着几滴菜汤，应该是刚才撞击她的时候不小心溅上去的。

“这样吧，”短发女孩傲慢地说，“我这件毛衣是商场里花了2300多块买来的，你把它弄成这样，至少也得赔我一半的钱。零头我就不要你了，赔我一千块吧。”

此话一出，依依简直气笑：“这位同事，刚才明明是你自己冲上来插我的队。就算你真的很急，插队之前至少应该看清楚我手里端着菜吧？而且，就我常年逛街购物的经验来看，你这件毛衣顶多只值一百块，我看你买衣服的时候是被人宰了吧。”

人群中又有人笑起来，短发女生顿时涨红了脸。

这个女生名叫阿朵，也和依依一样隶属于传媒部，平常在《Fresh魅力饮食》编辑部的隔壁工作，专门负责在公司网站更新新闻，是个网络编辑。

阿朵的上司一向跟伊琳娜有间隙，如今伊琳娜手下的人居然一夜之间成了荣轩的特助，把上司气得七窍生烟。阿朵出于忠犬护主的心理，对依依也是恨之入骨，所以才趁机羞辱她，却没想到依依刚才那句话把她噎得半死。

阿朵是一个外表光鲜内里寒酸的小白领，怎么舍得买两千多块的毛衣。她看依依穿的朴实，以为依依没见过世面，故意编了一个高价吓唬依依，没想到反而丢了自己的脸。

依依的眼光很准，这件衣服真的只值一百块。

众目睽睽之下，被人知道自己身上的衣服只值一百块，阿朵羞得真想挖个洞钻到地下去。虽然依依只是无奈之下才反击阿朵，但是在阿朵眼里，依依已经完全变成了她的职场劲敌。

看阿朵被人嘲笑，依依又是爽快又是无奈。

这就是大公司员工的素质吗？围观的这帮家伙翻脸比翻书还快，一旦发现谁身处劣势就赶紧落井下石？

她觉得很心寒，也很无聊，一时连吃饭的胃口都没了，转身就想离开餐厅回办公室清理自己被弄脏的衣服。

然而还没等她踏出一步，阿朵已经拦在了她的面前，杏眉倒竖："站住！你以为这事就这么完了？！"

依依大为惊讶，这女人怎么还不罢休了？

她当然不懂阿朵此时的愤怒，羞辱新特助失败，反而自己被人嘲笑，不想办法扳回一盘，这口气怎么咽得下去！

拦住依依的同时，阿朵已经在心里又想了一套说辞。她眼珠子一转，冷笑着开口："谢小姐，您这位总裁特助未免太小气了，在公共场合弄脏了别人的衣服，就想一走了之？"

依依有点烦躁了，她根本不认识阿朵，真心不明白自己为什么会被她纠缠不休，于是只能不冷不热地问："那你想怎么样？"

阿朵冷笑："简单，要么道歉，要么赔钱。"

依依也笑："不好意思，我不会为不属于自己的错误买单。请你不要再纠缠了，赶紧让开。”

她的恼怒正中阿朵下怀，她大笑起来，扯着依依的袖子环视众人大声道：“大家看看，这就是总裁特助的真面目，撞了人还不肯道歉！只是一个小小特助就嚣张成这样，万一再升职成总裁夫人的话怎么得了！”

总裁夫人四个字，让依依的脑袋嗡的一声大了。

她感觉事情有点儿不对，但还没等她想出反击的话，人群里又有人阴阳怪气地冒出一句：“那是当然，华荣集团上下哪有人能爬得上总裁的床。谢小姐算是开天辟地头一回，怎么会不嚣张呢？”

听到这些话，依依的脸色瞬间阴沉下来。

她转过头，冷冷地问：“刚才是谁在说话？”

人群中起了骚动，所有人都发现依依的态度不对了。刚才面对阿朵的百般刁难，她都保持着客气而从容的态度，然而现在，所有的温度仿佛瞬间从她身上消失，取而代之的是一种令人不寒而栗的森冷感。

看着依依面无表情的脸，围观众人下意识地散开一点，露出隐藏在人群中的一个瘦小的男人。

对方尖嘴猴腮，一看就不是善类。

依依一言不发，慢慢走到对方面前，冷冷地看着他，说：“你把刚才的话，再说一遍。”

尖嘴男人愣了一下，但硬是继续逞强，用底气不足的声音喊了起来：“你在吓唬谁啊！再说一遍就说一遍！全公司谁不知道你是吹了总裁的枕边风，才爬上了特助的位置？有本事你不走后门，堂堂正正地和别人竞争！”

依依冷笑：“那你的意思是说，我们华荣集团的总裁荣轩先生，是一个色令智昏的伪君子。只要谁能爬上他的床，他就会重用谁？”

“当、当然！总裁就是一个见色忘义的昏君！否则怎么会重用你？”尖嘴男人被依依的气势吓得后退几步，同时对依依的关注点觉得奇怪——

为什么她只提到总裁？一般的女人因为被泼脏水而生气，不是应该抢先证明自己的清白吗？

然而下一秒，令他更加震惊的事情发生了——依依突然抄起柜台上的一碗汤，狠狠泼在他的身上！

围观人群发出一阵惊呼，尖嘴男人直接被吓呆了。

他僵硬地站在原地，和依依冰冷的眼神对视着，听见她一字一句地说："听好了，我不在乎你们怎么对我有意见，也无所谓你们怎么诋毁我。我的升职速度确实很快，也做好了随时会被踢下去的思想准备。但是，无论我的能力如何，我们华荣集团的每一个人都不应该在背后说总裁的坏话！只要在华荣一天，我们就是公司的人，就应该死心塌地地为总裁卖命。你们对我有意见可以尽管向人事部反映，但是在背后攻击和诋毁总裁的人品，是最低级，也是最为人所不齿的行为！"

偌大的餐厅里，鸦雀无声，所有人都被依依的这番发言惊呆了。

他们无法想象，这个娇小的女孩身体里居然蕴藏着这么大的能量，字字珠玑，句句话掷地有声，令人无法反驳！

但是，现在总裁根本不在这里啊，她有什么理由要为总裁说话？员工在背后吐槽老板简直是太正常了，况且依依在这里为总裁辩护，对自己根本不会有任何好处。

同事们不会理解依依的正直和单纯，身为员工维护老板就是她的天性，这不是为了得到任何利益。她也会跟别人一起抱怨加班好痛苦老板好严格，但是她决不允许任何人质疑老板的道德和品行！

围观的人越来越多，在餐厅里看热闹的人纷纷打电话通知其他同事，让他们来看新任总裁特助大战极品同事的好戏。

衣服上的汤汁开始变冷，依依打了个寒噤。

她看看盛气凌人的阿朵，又看看和自己一样满身汤汁的尖嘴男人，不知道该怎样结束这场争执。她认为自己没有错，但是闹成现在这副样子，她该怎么下台？

就在这时，角落里突然飞出一张纸团，不偏不倚打在依依的脑袋上。依依一愣，摸了摸脑袋，同时听见纸团飞来的方向传来一个耳熟的声音。

“大中午的不好好吃饭，一群人围在这里干吗？”

听到这个声音，不仅是依依，餐厅里的所有人都大吃一惊。

众人齐刷刷地让开一条路，只见餐厅门口，一个人正懒洋洋地倚靠在墙上，抛接着手里的几团纸。他不是别人，正是总裁大人的宝贝弟弟，表面上就职公关部，实际却是华荣集团名义上的副总裁——荣佑！

看到战场中央一片狼藉，依依满身都是汤水，荣佑也愣了一下。但他很快恢复了平常吊儿郎当的样子，单手抄在裤袋里，晃悠着朝依依走了过来。

“谢小姐，你傻站在这里干什么？老板正等着你去交报告，还不快抓紧时间！”荣佑一边说，一边拽住了依依的袖子。

“报告？可是我……”依依想不起自己要交什么报告，然而话音未落，荣佑突然狠狠地瞪了她一眼。依依还从来没有见过荣佑这么严厉的眼神，瞬间被吓到噤声，一头雾水地被他拉走了。

荣二少现身，还有谁敢阻拦？围观的人群虽然不肯散去，却更加不敢阻拦荣佑，就这么眼睁睁地看着他把依依拉走了。

于是，餐厅里的这场风波，因为荣佑的干涉，而终于落下了帷幕。

Chapter 7　八卦主角就是你

一路上，荣佑都一言不发，只是扯着依依的袖子把她拖出餐厅，拖进了空荡荡的货运电梯。

按照规定，员工是不能使用货梯的。但是荣二少想坐什么电梯当然没人敢管，一路都畅通无阻。

货梯宽敞而老旧，启动之后就发出嗡嗡的声音。荣佑和依依各自站在电梯一脚，谁都没有说话。以往只要荣佑在场，气氛就会变得活跃又聒噪，今天不知为何竟然如此安静，依依觉得有点儿不习惯，

过了一会儿，她小心翼翼地问："呃，荣佑，我没听说总裁让我交报告啊？"

荣佑没好气地看了她一眼："我不那样说，能把你从那种地方带走吗？"

依依缩了缩脖子："谢谢你……其实我也没有落下风，只是一下子不知道怎么收场。你也不用担心，我有防身术基础的，万一对方动起手肯定不会输……"

"不是那个问题！"荣佑愤怒地大吼一声。

"呃？"依依被吓得浑身一颤，结巴道，"那、那是什么问题……"

"你看看你自己！身为堂堂的总裁特助，居然在员工餐厅跟同事打架，还泼得自己一身汤水，你不觉得丢脸，总裁和整个秘书室都为你丢脸！"

荣佑一边吼，一边冲上来揪住依依的袖子用力扯了几下，“你看看，你看看，像什么样子！”

刚才在总裁办公室里，荣佑经过好一番折腾，才好不容易让总裁大人放他走。荣轩本想顺便通知依依去帮他买一份糖醋排骨套餐，因为他走到哪里都受人瞩目，所以平常很少离开自己的办公室，也基本不去公众场合，需要的东西都让特助代为购买。

然而，午饭时间已经到了，依依不在，买饭的任务只能落在了荣佑头上。

荣佑很不情愿地来到餐厅，看见的却是让他大为震惊的一幕——依依正被泼得满身菜汤，像个泼妇似的在收银台前跟同事吵架，而且还是一对二。

整个餐厅的员工都在围观，那场面既震撼又惊悚。

荣佑吓坏了，来不及多想就打电话叫丽莎帮忙买饭，自己则出手终止了这场难看的争执。

没想到荣佑居然这么仗义，依依既感激又羞愧。她低头搓着手，不好意思地说：“其实我一开始都在忍耐的，也没想过会跟人吵架。他们说我的坏话无所谓，但是后来，那个尖嘴男人说了总裁的坏话，我一个没忍住就……往他身上泼了菜汤。”

“啥？原来你不是因为私人矛盾才吵架的？”荣佑吃了一惊，“我哥被人说了什么坏话？”

来到餐厅的时候，他看见那番混乱的场面，还以为有人嫉妒依依升职太快，依依气不过所以才反击的。

对于依依因为升职而可能遭到的敌意，就算荣佑这种头脑简单的人都能预料到。不过，原来依依是在为总裁抱不平？她是为了维护荣轩才跟人打架的？

“那个男人说，荣先生是见色忘义的昏君，说他是被我吹了枕边风，才会让我升职的。”依依对着手指，越说声音越小。

“……”荣佑很无语，过了一会儿问，“你信？”

“我当然不信，因为本来就没有这回事！”依依愤怒握拳，“但我就是受不了员工在背后说老板的这种坏话，质疑老板的道德和人品！”

“……”荣佑更无语了，世界上居然还有对老板如此忠心耿耿的部下，大哥算是捡到了一个宝吗？他叹了一口气，扶额，“我哥不会在乎那种流言蜚语的，他是见过大世面的人，这种八卦对他来说根本不痛不痒。”

“但是我在乎！”依依依然愤怒，“荣轩是我的老板，就算他不在场，我身为下属也应该维护他的利益！”

“那你觉得，把自己弄得跟落汤鸡一样，就是维护了老板的利益？”荣佑无奈地问。

“这是意外……”

他这么一问，依依的气势瞬间灭了下去。

“我跟你说，对我哥而言，与其被人八卦，下属在别人面前出丑才会更让他觉得丢脸，”荣佑叹息，“他是一个很爱面子的人，希望自己的下属，尤其是你们秘书室的人也能跟他一样随时保持光鲜亮丽的形象。如果对谁有不满，他会希望你们不动声色地说服对方或者直接干掉对方，而不是像个泼妇一样跟人在公众场合打架！”

依依呆滞了，她还是第一次从荣佑嘴里听到这么严肃而富有内容的长篇大论。

将他的话回味了一会儿，依依觉得脸颊有些发烫：“那你的意思是说，我用泼菜汤的方式维护荣先生的利益，反而是给他丢脸了？”

荣佑白了她一眼：“特助小姐满身菜汤，你说丢脸吗？”

依依欲哭无泪：“是我不好，我认错了，你千万不要把今天的事情告诉荣先生！”

“当然不会啦，这种事说出去，你不嫌丢脸，我还替你丢脸！”

“……喂喂，别说的你好像有多大义凛然似的，”突然发现荣佑越说越来劲儿，依依忍不住反击，“别忘了，你那天在走廊里还刁难过一个小小的清洁工！”

荣佑立刻跳脚：“那天是我心情不好！”

“但是，你也经常违反公司的其他规章制度！”

“那是我们公关部的特权，因为我们对公司的贡献大，所以我哥才会睁一只眼闭一只眼！”

“真的吗？”依依半信半疑，她对公关部的工作并不了解。

“信不信随便你。”荣佑朝他翻了个白眼。

两人大眼瞪小眼了一会儿，依依首先缴械投降了。

说到底，今天多亏荣佑出手相助，她才能安然无恙地脱身。不管怎么说，都应该感谢荣佑。

“荣佑，谢谢你，”依依小声说，“以前是我对你有偏见，没想到你这么仗义，也很懂得处理问题的方法。”

“嗯，全世界都对我有偏见。”荣佑看着天花板，从鼻子里哼了一声，“不过我要说清楚，今天我之所以帮你，是因为不想欠你的人情！”

“咦？”依依一怔，同时看见一丝不自在的表情从荣佑脸上一闪而过。

她突然明白了，原来荣佑一直对自己被她救回一命的事情耿耿于怀，整天想着要报恩呢。这么说来的话，之前这家伙每次看到她的态度都很奇怪，不是因为讨厌她，而是想到自己的命是她救的，不知该怎样回报而觉得心里别扭？

想到这里，依依不禁笑了起来，拍拍荣佑的肩膀：“荣二少啊，关于我救了你一命的事，你不必有思想负担。除了你之外，我从小到大还救过不少小猫、小狗、小青蛙呢！”

荣佑顿时又跳脚：“你敢把我跟动物相提并论？！”

“不不不，我怎么敢。我只是想说明，救你对我来说跟救一只动物没什么两样，举手之劳的事情，”说到这里，依依突然想起一件事，连忙从衣兜里掏出刚才在便利店买的东西，塞进荣佑手里，“喏，这是给你的。”

“这是什么？”荣佑一脸狐疑地看着手心里的绿色小包装。

“我把姜片送给荣先生的时候，你不是吵着也要吗？一袋零食分成两份当然不可能，所以我另外买了别的零食送给你，”依依笑笑，“就当是我这个总裁特助新官上任，送给你这位副总裁的见面礼吧。”

“我这个副总裁纯粹是挂名的，什么权力都没有哦，你贿赂我也是没用，”荣佑一边说，一边端详那包东西，“这到底是什么？……糖？字太小了看不清楚。”

“是戒烟糖啦，”依依捂嘴偷笑，“特助小姐希望副总裁先生早日戒烟。”

“……你滚！”荣佑暴怒，一把捏住戒烟糖举过头顶。

依依吓了一跳，还以为他要把糖摔得五马分尸，然而荣佑维持着高举的动作停顿了一会儿，愤愤然地把糖塞进了裤袋里。

依依一头黑线。

既然肯收就直说嘛，干吗装作一副不情愿的样子。

这时，电梯“叮”的一声停下了，荣佑闷声不响地跨出了电梯。

依依也跟着走出去，准备回办公室之前先去洗手间把衣服弄干净。然而离开电梯以后，她左右看看，发觉自己来到了一个完全不认识的楼层。

她回头一看，墙上写着一个大大的数字——32。

咦？居然不是顶楼吗？如果她没记错的话，这里应该是公关部的所在地。

“荣佑，你把我带到这里来干什么？”她奇怪地问。

“难道你想这副样子去上班？”荣佑回头瞪了她一眼，反问。

“我会去洗衣服的。”

“都脏成这样了，洗来洗去都会有痕迹，你以为能逃得过我哥的眼睛？”荣佑说着又不耐烦了，伸手一拽依依，“少废话，跟我来，我有办法。”

依依一头雾水的被荣佑拉扯着一路向前，听到前方隐约传来音乐声。而后，两人转过一个拐角，眼前豁然开朗——他们来到了一处宽敞的空间，像是一间没有装修过的大办公室。

这里没有普通办公室的狭窄隔间，空荡荡的办公室里，只有几张超大电脑桌看似随意地摆放着，电脑线路乱七八糟地纠缠在一起。

其中一张电脑桌后面，一个戴金边眼镜的男子正专心地在键盘上敲敲打打；而另一张电脑桌前，有一个绑着马尾辫的女生穿着健身服，跟随电脑里传来的音乐在跳操，依依刚才听到的音乐声就是从这里传来的。

“夏雪夜，帮她换一身衣服！”荣佑显然与这两个家伙非常熟悉，冲着马尾辫女生大喊一声。对方的动作停了下来，回头看看荣佑，又把视线转向了站在他旁边的依依。

与她对视的一瞬间，依依呆了一下——美、美人啊！

好高的身材，好白的皮肤，好漂亮的五官，好冷艳的眼神……华荣集团女员工的颜水准相当高，每天坐电梯都能碰上几个美女。但尽管如此，这个黑马尾美人还是把依依电到了，她看着夏雪夜，脸红心跳的半天说不出话。

被称作夏雪夜的大美人对着依依上下扫了一眼之后，又把视线移回了荣佑身上，然后就噼里啪啦地说开了：“荣佑你这就不对了，现代人讲究的是恋爱自由好聚好散。强扭的瓜不甜，既然人家不愿跟你谈恋爱，你也应该想开点，怎么都不该用菜汤泼人家啊。哦，闻着味道好像是冬瓜虾米白菜汤？今天餐厅的伙食不错嘛……”

夏雪夜说话快速而清晰，配上她有点低沉的嗓音，充满了一种奇异的魅惑感。依依听得一愣一愣的，直到夏雪夜结束发言之后好一会儿，她才回过神来，一脸绝望地看着荣佑。

荣佑也一脸绝望地看着依依，眼睛好像在说：看吧，全世界都是对我有偏见，我整天都在被人误会。

不过，他也懒得再把来龙去脉解释一遍，直截了当地说：“雪夜，其实这位就是谢依依小姐。”

话音刚落，夏雪夜突然捂住脸颊，惊恐得倒抽一口冷气。

同时，敲键盘的眼镜男也把头抬了起来。

依依扶额，光看着两个人的反应，就知道他们也属于华荣集团八卦大军的一员，肯定早就把她的情况知道的一清二楚了。

于是，她干脆豁出去了，不甘示弱地挤出一个笑容说：“你们好，我就是传说中吹了总裁的枕边风之后，一夜之内连升两级的很招人嫌的谢依依。”

哐当！

荣佑一头扑倒在旁边的办公桌上，他大概做梦也没想到，依依会做这么惊悚的自我介绍。

房间里沉寂了一秒钟，突然，爆发出一阵狂笑。

“哈哈哈哈哈！哈哈哈哈哈，你这孩子真有趣！荣轩捡到一个宝啊！哈哈哈哈！”发出笑声的居然是大美女夏雪夜，她十分霸气地双手叉腰仰天大笑，依依估计连电梯那边都能听到她的笑声。

当然，这完全无损她的美貌，美女不管做什么事情都会很美。

“你好，谢小姐，久仰大名，我是白洛雷，”旁边的眼镜男则笑得很斯文，顺手推了推眼镜，“欢迎来到华荣集团的公关部，之后，你就没有再被狗仔队和报纸绯闻骚扰过了吧？”

依依茫然地眨了眨眼睛。

为什么她听不懂这位帅哥的话？之后？什么东西之后？

而且，这两位同事的名字好般配啊，一个夜晚下雪，一个白天落雷，噗。

“洛雷专门负责处理针对华荣集团的不实报道和负面消息，”荣佑在旁边好心提醒，“上次你和我哥被狗仔队偷拍登报的事情，就是他解决的。”

“哦……”荣佑的说明，终于让依依明白了一点，“谢……谢谢白先生……”

“不客气，举手之劳。因为荣轩对那件事非常生气，我顺便找媒体圈的朋友谈了谈，今后应该不会有人再敢编造关于你们的不实消息了。”白洛雷说着，又推了推眼镜。

不知是不是依依的错觉，她似乎看见一道寒光从这位帅哥的眼中一闪而过。

好可怕啊，好奇怪啊，公关部难道是这么一个怪胎丛生的地方？

在来到这个房间的短短几分钟里，依依已经得出三条结论：

1. 公关部的成员全部都是帅哥美女。

2. 帅哥美女们的性格都有那么一点儿奇怪。

3. 他们和总裁大人的关系非比寻常，因为无论夏雪夜还是白洛雷，都对总裁直呼其名。

这时，天花板上的中央空调吹出一阵暖风，暖风拂过依依濡湿的衣袖，让她又打了一个寒噤。

眼尖的夏雪夜一下子就注意到了依依的不对劲儿，立刻走上来一把拉住她：“好啦，寒暄就到此为止吧。午休时间就快结束了，我得赶快帮你去换一身衣服，说起来你怎么搞的？这么大的人了还会把菜汤翻在衣服上，真的不是荣佑欺负你？来来，我们到那边去把这件事好好说清楚……”

依依一边被那魅惑的嗓音魔音灌耳，一边被夏雪夜拉扯着往旁边的房间走去，一边回头对荣佑挥挥手。而荣佑也在一脸同情的冲她挥手，脸上好像在说：你多保重。

大房间的左手边是一条走廊，依依在雪夜的拉扯之下，依次经过了桌球房、健身房、乒乓馆、体操馆、武道馆……各种各样的房间，就是没有一间正正经经的办公室。

这、这里真的是华荣集团的正规部门之一吗？总裁大人为什么会允许自家公司里出现这么多娱乐设施！

“这是我们缓解压力的地方，”察觉到依依的讶异，雪夜回头笑笑，“因为我们的工作任务非常繁重，荣轩就破例允许我们按照自己的喜好来装修公关部。”

“你们的工作任务是什么？”依依问。

“收拾烂摊子，以及创造更大的烂摊子。”雪夜又笑。

依依完全听不懂雪夜的话，于是，雪夜又用浅显的语言解释了一遍。

所谓的公关部，主要任务是维持公司的形象，消除对公司不利的消息，同时要抓住几位最大的客户不让他们逃走，并且要想法设法开拓新客户。

可以说，没有公关部，华荣集团就无法对外保持完美的形象。也正是公关部在拼命为公司招揽客户，创造商机，华荣集团的员工们才能有活儿可干，有薪水可领。

因为公关部的重要性，荣轩给了他们许多特权，其中之一就是不需要坐班。所以，依依今天见到的只是整个部门的三名员工。当然，这三个人已经够让她对付的了，与这些笑傲商战的老油条们相比，谢依依实在是很青涩。

穿过走廊，夏雪夜最后带着依依来到一个类似酒店客房的房间。按照雪夜的话来说，大家需要工作的时候是不分白天黑夜假期双休日的，所以这边准备了必要的生活设施，让他们在公司也能休息。

距离下午上班的时间已经不多了，雪夜眼明手快地扒掉了依依的脏衣服，把她推进浴室里。而依依也不负众望，以闪电般的速度把自己冲洗一番，十分钟之内就神清气爽地走出了浴室。

嗯，干干净净的谢依依，又是一条好汉。

穿着雪夜的浴袍，依依一边拆掉绑起来的头发，一边走进卧室，看见雪夜正瞪着床上的一堆衣服发愁。她挑挑这件，摇头；又挑挑那件，叹息。

“雪夜，你在干吗？”依依奇怪地问。

“帮你挑衣服呀，你那些小西装牛仔裤平跟鞋什么的可以收起来了。堂堂的总裁特助别那么寒酸，起码得把自己打扮得花枝招展一些。”雪夜头也不抬地说。

“小西装牛仔裤的风格我已经习惯了，你随便找一套类似的衣服给我就行啦。”依依笑笑。

“胡扯！我看你就是因为穿得太破烂，才会在公共场合当众被人欺负！”雪夜突然吼了一句。

依依被吓了一跳：“你、你知道刚才餐厅里发生的事情了？”

雪夜一脸不屑：“这根本不用知道吧？午饭时间你满身菜汤，总不见得是自己泼了自己一身吧？再加上你的新职位，啧啧，用大腿想都能猜到，肯定有些人嫉妒得眼睛都绿了。”

依依扑哧一声笑了起来，雪夜的形容还真是生动。

“但是，这跟我的衣着没关系吧？”她问。

“错！大错！人靠衣装，这句话听过没有？再说，你穿得漂亮一点的话荣轩会很高兴的，啧，男人都是一样的浅薄，”雪夜说着，从衣服堆里翻出几件东西，在依依身上比画了一下，“好，就这样吧！”

五分钟以后，依依一身新装，别扭的跟在雪夜后面，回到了那间大办公室。

此时，白洛雷和荣佑正在那边乱侃，只见洛雷摸着下巴，一脸狐疑：“谢小姐的那身菜汤真不是你泼的？”

荣佑拍桌：“都说了一百次，不是我！”

“真的吗？真的不是人家要对你死缠烂打，你一气之下就……那个什么了？”

“不要沉浸在自己的幻想中无法自拔行不行！我从来不会拒绝任何女人的死缠烂打，都是她们自己不要我的！”

“哦呀，真可怜呢，没关系我要你！”洛雷说着，作势伸开手臂要给荣佑一个熊抱。

依依一头黑线，是应该说……他们的感情真好吗？

这时，雪夜拍了拍手："安静安静，来欣赏一下荣夫人的美貌！"

荣佑和洛雷不约而同地转过头。

依依一阵恼羞："荣夫人是怎么回事啦！"

雪夜耸肩："好吧，是'有可能成为荣夫人的谢依依小姐'。"

"这也不对！你……"依依越发恼羞，话说到一半却突然噤了声。因为她发现，某两个男人正在用呆滞的眼神望着她。

"你……你们这么了？"她连忙下意识地捂胸。

听到依依的声音，荣佑抢先回神，冲上来就把依依往门外推："快快快，午休时间到了，你该上班了。"

依依一头雾水："还差十分钟才上班呢，你……哎？你、你们是怎么回事啊？"

不仅是荣佑，连雪夜和洛雷也加入了推她的队伍，三个人又拉又扯，硬是把依依拽到了电梯口。

随着"叮"的一声，电梯门徐徐打开，依依被一把塞进了电梯里。

还没等她缓过气，就看见电梯门在自己面前又徐徐关上。三个家伙在外面站成一排，十分热情地朝她挥手。

"谢小姐，有空再来公关部聊天！"

电梯走了。

但是为特助小姐送行的三个人，并没有马上离开。

雪夜默默地看着楼层数字一个一个递增，问："你们觉得这事什么时候能成？"

洛雷推了推眼镜："我认为谢小姐一个月之内会怀孕。"

雪夜立刻瞪了他一眼："你这个斯文败类，以为全世界男人都跟你一样外表闷骚，内心放荡吗？荣轩这么正派，肯定会先跟谢小姐结婚，我估计……嗯，两个月吧。荣佑，你怎么看？”

荣佑深沉道："你们都太乐观了，我哥是个死脑筋，要让依依的身份在他心目中从‘弟媳妇’变成‘媳妇’，可不是这么容易的事。”

闻言，雪夜和洛雷都陷入了沉思。

过了几分钟，雪夜幽幽道："荣佑说得对，看来这事还没那么容易能成。不过真没想到，那姑娘打扮之后，居然会这么可爱……”

一旁的两位男士连连点头，表示赞同。

办公室门被敲响的时候，荣轩正皱着眉，把套餐里的豌豆拨到一边。

视线的余光瞥到玻璃门外的窈窕身影，他猜想是依依吃完饭回来了，便心不在焉地应了一声。

“荣先生，”依依小心翼翼地探进半个身子，“请问……您需要咖啡或者红茶吗？”

“给我一杯……”荣轩抬起头。

然后，他的眼睛立刻就不会动了。

这是怎么回事？

仅仅过了一个中午，他的特助小姐突然换上了一身亮橙色的小套裙，剪裁得体的小外套将她娇小的身材包裹的玲珑有致，腰间束着一条墨绿色的镶钻宽腰带。

她窄窄的荷叶边裙摆下，露出一双修长漂亮的腿，脚上还蹬着一双 8 公分的高跟鞋。

荣轩怔了一会儿，又看了看依依的脸。

她原本就十分白皙的小脸似乎擦了一点腮红，双颊就像柔软的鲜桃般水嫩。一对钻石耳链还在脖颈处晃啊晃，差点把总裁大人的魂儿都要晃没了。

他以前怎么没发现这姑娘这么有女人味儿？

就在今天午休之前，他还把依依当成一个天然呆的野丫头。她漆黑的眼睛就像小鹿般灵活，偶尔机灵却又偶尔犯傻，总是闹出一些让人哭笑不得的小事故。

荣轩的反应让依依十分困惑，还有一丝惶恐。她连忙摸摸自己的脸，心想自己是不是把妆化得太浓了。刚才换衣服的时候，雪夜硬是说她的脸色太苍白，拿起一个粉扑往她脸上拍了几下，又抄起刷子飞快的给她上了一点腮红，还抹上了粉色的唇彩。

因为赶着上班，依依都没来得及在镜子里看看自己。难道……自己现在的脸很像妖精吗？

两人之间弥漫着一种诡异的寂静，过了几秒钟，还是总裁大人首先恢复神志。他不自在地咳了两声，故作淡定道："给我一杯红茶，谢谢。"

"好的。"依依连忙点头，然后像飞一样地逃出了办公室。

看着她仓皇逃走的背影，荣轩陷入了困惑。

他不记得公司有中午换衣服的规章制度啊，为什么他的特助小姐在午休期间突然麻雀变凤凰了？这么说来的话，中午他明明叫荣佑去买饭的，最后来送饭的却是丽莎，荣佑那小子又跑到哪里去了？失踪了吗？

一向淡定的总裁大人，觉得脑子突然纠成了一团乱麻。

依依在豪华的茶水间里忙碌，她把宾妮的秘籍摆放在手边，按照上面告知的方法将五分之一的锡兰红茶放入茶壶，然后冲入 95 度的开水，等待二十秒之后把茶水倒掉、再冲水、再倒掉、再冲水……重复五次之后加入牛奶和柠檬片，一壶香浓醇厚的红茶就大功告成了。

在送茶之前，依依特地掏出小镜子整理了一下妆容，差点被自己吓了一跳——妈呀，这个成熟美艳的 OL 是谁！她连忙把腮红和唇膏擦掉了一大半，这才端着茶盘回到总裁的办公室。

这一次，依依端盘子的手势稳重了很多，红茶送到荣轩面前的时候，一滴都没有洒出来。

她学习新生事物的速度一向很快。

不过，荣轩的注意力并没有集中在红茶上，而是灵敏地发现依依把脸上的妆擦掉了一点。这个时候，太灵敏还真不是一件好事，因为总裁大人不明白他的特助小姐为什么要把好端端的妆容擦掉。

这下子，他更加好奇中午到底发生过什么事情了。

当然，无辜的依依完全不知道总裁的困惑。她小心翼翼地摆好茶壶和茶杯，冲荣轩点了一下头之后就转身离去。

就在这时——

“……谢小姐！”

正当依依准备离开办公室的时候，身后突然传来荣轩的声音。

她回过头，发现总裁大人正朝她伸出手，在用一种既像惊讶又像木然的眼神看着她。呃，她知道这两个形容词很难凑到一起去，但当时荣轩的表情就是这么奇怪。

依依满头雾水，而荣轩的情况也没有好到哪里去。

看到依依回过头，他才意识到自己刚才发出了声音，一瞬间呆住了。

是的，他没有经过大脑思考，就一时冲动叫住了依依。对于一向心思缜密的总裁大人来说，做出这种傻事可是破天荒的头一回。

很久以后，当荣轩再一次回忆起那天的情景，才终于明白自己当时为什么会那么做。那个时候，他潜意识里认为依依的外形变化与荣佑的中午失踪有关，并且由此产生了一种微妙的不爽情绪。

依依和荣佑之间发生了某些事情，而他荣轩居然一点儿都不知道，真是太不爽了。

或许他对依依的感情变化，就是从这一刻开始的。

可惜在当时，总裁大人并没有意识到，自己在吃弟弟的醋。

依依在原地站了一会儿，见荣轩一直没有说话，只能小声问：“荣先生，请问有什么事吗？”

荣轩一惊，连忙装出淡定自若的样子，随口胡诌："嗯……谢小姐，你现在忙吗？"

依依觉得更奇怪了："不忙啊。"

她是总裁大人的特助啊，只要总裁大人不需要她伺候，她根本就没事可做。

就在依依回答的这几秒钟里，头脑敏捷的荣轩已经想了一套妥贴的说辞。他立刻微笑着接上了依依的话："是嘛，如果你不忙，那我们来谈谈吧。"

一听到谈谈，依依瞬间从头到脚都紧绷起来。

谈谈，多么可怕的词语！

想当年她在 You-Time 的时候，一旦 Jimmy 说要跟她谈谈，接踵而来的就是各种坏消息，比如她工作出错要扣奖金，比如今年的休假没有了，比如她约的稿子没通过，又比如接下来有一个新项目需要无休止的加班……还有，被辞退……

她才不要跟上司谈谈！

看到依依煞白的脸色，荣轩意识到自己又把这只小白兔吓坏了，连忙解释："你别紧张，我只是因为早上太忙，没有机会亲自迎接你的到来，所以现在补上。如今我是你的上司，不能让你一头雾水地踏上新岗位，对不对？"

既然荣轩这么说，依依稍微放心了一点。

她一边点头称是，一边按照荣轩的吩咐从墙角拖来一把椅子，拖到办公桌前正襟危坐。

看到她坐姿笔挺的样子，荣轩又在心里笑翻了。谢依依不愧是谢依依，总能制造出一些让他忍俊不禁的闹剧，只是随便聊聊而已，她何必坐得这么端正？如此严肃的场面，就好像他在给一个大学生做面试。

他想劝依依放松一些，又觉得这么说的话可能会让她更紧张，只能装作什么都没看见，用尽量轻松的语气开口问："谢小姐，上次我送给你的杂志，回家有没有好好学习？"

依依怔了怔，但还是低头老实回答："对不起，荣先生。因为这两天发生了很多事情，我连基本的睡眠都无法保证，所以没有学习的机会。不过，我已经解开了您的题目，在网络上搜寻到了那些杂志的英文版，并且已经全部买下来了。"

荣轩又在心里笑，这件事他当然知道，这也就是他让依依升职成助理编辑的原因。

但他还是不动声色地点了点头："是嘛，你很聪明，能有你这样一位懂得揣摩老板心思的员工，我感到非常高兴。"

依依打了个寒噤，总裁大人还真是会说肉麻话。

她笑笑："没什么，这是我身为下属本就该拥有的基本技能。"

荣轩也笑："原来如此，谢小姐不但聪明而且谦虚。那么，考虑到你的实际情况，我暂时就不勉强你学习英文了。"

依依一愣："咦？您……您是说我不用啃那些英文杂志了？"

"只是暂时不用啃而已，与培训相比，你目前的工作职能更加重要，所以我希望你能够全心投入工作状态。"

唉，原来是这样啊。

依依明白了，总裁是想让她全心全意地伺候他，所以才暂时善心大发的。

资本家果然没有一个好东西。

"那么，等到宾妮小姐回来以后，我……？"她试探着问。

"等宾妮回来以后，你会回到原来的工作岗位。而我也会根据你担任特助期间的工作表现，决定你还需不需要继续培训。"荣轩微笑着说。

依依的心里凉了半截，既憋气，又恼火。

这完全是赤裸裸的威胁啊！总裁大人的潜台词明明就是：你想不学

英文吗？那就好好伺候我！

只有古代的皇帝才会这么霸道吧！

唉，也是，在华荣集团里，总裁大人本来就是皇帝嘛。

于是，依依只能顺从地点头："荣先生，我一定不会辜负您的期望，认真做好宾妮小姐的工作。不过，我对您和秘书室的情况还不够了解，可以问一个问题吗？"

荣轩有点意外："问题？你问吧。"

"假设，我是假设哈，"依依凑近办公桌，小心翼翼地问，"如果哈，如果您或者您的秘书跟别人发生矛盾，你们是不是会暗中找机会把对方干掉，而不是当面跟对方争执？"

荣轩莫名其妙，这姑娘怎么突然问出这么血腥的问题？就凭她这种缺根筋的性格，到哪儿都不会跟人发生矛盾吧？更别提争执了。

于是，总裁大人一头雾水地回答："谢小姐，这是在职场生存的基本技能。当面与人争执，这是幼儿园小孩子才会做的事。"

闻言，依依的脸颊一阵滚烫。

她、她居然一下子被贬低到幼儿园的水准了！

但她还是不死心地问："那么，您喜欢部下打扮得光鲜亮丽吗？"

总裁大人越发困惑，上下打量了依依一眼。他的特助小姐今天到底是怎么了，一会儿问出超级幼稚的问题，一会儿又穿着漂亮的小裙子问他喜不喜欢……

咳咳，他真的没有对小裙子心猿意马。

"这……员工的形象就代表了公司的形象……"荣轩斟酌着词句，慢慢说，"我……虽然对员工的衣着没有要求，但如果谢小姐你愿意打扮自己，我也没有意见。"

这下子，依依就像一只泄了气的皮球似的，彻底瘫软了。

上司很少会发表立场鲜明的说辞，总裁大人说没有意见，就等于说喜欢！没想到荣佑的话居然是真的，荣轩果然喜欢部下光鲜亮丽，讨厌部下当面与人争执。她的行为完全跟上司的喜好反着来，这怎么行！

爱岗敬业的谢依依立刻在心里发誓，她一定要收敛脾气，同时努力学习穿衣化妆，做一个称职的总裁特助！

而当依依的内心燃起熊熊烈火的时候，荣轩却更加纠结了。

他知道，依依绝不会平白无故问出那两个问题，所以……今天的午休到底发生了什么事，他一定要找荣佑问清楚！

Chapter 8　高薪容易领，总裁难伺候

谈话到了这里，似乎没什么可说的了。

荣轩已经告知依依，只要在特助的岗位上好好干，就可以免遭地狱式培训的折磨；而依依也认识到了自己中午犯下的错误，决心争取向成熟内敛 OL 的方向发展。

所以，荣轩以一道命令结束了谈话："那么，谢小姐，你可以走了，顺便帮我把饭盒扔掉。"

他用手指戳了戳桌边的塑料盒，脸上露出一丝难以觉察的厌恶。

但是，这丝厌恶没有逃过依依的眼睛，她立刻问："荣先生，您讨厌吃豌豆？"

心底的秘密被揭穿，荣轩不高兴地看了依依一眼："谢小姐，你管得太多了。"

依依下意识地低下头想道歉，但是话说出口的前一秒钟，她突然想起了宾妮秘籍第一页的内容——决不能纵容总裁！

是的，虽然她的缺点有待改正，但这不表示特助应该对总裁言听计从。于是，依依尽量用温柔的口气说："荣先生，豌豆中含有丰富的维生素 C，具有分解体内的亚硝胺、增强免疫力、抗癌防癌、润肠通便的作用。而且，如果我没闻错味道，您吃的是糖醋排骨套餐吧？这份套餐里唯一的素菜就是豌豆了，所以您一定要把豌豆吃掉。"

听着依依在那边滔滔不绝，荣轩的头一下子变成两个大。

怎么搞的？这姑娘是不是暗地里跟宾妮讨教过了，为什么唠叨起来的劲儿和宾妮不相上下？他是希望宾妮这位大管家不在的时候能松一口气，可不是要让新特助上任第一天就来批评自己的！

“谢小姐，你身为下属，专心服从上级的命令就可以了，不要啰啰唆唆的。”荣轩板起脸，瞬间化身成在董事会议上霸气万千的总裁形象，冷冷地看了依依一眼。

依依被那股气势吓得两腿发软，下意识地倒退了两步。

荣轩本以为事情就到此为止了，然而事实证明他大错特错。此时他面对的不是普通下属，而是总不按常理出牌的谢依依小姐啊，依依尽管在上司面前就像老鼠见了猫，但凡是跟工作有关的事情，只要她认为自己是对的，就一步也不会退让，直到说服上司接受自己的意见为止。

这一点，连 You-Time 的 Jimmy 也奈何不了她。

所以，在倒退两步之后，依依站稳脚跟，不甘示弱地说：“荣先生，您这样说就有失偏颇了。我现在不是普通的员工，而是您的特别助理，我所负责的是您在公司里的饮食起居。从我的专业角度来看，您应该吃掉这份豌豆，所以我是不会把它倒掉的。我之所以站在这里，并不是要对您的命令言听计从，否则我就跟一个用人没什么两样，那样的话您与其雇用我，还不如雇用一个用人，这样的话还能省不少钱呢，对不对？”

荣轩被依依说得一愣一愣的，半天没有吭声。

俗话说得好，人无完人，总裁大人虽然在商战场上叱咤风云，但是对生活琐事相当不在行，甚至可以说相当的无能。

所以，除了以总裁的身份下命令之外，他还真不知道该用什么理由驳斥依依的这番发言。

见荣轩不说话，依依趁热打铁：“这样吧，荣先生。如果您把豌豆吃掉，下午我就给您买焦糖布丁。”

荣轩的五官抽搐了一下："谢小姐，你以为我是三岁小孩子吗？居然敢用甜点来骗我吃素菜？"

然而依依早有准备，胸有成竹地说："不不不，我怎么敢小看您呢？我这么说是有科学依据的，普通人工作到下午的时候，大脑会因为缺氧而感到疲倦。这个时候适当的吃一些甜点，有助于消除疲劳，补充精力，同时还能缓解饥饿感，顺利撑到下班。如今我们白领的下班时间很晚，路上还要堵车，回到家已经八九点了，所以下午吃一顿茶点是非常有必要的，希望您可以参考我的意见，不要折磨自己的胃！"

荣轩又被说得一愣一愣的了。

他明明只说了一句话，却被特助小姐反驳了七八句话，这可是宾妮在位的时候都没有发生过的事。宾妮的耐心相当好，总会用她嗲嗲的普通话不厌其烦地重复："荣先生啊，您这样是不行的啦，您那样是不行的啦……"

最后，往往都是荣轩被缠得烦不胜烦，才无可奈何地按照宾妮的话去做。

而现在，依依长篇大论的杀伤力居然比宾妮有过之而无不及，荣轩可不希望这样的情况发生。

当然，依依的话很有道理，荣轩也不好意思再用总裁的身份压制她了。但是，让他这样就范也不可能，给新下属一个下马威还是很必要的。于是，荣轩想了想，伸开一只手："好吧，我要五个。"

"呃？"依依大吃一惊，差点崴掉高跟鞋的鞋跟。

不是吧，总裁大人对焦糖布丁这么饥渴？

然后，她看见荣轩一脸认真，一字一句地说："谢小姐，如果我吃掉这些豌豆，你下午三点的时候，就去帮我买五个焦糖布丁。而且，布丁全部都要去员工餐厅买，外面店家的我不要。"

"好、好！"依依连忙点头。

虽然觉得荣轩的态度有些奇怪，但是以布丁换豌豆的条件是自己提出的，她也不可能反悔。

就此，交易达成，依依下午的任务就是帮总裁买布丁。而荣轩则在她的监督之下，以非常缓慢的速度，一口一口地把豌豆吃掉了。

看着他愁眉紧锁，像是咽都咽不下去的样子，依依好几次差点想说：老板，您是在吃豌豆，不是在吃黄连，表情不要这么痛苦，好不好！

专心吃豌豆和专心监督的两个人都没发现，就在他们忙着互相较劲的时候，办公室外面，那一小群秘书们全部都在默默偷窥。

大家本以为凭依依这么柔弱的模样，肯定对总裁言听计从。没想到她不但在办公室里逗留了很久，总裁还居然破天荒地吃起了自己最讨厌的豌豆。

秘书们一边偷窥一边窃窃私语——这真是天下奇闻，新特助第一天上任就让总裁言听计从，今天到底是吹得什么风！

可惜，大家只知道依依表面的风光，却不知道她的风光背后是有交换条件的。

到了下午三点，依依满以为自己轻轻松松就搞定了总裁大人。她捏着工作证兼饭卡，坐电梯前往地下一层的员工餐厅，打算帮总裁大人买完焦糖布丁之后，再买一杯奶茶犒劳一下自己。

然而走进餐厅的一瞬间，一股热气“轰”的迎面扑来，将她震退了好几步。

战战兢兢地把脑袋伸进大门，依依完全被眼前的情景惊呆了。

视线所及之处人头攒动，依依发现此时的餐厅拥挤不堪，人流量居然不亚于中午。

更加恐怖的是，因为大家都是来买点心带回办公室去吃的，所以没有坐在座位上，而是全都挤在收银台那边买东西和付账。

想象一下，午餐时间分布在整个餐厅里的人流，此时全部聚集在收银台疯狂地抢点心，这是怎样一番恐怖的景象！

依依目瞪口呆，她怎么从来没听说员工餐厅下午会出现大抢购？

这时，一个高挑的女生抱着装满点心的纸袋从人群里挤了出来，依依见状，连忙走上去拉住她问："不好意思，请问你们是在买什么东西？"

高挑女生奇怪地看了她一眼："你不知道吗？餐厅从上个月起开放下午茶服务，各种点心价廉物美而且限量。因为来晚了就买不到了，所以大家每天下午都会来抢。"

依依怔了怔。

她怎么不知道这件事？掐指算来，下午茶服务是在她来到华荣集团之前开放的，所以她没有收到过群发邮件通知。这么说来的话，之前她在《Fresh 魅力饮食》编辑部的时候，经常会有人抱着一大袋的点心来请大家吃，难道都是在员工餐厅买的？

苦逼小员工谢依依突然好恨自己没有八卦之心，她每次只顾着吃点心，居然不知道点心是从哪里来的！

这时，高挑女生怕点心会冷掉，回答完依依的问题之后就匆匆离开了。依依站在餐厅门口，眺望着那黑压压的人群，不知是该退还是该进。

身为购物经验丰富的职业女性，依依对选货和杀价很有一套。但是在购物过程中，她也有一项极端不擅长的技能，那就是——抢购！

在商店里，尤其是在拥挤的商店里，她因为身材娇小而完全没有用武之地，每次都只能把抢货的任务交给朋友，她在外面等着接应。

可是今天，在眼下的情况，这个招式是行不通的，因为总裁特助只有一个。所以无路可退的依依只能硬着头皮，捋起袖子，振作精神——一头扎进了人堆里。

"抱歉！抱歉！请让一下！我要五个焦糖布丁！"依依被挤得前胸贴后背，挥舞着工作卡拼命喊着。

没有人理睬她。

“五个焦糖布丁！五个焦糖布丁！”她继续喊，同时用尽了吃奶的力气往人群深处挤。就在这时，挤在她前面的某个人突然一扭屁股，刚好撞在依依的肚子上。娇小的依依居然被这个屁股撞得从人群里弹了出去，一头栽进旁边的椅子。

趴在椅子上，依依看着黑压压的人群欲哭无泪。

心里突然掠过一丝困惑，她在想，那位看似很听话的总裁大人，真的不是在故意捉弄他的特助吗！

“阿嚏！”总裁大人打了个喷嚏。

当依依正在员工餐厅与同事殊死搏斗的时候，荣轩已经看完了所有的工作邮件，正靠在老板椅中闭目养神。

打完喷嚏，他揉揉鼻子，唇角勾起一丝恶劣的坏笑。

哼哼，小小的一个特助，居然敢逼着他吃豌豆？既然他找不出借口来反驳那个野丫头，就得想办法给她一点颜色看看，让她知道顶撞老板的下场！

荣轩在工作中的确是一位霸气严厉的老板，但是在生活里的小毛病也非常多。他毕竟是荣家的长子，从小过着锦衣玉食的生活，虽然比不上荣佑那么任性，但闹起脾气来也很是厉害。

这个谢依依，居然敢借着科学理论逼着他吃豌豆！

想到这一点，荣轩就气不打一处来。

员工餐厅的下午茶很受欢迎的事情，他确实知道。上午的会议中还有人提起过这件事，认为那阵势实在是太恐怖了，有必要商讨出一个解决方法。

正因为知道，荣轩才故意派依依去买最受欢迎的焦糖布丁。

他要让她意识到，让老板吃他讨厌的素菜，可不是这么容易的事！

而且……

荣轩慢慢拉开抽屉，刚才依依送给他的那包姜片，正好端端地躺在正中央。

看到这包姜片，荣轩又是哭笑不得。之前依依把姜片送给他的时候，嘴里说得头头是道，害他居然鬼使神差的就收下了。回头仔细想想，他才觉得有点不对——他是男人啊，干吗还要补气血？

特助小姐把他当成同性闺密了吗！

荣轩扶额。

就在这时，办公室的门突然被人一把撞开，还伴随着一个上气不接上气的声音："老……老板，买来了！"

荣轩差点被吓了一跳，连忙抬起头。

他的特助小姐正半死不活地抱着门，舌头像狗一样吐在外面大口喘气。

经过一番你死我活的搏斗，依依终于抢到了五个新鲜出炉的布丁。在这场惨绝人寰的战斗中，她被屁股顶了五次，被手肘攻击两次，高跟鞋被人踩了五次，在抢夺布丁的时候险些被某个女人的指甲划破脸颊一次……

不过，只要能完成老板的任务，这些小伤算什么！

荣轩不动声色地看了看手表，三十分钟。如果去掉上下电梯需要的时间，买布丁大约花了二十分钟。

他还以为，凭依依这么娇小的身材，起码要等到人流散去一波才能挤到收银台前，甚至可能根本捞不到热门的焦糖布丁。

原来，他小看她了吗？

想到这里，荣轩心里涌起一种不知是郁闷还是赞赏的情绪，艰难地扯出一个笑容："辛苦你了，谢小姐。"

依依擦了一把额头上的汗："不客气，老板。"

经过这么一擦，她脸上的妆全部都糊掉了，就像一只顽皮的花脸猫。

荣轩赶在自己笑出声之前连忙低下头，挥了挥手：“那你可以走了，有事我会再叫你。”

这句话如同一道特赦令，让依依欢天喜地地转身就走。

而在关上门的同时，她听见荣轩的声音在身后传来：“还有，去照照镜子。”

照镜子？照镜子干吗？

依依一头雾水，但是忠心耿耿的小特助当然会听总裁大人的话，所以她回到座位上以后，马上掏出小镜子照了一下……哎呀妈呀，这个难看的大花脸是谁！

特助小姐被自己吓坏了，急着要冲去洗手间洗脸。仓皇之下，刚才在餐厅被踩了五次的脚不小心踢中了桌子腿，痛得她一声惨叫。

“嗷啊——”

这声尖叫仿佛一记炸雷，整个秘书室的人都被惊动了。

依依瞬间成为众人的焦点，各种视线从四面八方射来，羞得她满脸通红。

理所当然，荣轩坐在总裁办公室里，早已把所有的事情都看得一清二楚。目睹此景，总裁大人不禁陷入了沉思，他知道这个野丫头很会闹事，但是这位小姐闹事的程度未免太超乎想象了！

咳咳，虽然这样也不讨人厌就是。

自从寂静肃穆的秘书室有了依依，气氛也因此轻松了很多。荣轩发现，依依的性格就像荣佑一样，只要是他们所在的地方，就会充满了活力与欢笑。

荣佑！

一想起那个小浑蛋，荣轩心里又是一阵郁闷。今天中午他和依依到底发生了什么事，让依依严重到要换衣服的地步！

总裁大人看着桌上纸袋里的五个焦糖布丁，手指在桌面上敲击着。

过了几分钟，他终于还是忍耐不住，抓起了电话。

“……公关部吗？我找荣佑……你问我是谁？白洛雷，你小子活得不耐烦了吧！——什么？荣佑出去飙车了？大白天飚什么车！叫他马上回来见我——”

总裁大人和助理小姐的第一次交手，终于就此告终。

荣轩在依依的据理力争之下吃掉了豌豆，而依依在洗手间拼命补妆的时候，越来越觉得总裁肯定知道下午茶的焦糖布丁很难买，为了要扳回一局才故意交给她这个任务。

而更加丢脸的是，几天之后她向公关部的众人讲述这件事的时候，还遭来了夏雪夜的嘲笑。

“哈哈哈哈！真没想到你还是一个大力士啊！谢小姐，我给你上的是防水妆，你到底用了多大的力气一下子就把它们擦花的？”

依依羞愧得好想撞墙，她真的不是大力士！

所以，从全局上来看，在这次交手中，荣轩只吃了不喜欢的豌豆；而依依在餐厅激战，在秘书们面前丢脸，还被夏雪夜嘲笑，显然是输得比总裁大人惨啊！

呜——

但精力无穷的谢依依是不会被这点小事打倒的，第二天，她继续严格遵循宾妮的教诲，既要照顾好总裁大人的饮食起居，又不能纵容这家伙。

为总裁大人准备的午餐是海鲜时蔬饭配红菜汤。

根据前一天的情况，依依已经知道了，为总裁买午餐就是特助的日常工作之一。

理所当然的，总裁大人依然非常不配合特助的工作。他修长的手指优雅地握着叉子，专挑香喷喷的瑶柱和大虾，对旁边的香葱和芹菜看都不看一眼。

依依在旁边饥肠辘辘，真是又急又恨。

万恶的资本家！

她一上午都在帮秘书室复印材料，到现在都还没吃午饭。你这个总裁有人帮着买饭还不好好吃，你是欠揍呢，还是欠揍呢，还是欠揍呢！

她拼命忍耐着额头上快要爆青筋的冲动，微笑着说："荣先生，香葱的营养呱啦呱啦呱啦……芹菜的营养呱啦呱啦呱啦……"

荣轩歪着头，一言不发地听依依滔滔不绝。

他的视线不经意地在依依脸上扫来扫去，唔，特助小姐今天化了淡妆，可惜眉毛和口红的颜色不搭，眼线也太浓了一点。

粉红色的收腰小西装还蛮可爱的，不过怎么又把那双老土的平跟鞋给穿起来了？

依依在这边说得苦口婆心，总裁大人却在那边心猿意马。大约半分钟之后，依依把肚子里有关香葱和芹菜的内容全都倒光了，再也说不出啥来："……所以，荣先生，您不应该只吃瑶柱和大虾。"

荣轩搅动着盘子里的米饭，沉默了一会儿，突然问："谢小姐，你会唱京剧吗？"

依依呆滞了："不……不会啊。"

荣轩露出失望的神色："不会就算了……唉，不知怎么回事，今天不听京剧就吃不下饭。算了，午休提前结束，你通知各部门到我这里来开会吧。"

依依大惊失色，这、这怎么行！

万一被经理们知道因为她这个特助没有唱京剧给总裁听，导致总裁吃不下饭提前开会，她肯定会被经理们恨死的！

于是，她只能硬着头皮："等等！荣先生，刚才我一下子没想起来，其实我会唱京剧的！"

荣轩立刻露出饶有兴趣的神色："哦？你会哪些曲目，什么唱腔？"

依依咬牙:“唱腔我不懂,不过,我……我小学的时候学过《红灯记》!”

荣轩在心里“……”,这东西他小时候也学过,呃,就跟学习通俗歌曲没什么两样吧,毫无技术含量可言。

不过,他还是很给依依面子的让她表演了一曲。这天中午,总裁大人就在特助小姐荒腔走板的歌声中,心情很好地吃完了整盘海鲜时蔬饭,顺便把红菜汤也喝得一干二净。

第三天,依依为荣轩挑选的是白米饭配鱼香肉丝和香菇菜心。

荣轩认真吃完了鱼香肉丝,把香菇菜心扔在一边,然后装模作样地看起了报纸,愁眉紧锁。

依依连忙问:“荣先生,有什么问题吗?”

荣轩甩了甩报纸:“俄罗斯皇家芭蕾舞团开始中国巡演了,我很想去看,可惜没时间。”

依依赔笑:“荣先生日理万机,工作太忙也是没办法的事。”

荣轩更加忧愁:“也是,那今天就干脆破罐子破摔,我不吃饭了,去下面的部门巡视。”

妈呀!

午休时间是下属们原形毕露的时候,总裁此时去巡视,岂不是要把各种偷懒摸鱼的行为逮个正着?万一大家刨根问底,发现是特助没挽留住总裁,没让他认真吃饭认真午休,那她谢依依铁定连死都不知道怎么死的!

没办法,为了保命,依依心一横:“荣先生,其实我有芭蕾舞基础的!如果您不介意的话,我就献个丑?”

于是,这天中午,当秘书们吃完饭回来的时候,看见特助小姐正在总裁面前表演某种不知名的舞蹈。而总裁先生居然一边欣赏舞蹈,一边把整份平常从来不碰的香菇菜心全都吃光了。

秘书们震惊了。

接下来的一整个下午，大家都在对依依的奇异本领窃窃私语，让她如坐针毡。好不容易熬到下班，依依抓起包就要冲出办公室。

今天是星期五，跌宕起伏犹如电视剧的一周终于结束了！依依打算周六约上米嘉好好吃饭逛街，外加狂聊一通，然而就在她的屁股即将离开椅子的前一瞬间，电话机的红灯亮了起来，里面传来总裁大人淡定的声音。

“谢小姐，明天正常上班。”

“什……什么……？”依依石化了。

“你是我的特助，上班时间是跟着我走的。我明天有几个重要的会议要主持，希望你能在十点之前赶到公司，好好睡个懒觉吧。”

荣轩说完，就掐断了电话。

依依呆滞地坐在位置上，而明天不用上班的秘书们鱼贯而出，一边离开秘书室，一边对依依投来同情的眼神。

睡你妹的懒觉啊！睡醒了还不是要上班！

依依在心里哀号。

苦逼的助理生活就这样进入了第五天，在这个阳光灿烂的周六，依依哭丧着脸在洗手间里梳妆打扮，哭丧着脸自己坐公车去上班（周末公司没有班车）。

而早已把公司当成第二个家的总裁大人，已经很习惯全年无休的生活了。中午开完会以后，他一边观察着依依身上的新披肩，一边悠闲地啃完了一只螃蟹。

今天上班的人不多，员工餐厅却还照常营业。因此，依依买到了平常超级抢手的螃蟹，以及总裁大人指名要吃的番茄蛋炒饭。

一边监督总裁大人吃饭，依依一边在心里哀悼自己失去的休假日。然而，就在荣轩准备进食蛋炒饭的时候，眼尖的依依突然发觉番茄有问题，眼疾手快地把它从荣轩面前抢走了。

总裁先生一筷子戳在了桌子上，然后，他抬头困惑地问："怎么了，谢小姐？要我减肥吗？"

依依连忙拼命道歉："对不起对不起，荣先生，我没有注意到这份不是番茄蛋炒饭，是餐厅的新品——柿子蛋炒饭！抱歉，我买饭的时候没有认真看标牌。"

荣轩越发困惑："我不介意的，柿子也不错。"

于是，依依用彩色水笔手绘了三张16K尺寸的图表，向荣轩阐明螃蟹和柿子为何不能一起吃，才总算阻止了总裁大人做傻事。

午饭之后，又是开会。

依依在会议室为经理们倒上茶水，然后回到自己的座位上，表情呆滞，两眼放空。

心中在泣血，周末啊，她的周末啊……总裁和那群经理都不知道双休日为何物的吗？赶快把她的周六还给她！

足足哀悼了半小时，依依才总算稍微缓过神。

她来到茶水间，从冰箱里取出早上带来的素食便当，放在微波炉里"叮"了一下。这阵子，每天都在员工餐厅大鱼大肉，嘴里有点上火，依依是讲究健康生活的好姑娘，也十分擅长烹饪，因为今天上班之前的时间比较充裕，她就给自己做了素食便当，清清肠胃。

捧着热乎乎的便当回到座位上，她上网搜了一部美国喜剧片，一边看一边吃。吃完便当，她从抽屉里摸出一罐咖啡；喝完咖啡，她又撕开一袋薯片；吃完薯片，电影也正好播完，她就开始打植物大战僵尸……

哼，反正今天是周末，总裁大人又在开会，谁也管不了她摸鱼。

因为周末被夺走而赌气的苦逼小员工，就这样使劲地吃，使劲地玩，使劲地摸鱼……直到三个小时以后，总裁宣布散会，经理们离开了会议室，她依然沉浸在电脑游戏的世界里。

荣轩走出会议室的时候，听见依依的电脑里传来音乐声。不过既然今天是周六，总裁大人也没有为难下属，而是故意咳嗽了几声。

听到咳嗽，依依立刻回过神。她以飞快的速度关掉游戏，抬头冲荣轩笑笑：“老板，会议结束了？”

荣轩点头：“嗯，等会儿你叫清洁工把会议室收拾一下。”

“好的。”依依一边应声，一边收拾桌子上的零食包装。荣轩不关心依依喜欢吃什么零食，但是注意到了桌上的一个空饭盒。

“这是你的？”他饶有兴趣地看着那只浅绿色饭盒，盒子的侧面还画着一只小兔子。

“是我的。”依依脸一红，连忙把饭盒盖上——呜，油腻腻的脏饭盒被总裁大人看到，好丢脸啊。

不过，总裁大人不但没有嫌弃，反而似乎越发有兴趣：“谢小姐，没想到你还会做饭？”

依依觉得有点奇怪：“会啊，怎么了？”

荣轩继续问：“那你的手艺怎么样？”

一听这个问题，依依立刻骄傲地挺胸抬头：“非常棒！”

关于烹饪，依依是非常有信心的。她可是三四岁就搬着凳子站在灶台前掌勺的贤惠姑娘，当年在自家的整个小区都是声名赫赫的！

荣轩还是第一次看到依依这么自信的样子，一时间也觉得有些意外。

他笑笑：“原来如此，难怪你介绍蔬菜营养成分的时候，总说得头头是道。”

依依摇头：“这个可跟那个没关系，我之所以对营养成分比较熟悉，是因为平常工作很辛苦，所以更加需要关心照顾自己，随时都得补充身体缺乏的各种微量元素。身体是革命的本钱，我可不想在年轻的时候一个劲儿地用命来换钱，年老之后又拼命用钱来换命。荣先生，虽然您现在还年轻，但也要注意生活习惯，否则年纪大了以后会后悔的……”

她说着说着，又忍不住滔滔不绝起来。

荣轩听得头大如斗，一个没忍住，伸手捏了一下依依的鼻子：“不许贫嘴。”

依依瞬间噤声，并且石化了。

总裁大人刚才干了什么！

荣轩自己也石化了。

他……刚才在干什么啊！

两人呆滞地大眼瞪小眼，然后，荣轩抢先转开视线，装作若无其事地说：“谢小姐，你懂得真多。”

依依连忙配合总裁大人，狗腿状地搔头赔笑：“还好，还好。”

“你太谦虚了，昨天中午，办公室是你打扫的吧。”

“呃，那是例外，因为清洁工生病请假了。再说吃完饭之后运动一下，有利于消化嘛。”

“那好吧，不过，前天杨秘书的袖子裂开了，是你帮忙缝的？”

“哦，因为当时我正好在场。杨秘书当时急着要去见客户，袖子坏了这么行？多丢脸。”

“但是那天你还带了自制蛋挞请同事们吃，教丽莎把游戏通关，为姚秘书介绍了一家剑道培训班，告诉薇雅附近哪里有漫画书店，帮张小姐买到了市面上早已断货的碟片……”荣轩滔滔不绝，将依依这几天干过的事情，一件一件地数了出来。

依依越听越冒汗，总裁大人到底是有多神通广大啊！

她明明看见这家伙整天都在收邮件、读报表和开会，为什么会知道她每天都在干什么！

于是，依依只能继续赔笑：“都是小事而已，没什么大不了的。”

荣轩悠悠地看了她一眼：“可除了这些小事，你还能独立设计出五种不同风格的杂志封面，并且瞬间为伊琳娜约到两篇高质量的稿子……谢小姐，你真是无所不能。”

依依连背上都开始冒冷汗了，总裁大人不要把她做过的事情一件一件地说出来行不行啊！让人听着好恐怖！

她脸上的笑容开始僵硬："无所不能也没啥了不起的啦，女生太能干，会把周围的男性全都吓跑的，所以我至今待字闺中呢。"

这一次，荣轩没有再说话，而是默默地看着依依。

过了一会儿，他的眼神变得柔和起来，唇角似乎还带着一丝笑意："是吗？可惜，我并不这么认为。"

还没等依依弄清楚总裁大人"不这么认为"的到底是什么事，荣轩突然转身往办公室里走，他边走边说："你等我一下，我去拿工作证。今天辛苦你加班了，我请你去员工餐厅喝下午茶。"

依依震惊了。

Chapter 9 胆战心惊的下午茶

周末下午，宁静优雅的餐厅。

热乎乎的奶茶，色泽诱人的咖啡，虎皮蛋糕、奶油西凡尼、巧克力泡芙、椒盐薯饼、清甜凤尾虾……

还有一位英俊潇洒冷峻迷人的帅哥作陪。

如果帅哥不是自家老板，那就完美无缺了。

依依坐在荣轩对面，全身觉得不自在，连手脚都不知道该往哪里放。

更糟糕的是，有不少其他部门的人今天也加班。这个时间段，大家都想来一顿下午茶慰劳自己，因此餐厅里进进出出的人流不断，不断有视线逗留在依依和荣轩的身上。

哗，是平常难得一见的总裁大人！

哗，是传说中吹了总裁的枕边风之后迅速上位的坏女人谢依依！

就算不用眼睛看，依依都能知道那些视线之中蕴含的意思。

她既窘迫又羞愧，一脸做贼心虚的样子。相比之下荣轩倒是非常坦然，大概他早就习惯走到哪里都被人围观了。

这就是老板和员工心理承受能力的差距啊！依依在心中哭泣。

“怎么了，谢小姐？”看着依依别扭的样子，荣轩奇怪地问，“不用客气，今天我买单，你尽管吃。”

“不是买单的问题……”依依的声音细弱蚊蝇。

“那是什么问题？点心不合胃口？”荣轩越发奇怪，“如果你不喜欢，我也只能说声抱歉了。现在是上班时间，我不能随便离开公司，下次有机会我带你去环境更好的咖啡店。”

“也不是不合胃口的问题……”依依的声音更加微弱了，“我……和您，在公司的公共场合，面对面地坐在一起吃东西……身份不匹配啊……”

“你这是说的什么话，”荣轩皱眉，“今天是我占用了你的休息时间，请你喝一顿下午茶没什么大不了的。以前宾妮加班的时候，我也经常会请她吃饭。”

但宾妮是已婚人妻，升职步骤正常，人家站得直行得正，和我这个满身绯闻的坏女人不一样啊！依依在心里哀号。

不过，在公司里人缘差是她个人的问题，她不可能把这些话告诉荣轩，而荣轩身为大老板，也肯定没法理解员工的难处。于是，依依放弃了这个话题，转而顺着荣轩的话，把矛头转到了宾妮的身上。

“宾妮小姐的情况怎么样了？”她问。

“还好，我安排她去郊外休养了。”荣轩回答。

“那肇事者有没有找到？赔偿的问题呢？”

“根据当时路边的监控录像，警方已经确认机车负这起事故的全责，并且也通过车牌找到了肇事者。目前我的律师正在与对方协商，商量是要走司法途径起诉他，还是进行庭外和解。”

“那天在医院，荣佑说乔溪跟那些飞车党很熟，是真的吗？他什么时候会从美国回来？”依依又问。

她是真的纯属好奇，想弄清楚那位正在美国出差的秘书先生，究竟有多么神通广大。

然而，她的话听在荣轩耳朵里就成了另外一番意思——荣佑，又是荣佑！

前几天她换衣服和化妆的事情还没弄清楚，今天居然又在他面前提荣佑，那个小混账有这么大的魅力吗！

总裁大人心里憋闷，表情也迅速阴沉下来。

“谢小姐，那天在医院荣佑的话只是纯属猜测，希望你不要放在心里，”他冷冷地说，“至于宾妮的事情公司会负责解决，你只要把自己的工作做好，其他的事情不用多管。”

依依呆了一下，她说错什么话了吗？

为什么总裁大人的脸色突然晴转阴了？他是不是不喜欢员工太八卦？

一时间，餐桌上的气氛有些僵硬。而荣轩看到依依惊呆的样子，也意识到了自己的失态，立刻将视线投向了别处。

依依不敢再乱说话，她看见荣轩杯子里的红茶已经见底了，连忙拿起茶壶为他续杯。然而抓住茶壶的瞬间，她的手指不小心一打滑，红茶不幸全部打翻在了桌上。

“啊！对、对不起！”依依连忙跳起来道歉，一边喊，一边抓起纸巾按住湿透的桌面。

“没关系，我再去买。”荣轩立刻站起来，不等依依说什么，就转身快步走向收银台。

看来，两个人都很想尽快脱离这种尴尬的局面。

望着荣轩潇洒的背影，依依在心里叹息。唉，小员工果然不应该跟堂堂的大总裁共进下午茶，现在好了吧？总裁大人明显有些不开心，自己这个傻丫头，还不知道自己到底做错了什么才会惹得他不开心。

想到这里，依依有些无精打采，一边收拾桌子，一边想着等荣轩回来以后，找个借口赶紧溜走算了。就在她思考着什么借口比较恰当的时候，后脑突然被人拍了一下。

“谁啊！”依依奇怪的回过头，发现自己背后并没有人。

她一头雾水，困惑地环视着人来人往的餐厅，一只手在后脑摸索着。好痛，刚才的那一下可别把她的脑袋拍肿啊。

脑袋并没有肿。

但是，依依在头发上摸到一个黏糊糊的东西。

她收回手，当看清楚那东西的时候，心里突然一沉。

白色的，柔软的，黏腻的胶状物。

是口香糖。

她立刻飞快地转头向四处张望，但是在餐厅里的除了员工还是员工，每个人看起来都一样，根本不可能找出下手的人是谁。

依依怪异的举动，吸引了周围人的视线。当大家看到粘在她头发上的口香糖之后，所有人的脸上全无同情，只有无尽的嘲讽和幸灾乐祸，甚至还有人捂嘴偷笑起来。

心底传来一丝寒意，依依捂着头发，慢慢坐了下来。

她深深地低下头，果然在公司里，只要她一旦离开秘书室，就会在公共场合遭遇无休止的恶意吗？

有些事情，依依没有对任何人说过。其实，从她踏上特助岗位的第一天起，身边的小事故就没有停过。每一天的中午，当她在员工餐厅为荣轩和自己挑选午餐的时候，都会遭来各种视线和窃窃私语；而只要她挤在人群里抢购热门菜肴，必定会被人踩到脚，或者干脆被挤出人群。

那天，荣轩发现她又穿上了老土的平底鞋，并不是因为依依不想打扮。

实在是她前一天在餐厅里被人踩怕了，打死也不敢再穿价格不菲的新鞋。

对依依怀有敌意的人，无法踏进秘书室报复她，所以只能在公共场合欺负她。最可怕的一次是在周四，那天她刚走出公司，一只花盆突然从高空坠下，砸在她的脚边，把她吓得心惊肉跳。

这么多的事情，她都不可能让荣轩知道。

堂堂的总裁特助，如果连这点小事都忍耐不了，她还有什么资格坐在宾妮的位置上？

尽管如此，当荣轩端着咖啡回来的时候，还是发现依依的神色不对。

她一手按着自己的后脑，一副情绪低落的样子，蜷缩在椅子的一角沉默不语。

“谢小姐，你怎么了，不舒服吗？”荣轩立刻问，并且想走到依依身边看看她怎么了。

“别，”依依连忙伸手阻止荣轩，“不好意思，荣先生，我突然觉得……有点头疼。”

一时间，荣轩以为是自己刚才的失态让依依不高兴了。他有些愧疚，却又不知道怎么道歉才比较合适，只能勉强笑笑：“不好意思，是今天的加班让你太累了吧。那这些点心你带回家去，明天可以当早餐。”

“谢谢……”这个时候，依依已经连一秒钟都不想多待在餐厅里。她只是因为不能对荣轩不辞而别，才强迫自己坐在原位等他回来。

她蜷缩成小小的一团，默默地看着荣轩拿来几个塑料盒，注视他修长的手指用敏捷利落的动作打包完了那些点心。

恍惚中，依依似乎听见荣轩说要开车送她回家，但是她拒绝了。

因为，她害怕，自己无法在漫长的回家路上，继续在荣轩面前扮演完美无缺的下属形象。

这天，依依也不知道自己是怎么回到家里的。

直到洗了一个热水澡，把头发上的口香糖全部洗干净，她才感觉清醒了一点。

她用浴巾把湿漉漉的长发包住，穿着柔软的浴袍走出浴室，发现电脑屏幕上的 MSN 正在狂闪。看见对方名字的一瞬间，她的眼泪一下子就涌了出来。

在 MSN 上呼唤她的，正是她最好的朋友米嘉。

米小嘉和脂肪势不两立：“忙啥呢？周末也不跟你姐姐我聊聊。”

依依好忙："米嘉，我好伤心。"

米小嘉和脂肪势不两立："伤心！谁让你伤心？你老板欺负你？给你降薪了？调职了？取消你的年休假了？该不会你又被炒鱿鱼了吧！"

依依好忙："不是啦，老板对我挺好的。但是……其他人都觉得老板对我太好了，我最近在公司里的日子很难过。"

米小嘉和脂肪势不两立："嗅到了八卦的气息，来来来，详细说说！"

自从上一次吃火锅之后，依依和米嘉都是忙得四脚朝天，很久没有联系了。今天难得有发泄的机会，依依立刻竹筒倒豆子，把自己解决了荣轩的杂志难题、隔天立刻升职、然后深夜加班遭遇意外、在医院里莫名其妙变成总裁特助、遭受公司同事的敌意、屡次在餐厅被人羞辱等等的事情全都说了一遍。

她在键盘上噼里啪啦的打字，那一头的米嘉沉默不语，始终很冷静地审视着屏幕上一行一行的字。过了足足十分钟，依依才把自己最近惊心动魄的经历写完，倒在椅子里大口喘气。

又过了许久，米嘉弹过来一句话。

米小嘉和脂肪势不两立："你，年初去拜佛的时候，哪根香没烧对吧？"

依依好忙："我也在怀疑！"

米小嘉和脂肪势不两立："因为你和荣轩一起去医院探望宾妮，荣轩就让你临时接替宾妮的职位……他脑子没毛病吧？如果跟他同行的是一只狗，他也让狗接替宾妮？！"

依依好忙："不要这样说我老板啦……"

米小嘉和脂肪势不两立："不要说？你是假白兔真圣母吧谢依依！荣轩又不是三岁小孩子，他怎么可能不知道整个公司的人都在觊觎特助的职位！但其他人都是华荣集团的老员工了，他一个都不想得罪，只有你资历最浅脾气最好而且最容易哄骗，当时又恰好在场。所以，他就把这个烫手山芋扔给你，把你推到风口浪尖，自己躲在后面平安无事！"

依依好忙："我老板不会这么阴险的，而且他也在被人诟病啊，人家都说他是见色忘义的昏君。再说了，特助的工作职能是负责总裁在公司里的饮食起居，老板随随便便任命我这个新人，万一我没有把工作干好，他也捞不到什么好处。"

米小嘉和脂肪势不两立："等等！你说什么饮食起居？特助不就是秘书吗？"

依依好忙："不是的，荣轩手下已经有很多秘书了，他们都在秘书室工作。我也是秘书室的一员，但并不参与秘书的工作，仅仅负责照顾荣轩的生活。"

米小嘉和脂肪势不两立："那你平常都干些什么？"

依依好忙："秘书们忙不过来的时候，我就帮他们分担一点工作，什么都干。"

米小嘉和脂肪势不两立："没问你这个，是问你在荣轩身边干些什么？"

依依好忙："呃，我就是像用人那样照顾他，早上帮他在办公室准备好拖鞋，中午帮他买午餐并且监督他吃掉，晚上提醒他加班别太晚，天气变化的时候要提醒他添加衣服……哦，对了，他的办公室也是我收拾的，他不喜欢清洁工碰他的私人物品。"

米小嘉和脂肪势不两立："我无语了，原来世界上还有这么邪恶的职位！让一个风华正茂的年轻少女照顾总裁的吃喝拉撒……他空虚寂寞冷的时候，是不是还要你侍寝啊！"

依依好忙："侍寝是啥啊？"

米小嘉和脂肪势不两立："侍寝就是……算了你这么纯洁，还是别懂那种事。不过，你的前任，就是那个宾妮，是荣轩的情妇吧？"

依依好忙："别胡说，人家早就结婚了，夫妻很和睦。"

米小嘉和脂肪势不两立："那这件事可太奇怪了，咱先不谈宾妮，就谈你。你说你到底哪里比别人强，进了华荣集团没多久就捞到这个肥差？要我说，你在公司被人嫉妒简直太正常了，换成我，我也嫉妒。”

依依好忙：“我的工作真的很肥差？”

米小嘉和脂肪势不两立：“废话，你仔细想想，特助的岗位根本没有技术含量，却又拿着比总裁秘书还要高的薪水，不是肥差又是什么？”

依依想了一下，觉得米嘉的话很有道理。

担任荣轩的特助以后，她虽然整天都在忙，但忙的都是一些鸡毛蒜皮的生活琐事。这种工作既不需要学历又不需要经验，连小学生都会做。

而这时，米嘉的话又弹了出来。

米小嘉和脂肪势不两立：“所以，你再仔细想想，男老板会在什么情况下，把事少钱多的肥差安排给一个年轻未婚女子，而且这个肥差还在他的眼皮底下？”

依依开始觉得不对劲儿了。

她小心翼翼地打字：“按照电视里的剧情，能受到男老板特殊对待的女人，都是老板的小三或者情妇吧？”

米小嘉和脂肪势不两立：“恭喜你，终于清醒了，这就是目前同事们对你的看法。”

依依好忙：“……为什么会这样，这不是我想要的生活啊……”

米小嘉和脂肪势不两立：“你有两条路，1. 直接辞职，一身干净。2. 不辞职，咱们慢慢分析这件事的来龙去脉，然后商量一个解决办法。”

依依好忙：“我不敢辞职，荣轩的心思太深了，我斗不过他。”

米小嘉和脂肪势不两立：“我也这么想，Jimmy 每次提到荣轩就脸色大变，说明这家伙很难对付，肯定不是你我能斗得过的。所以，我们就选 2 吧。”

依依好忙：“好，那你说我怎么办呢？”

米小嘉和脂肪势不两立：“我先提出一个假设，你别生气哈。”

依依好忙："我怎么会生你的气。"

米小嘉和脂肪势不两立："好吧，那我的假设就是……对于你嫁进荣家的事，荣轩依然不死心。"

依依好忙："啊啊啊啊！怎么可能！我早就已经严肃地拒绝过 N 次了啊！"

米小嘉和脂肪势不两立："但是你想啊，你现在在公司做的事情，跟一个全职太太有什么两样？宾妮是已婚人妻，身份就是太太。但是你，谢依依，未婚，没有男朋友，这样的一个姑娘，干着人妻的活算是怎么回事？我看荣轩根本就是在观察你够不够贤惠，只是这次他学乖了，借着工作名义对你进行考验，让你完全没能识破他的真面目。"

依依沉默了。

她的手指停在键盘上，半天都没能打出一个字。

应该说是旁观者清吗？米嘉的一串分析让她的脑子突然清醒了，俗话说无事献殷勤，非奸即盗。荣轩平白无故就随手任命她接替宾妮，真的只是无心之举？

还是……他早有预谋？

这时，又有一行字弹了过来。

米小嘉和脂肪势不两立："人呢？你说我的猜测有没有道理？"

依依好忙："有……难怪呢，我就一直觉得自己进入华荣集团之后的经历很不寻常。原来，这都是荣轩一手安排的。"

米小嘉和脂肪势不两立："我早就这么觉得了，堂堂大集团的老总居然亲自面试并且聘用你，这件事本身就很奇怪。"

依依好忙："但是我真的不想嫁荣佑，我对他一点都不来电，充其量也只能做做朋友。"

米小嘉和脂肪势不两立："感情是可以培养出来的嘛，你看你，已经把荣佑当成朋友了，或许再过一阵子真能谈婚论嫁也说不定呢。"

依依好忙："不会的，荣佑太轻佻啦，我喜欢成熟稳重的。"

米嘉沉默了。

她的头像一直都亮着，但是半天也不吭声。

依依抱着枕头，一边刷网页一边等待着、等待着……不知等了多久，对面还是没有新消息过来。正当依依想弹米嘉，问她是不是睡着了的时候，她终于说话了。

米小嘉和脂肪势不两立："依依，我刚才想了很久，还是决定劝你一句：机会来临的时候，千万别错过。你这么好的一个姑娘，我真心希望你能嫁个好男人。"

依依一怔。

依依好忙："米嘉，你突然这么严肃，我好不习惯啊。"

米小嘉和脂肪势不两立："我也很不习惯！我是想劝你别太清高，跟荣佑交往试试看吧。嫁进荣家的机会，不是每个姑娘都能有的。"

依依好忙："但是我真的对荣佑没感觉！"

米小嘉和脂肪势不两立："真的？"

依依好忙："真的！而且，我现在面临的危机是同事的敌意，怎么才能向他们证明我和荣轩没有一腿，才是目前的当务之急！"

米小嘉和脂肪势不两立："证明个屁啊，那你跟荣轩假戏真做，真枪实弹地来一腿不就得了？"

依依好忙："你说啥！！！"

米小嘉和脂肪势不两立："我说，既然你不想嫁荣佑，可以嫁荣轩！反正只要嫁进荣家，所有的问题就都解决了，你嫁谁不是嫁啊？"

依依的脑袋"轰"的一声大了。

她盯着屏幕上"嫁荣轩"三个字看了半天，连眼珠子都快瞪出来了。

这时，米嘉开始噼里啪啦地打字："依依，你听我给你分析。为什么你在公司里的日子这么难过？因为你有着令人嫉妒的职位，却没有大

boss给你撑腰。荣轩对你的态度确实很可疑，但他从来没有明确表示过你在他心里的重要性吧？”

依依好忙：“没有，我们一直是清白的上下属关系。”

米小嘉和脂肪势不两立：“所以啊，你在公司根本没有后台，那些贱人当然敢随心所欲地攻击你。在这种情况下，你辞职只会让他们更开心，你不能走，你应该雄起，应该主动让荣轩见识到你身为女人的魅力。如果他给你一个名分，把你当成女朋友甚至跟你结婚，整个公司就绝对没人敢再欺负你。因为到了那个时候，跟你过不去就是跟总裁过不去，谁活得不耐烦了才会干这种傻事啊！”

依依好忙：“照你这么说，嫁荣轩比嫁荣佑还要划算？”

米小嘉和脂肪势不两立：“废话，荣佑那个二世祖，不管在家里还是在公司肯定都没有实权，当然是嫁荣轩划算！话说回来，你这个傻姑娘，天天跟这两个高富帅混在一起，居然没搞定他们中的任何一个，我真是替你着急！”

依依好忙：“因为我既不喜欢荣佑，又不敢跟荣轩走得太近……”

米小嘉和脂肪势不两立：“唉，所以我说你傻啊，你为什么要在荣轩面前这么狠心地把荣佑拒绝？”

依依好忙：“因为终身大事不能儿戏，这方面我很严肃的。”

米小嘉和脂肪势不两立：“就怪你太严肃，所以荣轩不敢再提你跟荣佑的婚事了。但是，他又不忍心放弃你这么好的弟媳妇，所以找借口让你担任特助，继续考验你、观察你、训练你。”

依依好忙：“真的吗？他为什么把事情搞得这么复杂，直接跟我说真话不就行了？”

米小嘉和脂肪势不两立：“你笨啊，你现在跟荣佑毫无感情基础，如果知道荣轩的打算，肯定会生气或者被吓跑，婚事就完全没指望了。荣轩是什么人？他是堂堂的大总裁啊，是狡猾的老狐狸啊。你是他看上的弟媳妇，他不会轻易让你溜走，所以，他就挖了一个这么大的陷阱让你慢慢往里钻，等你发现的时候已经根本爬不出来了！”

米嘉的话，让依依冒了一头的冷汗。

有道理，她这位闺密的话实在太有道理了！仔细想想，自己和荣佑的关系的确越来越好，而自己居然毫无察觉。这样下去的话，两三年之后会不会爱上荣佑，真的不好说！

危险，危险，幸亏她及时清醒过来了。

荣轩这只狐狸，果然老谋深算！

依依好忙：“米嘉，照你这么说的话，我岂不是非得嫁荣佑了？”

米小嘉和脂肪势不两立：“我刚才不是说了嘛，如果你真不喜欢荣佑，可以嫁荣轩。女人在恋爱中要掌握主动权，现在他们俩都在你身边转悠，占优势的其实是你，你可以慢慢挑。不过，荣家真的很有钱，在业内的名声也不错，这年头找个好男人不容易，你就将就一下在他们俩之间二选一吧。别再跟我说‘这不是我要的生活’啊，不然我掐你！”

依依好忙：“求姐姐别掐我，我认真考虑还不行嘛！”

米小嘉和脂肪势不两立：“一定要认真考虑哦，不过，我还没问呢，你不喜欢荣佑，那对荣轩的感觉怎么样？我在报纸上见过他，很帅啊，而且也正好是你喜欢的成熟稳重型。”

依依好忙：“我不知道，他是我老板，我一看到他就两腿打哆嗦，哪有闲心思考喜不喜欢他。”

米小嘉和脂肪势不两立：“他很凶吗？比 Jimmy 还凶？”

依依好忙：“不是凶，是腹黑，我永远不知道他心里在想什么啊。”

米小嘉和脂肪势不两立：“要是他能被你猜透，还当什么老板？那我再问你，如果有人问你愿不愿意嫁荣轩，你能不能严肃地拒绝？能不能像拒绝荣佑的时候那样义正词严？”

依依凝视着电脑。

脑内思考着……

思考着……

思考着……

她发现她不能！

荣轩是什么人？是她的老板，顶头上司！上司的命令，她、她不敢不从啊！这不是喜不喜欢的问题，而是有没有胆子对上司说“不”的问题，理所当然，苦逼小员工谢依依是没有这样的胆子的。

这天晚上，依依做了一个梦。

她梦见自己和荣轩面对面地坐在花园里，那个花园，就是当初荣轩面试她的地方。

梦里，荣轩在悠闲地翻看一份文件，而后突然问：“谢小姐，你愿意嫁给我吗？”

梦里的依依非常有骨气地摇头：“不愿意！”

荣轩抬头一笑：“是吗，那么从今以后，你所有的奖金和休假，全都没有了。”

瞬间，依依从梦中惊醒。

黑暗的卧室里，她满头冷汗地大口喘气。

总裁大人的声音依然回荡在耳边：

奖金和休假没有了。

没有了。

没……有……了……

好可怕的梦啊！啊啊啊啊！

这个噩梦连续做了两天，周一的凌晨，依依被吓醒之后就再也睡不着。她抓起闹钟一看，居然只有四点。

在床上翻滚了一会儿，觉得再也没有睡意。于是依依只能起床，去厨房开灯做便当。

周六晚上，聊完情感问题之后，米嘉又向依依提了一个建议。

既然贱人同事总是在员工餐厅欺负依依，她干脆就别去餐厅了，每天自己带便当搞定午餐。依依想了一下，觉得这办法不错，决定以后每天在家里把自己和荣轩的午餐准备好，带到公司去。

餐厅的菜色虽然多，但来来去去就这么几大类，荣轩总是不肯吃。而如果依依自己安排菜色，就更能控制营养的均衡和饭菜的口味，也能编出更多的甜言蜜语骗总裁大人吃饭。

唉，男人啊，不管到了多大年纪，都是这么幼稚。

依依一边在锅子里煎蛋卷，一边叹气。

“这是什么？”荣轩盯着面前粉红色的塑料饭盒，饭盒侧面还画着一只小熊图案。

中午，他正在为午饭吃什么而苦恼的时候，他的特助小姐眨着眼睛把脑袋偷偷探进来，手上捧着这只冒着热气的饭盒。

盒子里装满了色彩斑斓的……不知道什么东西。荣轩对食材鉴别不在行，只知道它们的外观比员工餐厅的大锅饭要诱人得多。

不过，中间这个绿色的米饭到底是怎么回事？

他抬头看着依依，问出了刚才的问题。

“荣先生，这是我总结了上周的工作经验之后，特别为您准备的营养午餐，”站在荣轩面前，依依搓着手一脸殷勤的笑，“我想过了，餐厅毕竟是公共场合，菜肴也尽量贴近大众口味，对于日理万机的您来说未免太寒酸了。您是大老板，怎么能跟员工一起吃同样的饭菜呢？”

荣轩笑笑：“饮食方面，我不想搞特殊化。”

但是依依早就料到他会这么说，连忙摇头：“您可不能这么认为，老板的工作量和重要性，是无法和我们员工相提并论的。您吃我做的便当，这不叫特殊化，叫做资源合理分配。”

荣轩托腮，这姑娘还真会说好听话，把他奉承得相当舒服。

“那么，谢小姐，你为我准备了哪些合理的资源呢？”他指了指被围在一圈菜肴中间的绿色米饭，“这是到底什么？”

“是浸泡了菠菜汁的菠菜米饭，”依依回答，“菠菜中含有丰富的铁元素，据我所知，荣先生您不喜欢吃菠菜，理由是认为菠菜涩嘴。因此，我将菜汁和米饭混合在一起改良口味，就不会再出现您讨厌的涩嘴感了。”

荣轩依然维持着托腮的姿势。

依依以为是菜肴不合口味，连忙说：“荣先生，如果今天的饭菜您不喜欢，可以把建议反馈给我。从今以后我就是您的私人厨师，无论您想吃什么，我都能力求做到好吃、营养、色香味俱全。”

荣轩继续托腮，深邃的眼眸注视着依依。

半晌，他沉声说：“谢小姐，你的黑眼圈很重，昨晚没睡好吗？”

呃？！

依依一愣，连忙下意识地揉揉眼睛。

凌晨的时候她因为做了噩梦而辗转反侧，无奈只能起来做便当。宾妮的秘籍她已经啃完了，也对荣轩的爱好大致了然于心，因此选择了菠菜汁饭，甜味煎蛋卷，香葱小牛肉和清炒木耳四种菜色。

至于她自己，就随便找了一点冰箱里的剩饭剩菜，就算打发了。

对待总裁大人的胃，是必须不计成本十二万分用心的；至于依依自己，只要别让她再去员工餐厅就行啦。

等她好不容易忙完，天也亮了，上班时间也快到了。

但是她整个人也又累又困了……

再去睡回笼觉当然不可能，依依只能强打精神梳妆打扮，然后拎着两个便当盒出门去等班车。

因为没睡饱加上做便当，她整个一上午都昏昏沉沉。送饭给荣轩之前她还特地补了妆，没想到还是被神通广大的老板发现了。

荣轩当然不知道依依凌晨是被以自己为主角的噩梦吓醒的，还以为她是为了做便当才特意早起导致黑眼圈，内心十分赞赏。

嗯，这姑娘真是一位好员工，居然懂得主动改善工作方式，牺牲私人时间亲手做饭给老板吃。这一点，可是连宾妮都没有想到过的。

他端详着那绿色的菠菜饭，尝了一口。

是他最喜欢的家常口味，不咸不淡，少油少盐，又不失美味。

这些年荣轩早就尝遍了山珍海味，各种高端或者猎奇的食物也已经勾不起他的兴趣。某些事物发展到了顶点，就会回归自然，所以荣轩吃腻了世界各地的美食之后，最终还是想回归普通的家常小菜。

员工餐厅的食物，对他来说还是太腻味了。而依依的便当，味道刚刚好。

看着依依疲惫的黑眼圈，荣轩放下筷子站了起来："谢小姐，很抱歉占用了你的私人时间来为我做便当。我不能平白无故的让员工牺牲睡眠时间，请跟我来。"

依依困惑地眨了眨眼睛，跟着荣轩走向办公室右边的角落。

那里有一扇门，平常都是锁着的，依依也从来没有注意过。她看着荣轩把门打开，向她做了一个邀请的手势："以后，每天中午你可以在这里休息。"

依依好奇地把脑袋探了进去——哇啊，别有洞天！出现在她眼前的居然是一间卧室，而且比公关部那边的要豪华许多！

如果说夏雪夜的房间是小旅馆的普通客房，那荣轩的房间就是五星级酒店的标配。依依在想，也许是因为总裁办公室无法分割出更大的空间了，否则总裁大人一定会把这间卧室打造得像总统套房那么华丽。

"这里是我的休息室，有时加班太晚，我就会睡在公司，"荣轩说着，把一串钥匙塞在依依手里，"以后，它就交给你保管了。上班期间觉得疲倦或者不舒服，你可以随时来这里休息。什么时候我需要这个房间，你再把钥匙交给我。”

依依呆滞了。

她没听错吗？上班期间，可以、随时、来这里、休息？！

看出她眼中的震惊，荣轩笑了笑：“没什么大不了的，你的老板是我。我不需要你办事的时候，你是完全自由的，当然可以睡觉。”

依依连忙问：“那、那我回家睡觉行不行啊？”

荣轩立刻收起笑容：“谢小姐，不要得寸进尺。”

然后，他又放柔了语气：“我随时会需要你，难道……你想整天在家和公司之间跑来跑去？”

依依窘迫地搔搔脸，发觉自己的确是得寸进尺了。上班时间可以随时睡觉已经是天大的美事，她这个小员工居然还敢对睡觉的地方挑挑拣拣？太不像话了！

“荣先生，我错了，谢谢你。”她诚惶诚恐地把钥匙收好。

“不客气，希望你能随时保持房间的整洁，不要让我在使用的时候发现垃圾、污痕或者是长发。”荣轩说完，就离开房间回到办公室，留下依依一个人在这边享受。

小心翼翼地关好门，依依脱掉外套小西装，一下子扑到床上——哇啊！太幸福了！人生最大的乐事无非就是吃和睡，现在有了这个房间，她每天中午都能吃饱了就睡，简直是天堂般的日子！

呃，这样下去她会不会发胖？不行，还是应该睡半个小时，再做半个小时的冥想。

依依平常有静坐冥想的习惯，它能够放松在工作中紧绷的神经。可惜午休的时候没有地方让她静坐，她只能在电脑前打游戏或者看电影浪费大好时光，总觉得很遗憾。

现在好了，有了这个房间，一切问题都解决，哈哈哈哈哈……唔？

依依正把脸埋在枕头里做着美梦，鼻尖突然嗅到一丝熟悉的气息。

她低下头，又使劲闻了闻，整张脸突然“轰”的一声火山爆发——这这这，这不是荣轩身上的味道吗！是啊，总裁大人在这张床上睡过，所以枕头一定会留有他的味道。

幸亏这个房间里有两张床，依依像活虾似的弹跳起来，直接弹到另一张床上，蜷缩成一团惊恐地看着那张总裁睡过的床。

荣轩从来不用任何香水，只是偶尔会抽烟，所以身上有着非常清淡的烟味。那淡雅的气味似有似无，就像他本人那样温柔而深不可测，令人浮想联翩。

依依满脸通红，拼命用棉被裹住自己。

然而那清淡的男性气息仿佛始终缠绕在她的身边，挥之不去。

浑蛋！

居然把自己睡过的床送给下属睡，她的腹黑老板到底是神经太粗还是故意使坏！

Chapter 10　是谁恶意满满？

日子就这样一天天的过去。

一个阳光明媚的中午，依依哼着歌在茶水间洗烟灰缸。成为荣轩的特助已经半个月了，如今她的生活每天都围着总裁大人打转。

要说这位总裁，还真是难伺候。

天气转冷要喝甜热饮，天气稍热就喊着要冰饮料，加班的时候喜欢吃没营养的汉堡，周末上班作息不正常，干脆就连早饭都省略了……

依依每天都鞍前马后地伺候着荣轩，用各种花言巧语劝他抛弃垃圾食品，同时维持正常的一日三餐。

她觉得，自己就像米嘉说的那样，正在提前体验人妻生活，对方的脾气还超级任性。

一想到“人妻”，依依又是一阵脸红。

那天的深夜闲聊之后，米嘉就一直催着她，要她对荣轩主动发起攻击。这样她既能嫁入豪门成为贵妇，又奠定了自己在华荣集团里的地位，让那些捕风捉影的贱人同事都闭嘴。

但是，依依至今也下不了决心照米嘉的话去做。

她是多么纯良的姑娘，打从娘胎里出来就没倒追过男人，更何况对方还是位高权重的总裁大人！可她也没胆量辞职或者申请调岗，每当她鼓起勇气想对荣轩讲述自己的困境时，荣轩只要随意看她一眼，她的大脑就一片空白。

“谢小姐，有什么事吗？”

“没没没没有！”

两人的对话，总是以这种方式结束。

到了最后，依依干脆心一横，厚着脸皮继续保持目前的状态。她已经不去员工餐厅了，风言风语自然进不了她的耳朵。等再过几个月，宾妮生完孩子回来，自己就能回到《Fresh 魅力饮食》编辑部，到那时她和荣轩再无瓜葛，所有的嫉妒和敌意，自然也会消失了。

不过，事情真会那么顺利吗？

她，真的打算完全放弃嫁进荣家的机会？

有时，依依也会怀疑自己是不是真的太清高了，但她已经明确表示不会嫁给荣佑，又不可能主动追荣轩，完全不知道怎么解开这个死局啊！

右眼皮轻轻跳了一下，依依用力眨眨眼睛，心中有一丝不安。

从今天早上开始，这边的眼皮就一直跳个不停，会发生什么坏事吗？

依依无暇担心自己，心里装着的全是荣轩。他最近又在开拓新市场，每天都开会开到三更半夜，身体要不要紧？

好像，昨晚他又是睡在公司的。

依依早上去整理休息室，看见烟灰缸有使用过的痕迹，就知道荣轩昨晚没回家。

荣轩和一般人不一样，当他抽烟的时候，并不是因为情绪低落工作压力大，而是恰恰相反，说明他很兴奋，需要尼古丁来冷静一下。

最近，华荣集团陆续得到好几笔风投资金，又以低价购进闹市区繁华地段的地皮，准备大兴土木建造商住娱乐一体化的高级酒店。并且，这次董事会提出了超前的构想，一旦成功，将会在整个行业掀起一阵新浪潮。

没有比目前更好的投资机会了，因此整个荣家都牟足了全力。

荣轩是个工作狂，依依担心他累垮身体，每天绞尽脑汁地给他变换菜色和炖煮营养品。但尽管如此，荣轩这几天还是有了感冒的症状，昨天下午还发了低烧。

已经在逼着他喝泡腾片了，希望能把病情控制住。

这时，茶水间外传来一阵嘈杂，是荣轩开完会回来了。依依连忙放下烟灰缸，把炖了一上午的冰糖雪梨倒进青花瓷盅里，送去总裁办公室。

茶水间有成套的厨房用具，足够依依整天在里面鼓捣。她现在也不在家里做饭了，每天都把一堆食材带到公司，然后变出各种花样让荣轩吃下去。

“依依，又在给总裁开小灶了？”丽莎正在电脑前玩扫雷，看到依依端着盘子步履蹒跚的样子，捂嘴笑道。

“不是小灶，是大灶，等会儿大家都有份。”依依也笑，一边说，一边走进荣轩的办公室。

圣诞节就快要到了，秘书室的气氛非常轻松。大家都知道总裁大人正忙着开拓新市场，假期过完之后肯定会往死里加班，因此抓紧圣诞节的机会好好放松。

不过假期这种东西跟依依无关，她的时间表是跟着荣轩走的。只要荣轩在工作，她就不能休息，需要随时等待他发号施令。

蹑手蹑脚地推开磨砂玻璃门，依依看见荣轩靠在椅子里，正闭着眼睛轻轻按揉太阳穴。

“荣先生，”依依小声说，“您的冰糖雪梨炖好了。”

“谢谢你，谢小姐，”荣轩并没有睁开眼睛，“放在桌上吧，一会儿我自己会喝。”

“这可不行，我得监督您。上次您也说自己会喝掉，后来居然瞒着我偷偷倒掉了。”依依很不高兴地说。

荣轩睁开眼睛，看见依依不满的样子，无奈一笑：“好吧，败给你了，我现在就喝还不行吗？”

这下子，依依才总算点头：“这样才对嘛，人参红枣汤还在炖着，您记得午饭别吃太多，留一点肚子喝汤。”

荣轩刚吞了一口雪梨，差点没噎在喉咙里，他哭笑不得地看着依依：“你想把我喂成大胖子吗？整天这么吃，我会营养过剩的。”

“您昨天还是在公司过夜的呢。工作这么辛苦，当然是吃得越多越好，怎么会营养过剩？”依依不服气地反驳。

荣轩噤声了，举手做了一个投降的动作。

在衣食住行的问题上，他真的说不过这位尽心尽责的特助小姐。

这时，依依的右眼皮又跳了一下。她皱了皱眉，问：“荣先生，您有什么不舒服的地方吗？”

荣轩反问：“你说呢？”

“我是认真在问！”

“那你就认真看看我有没有哪里不舒服？低烧已经退了，上午也几乎没有咳嗽过，多谢你的悉心照料。”

听荣轩说没事，又看他的情况确实没什么异常，依依放下了心。

只要总裁大人身体健康就好了，至于那跳个不停的右眼皮，可能是昨晚没睡好吧。

于是，依依不再关心眼皮的问题，监督荣轩把冰糖雪梨吃掉以后，又为他端来便当。等到总裁大人午膳结束，趁他在办公室运动消食的机会，依依暂时把他扔下，赶去楼下办一件事。

她的目的地是办公楼的32层，也就是公关部的所在地。

上次借穿了夏雪夜的衣服之后，雪夜就去外地出差了。依依很早就把衣服清洗干净熨烫平整，却总也没有机会还给她。经过数次联络，雪夜终于说自己今天可能在公司，所以依依趁着午休时间，忙不迭地奔向公关部。

可惜的是，她依然没能见到雪夜。

偌大的办公室里空无一人，依依找了半天，才发现荣佑独自在一个房间里打桌球。

不过，依依记得自己上一次来这里的时候，这个房间还是乒乓房？

还没等她弄清楚房间变身的缘由，荣佑已经看见了她，挥挥手中的球杆："喂，你！是来找 Celia 的吧？"

Celia 是雪夜的英文名字，依依连忙点头，问："她不在？"

"有点急事出去了，大概今天不会进公司了吧。她告诉过我你今天会来还衣服，直接扔在她的房间里就行了。"

"好的，"依依点头，又问："你最近忙吗？好久没在公司看见你了。"

荣佑苦恼地搔搔头发："忙啊，忙得死去活来。我们最近在招揽新的风险投资，其中有一个金主特别喜欢打桌球，你看，我这不是在辛苦练习吗？"

"那，难道上次的乒乓球……？"

"对，也是为了能陪客户玩上几手，所以才勤学苦练。"

"你们还真辛苦。"依依同情道。

"满足客户的一切需求，就是我们公关部存在的意义！"荣佑耸了耸肩，问，"对了，上次你在员工餐厅跟人打架的事情，后来告诉我哥了吗？"

"那么丢人的事情我怎么会说！倒是你，口风紧不紧？"依依反问。

"唉，别提了，"荣佑叹息，"估计你那天打扮之后，真把他迷得神魂颠倒了。回家以后他拼命缠着我问中午到底发生了什么事，居然需要你换衣服和化妆。"

"那你怎么回答的？！"依依一下子紧张起来。

"我当然装傻说不知道啦！不过他当时的表情很严肃，该不会怀疑什么了吧？"

“应该……不会吧，”依依思索了一会儿，“因为他一直没问我为什么换衣服，对我的态度也没有变化。”

“你别太放松，那家伙的心事别人一向看不出来。”荣佑好心提醒。

“我知道，总之你别说，我也不说，让那件事烂在我们肚子里就行了，绝不能让你哥知道我干过那么丢脸的事。”

“你放心，我没这么嘴碎。”

确实，荣轩到了最后，都没能从荣佑嘴里问出依依那天中午换衣服和化妆的真正原因。

如果让荣轩知道真相，依依就死定了，所以她和荣佑互相发誓要守口如瓶。然而他们都没想到，这样反而使荣轩的误会更深。

虽然嘴上不说，但每次荣轩回想起那天中午，想到荣佑和依依在一起做了他不知道的事情，胸口就一阵憋闷。幸好他是城府极深的男人，如果换了别人，早就闹出兄弟互殴的戏码了。

而这件事，就像横亘在荣轩心中的一根刺。在连他自己都不知道的时候，他已经对自己的弟弟充满了妒意。

依依又随便跟荣佑聊了几句，然后把衣服放进夏雪夜的房间，离开了公关部。

她在想，总裁大人应该消化得差不多了，人参红枣汤也已经炖足了时间，火候刚刚好。

然而，就在她等电梯的时候，手机突然响了起来。

依依瞄了一眼，发现来电是自己不认识的号码，有点奇怪地接起来：“喂？”

电话里传来一个陌生的声音：“请问是谢依依小姐吗？有您的包裹，请到公司后门来取。”

“哦，好的。”

依依并没有多想，抓紧时间坐电梯下楼，前往对方所要求的公司后门。

最近行政部正在整顿秩序，员工不准收淘宝件，门卫也不准代收任何私人快递。这可苦了热爱网购的白领们，于是上有政策，下有对策，大家有的让朋友公司收货，有的在公司后门跟快递偷偷接头。

不过，自己最近好像没有买过东西？

当依依意识到这一点的时候，她已经走出电梯，来到公司的后门。

这里是一条空荡荡的小巷子，平常很少有人经过，正适合跟快递接头。依依东张西望了一会儿，并没有看见带着满车货物的快递人员，只有两个戴鸭舌帽的男人，正站在不远处吸烟。

依依的右眼皮又跳了一下，同时，她看见那两个男人踩灭了烟头，朝她慢慢走来。

"你是谢依依？"来到依依面前，其中一个男人问。

"对，"依依发觉对方的手臂上有文身，看起来流里流气的，下意识地后退了一步，"……那个，我的快递呢？"

男人没有说话，突然扬手甩了依依一个耳光。

啪——

随着一记脆响，依依的脸上多出了五道红印。

她一下子懵了。

"臭婊子，别以为你是总裁的女人就他妈了不起，卖 × 的贱货！"男人一边骂，一边又甩了依依两个耳光，然后往地上啐了一口，转身扬长而去。

依依怔在原地。

冷风吹在她的脸上，又冷又痛。

荣轩的休息室有一道后门，与外面的安全通道连接，平常不会有人使用。

依依从那里偷偷返回休息室，靠在墙上独自发了一会儿呆。

然后，她走进洗手间，看见镜子里映照出一张狼狈不堪的脸。

原本小巧的脸颊已经肿得老高，长发散乱，嘴角还在渗血。原来，今天会遭遇坏事的不是荣轩，而是她自己吗？

房间里暖洋洋的，依依的心中却像冰雪飘零般寒冷。

她已经尽一切努力远离那些嫉恨的视线，原来……还是不行吗？

用冷水洗了把脸，弄干净嘴角的血迹，依依走出洗手间，浑浑噩噩地坐在床上。脑子里一片空白，她哪里也不想去，什么事都不想做，也不知道该去找谁诉说。

就在这时，门突然被人推开了，荣轩走了进来。

看见依依坐在床上，荣轩一愣："抱歉，我看门没锁，以为你不在……你怎么了？"

话说到一半，他突然看见依依肿涨的脸颊和渗血的嘴角，脸色一下子变了。

"我……不小心摔了一跤，"依依勉强笑笑，"刚才……想在安全通道里爬楼梯锻炼身体，高跟鞋一不小心打滑……"

她十分佩服自己的急中生智，这个谎言既解释了她脸上的伤是怎么来的，又说明了她是从安全通道那边的门进来的。

而荣轩也完全没有怀疑，摇头叹了口气："怎么这么不小心？要去医务室看看吗？"

依依连忙摆手："不……不用了，只是外伤而已。虽然看起来挺可怕的，过几天就没事了。"

荣轩半信半疑地看着她，并没有离开房间，而是走到床头柜前，从里面拿出一个医疗箱："我来帮你上点儿药吧。"

依依大吃一惊，更加用力地摆手："不不，这怎么好意思……"

荣轩没有说话，默默地看了她一眼。

就是这一眼，让依依立刻噤声了。

老板说要帮你上药，你这个小员工有什么资格拒绝？

其实荣轩对依依的说辞有些怀疑，又不好意思刨根问底，只能借着上药的借口在房间里多留一会儿，看看她到底有没有事。他坐在床边，从医药箱里取出棉签，沾了一点红药水，轻轻抹在依依渗血的唇角。

伤口冰冰凉凉的，还带着一丝刺痛。但是依依的心，却因此感到了一丝温暖。

“荣先生，你让我刮目相看。”她忍不住说。

“别乱动，”荣轩警告，又问，“刮目相看什么？”

“我以为您四体不勤，除了工作什么事都不会干，原来您上药的技术这么熟练。”

“会不会做，和想不想做不是一回事，我没你想的这么蠢，”荣轩说着收起医药箱，把棉签扔进垃圾桶里，“今天下午你不用上班了，留在这里好好休息吧。”

“这怎么行？您下午还有一场会议，我得去布置会议室。”

“你这副样子怎么去布置会议室？要是被其他人看见了，还是以为我这个老板在体罚员工。”

依依想了一下，也是，自己红肿着脸去面对各位同事，也未免太丢人了。

于是，她不再吭声，而午休时间也即将过去，荣轩没空再在这里继续逗留。

“会议室我会派别人去布置的，你不用担心。”对依依留下这样一句话之后，他轻轻关上了门。

而此时，外面的总裁办公室里，丽莎正往里面探头探脑。

荣轩一转身就看见了她，头上冒几条黑线：“你在干什么？偷偷摸摸的。”

丽莎连忙赔笑：“老板好，依依炖的人参红枣汤烧焦了，我正在找她。”

荣轩皱了皱眉："有这种事？谢小姐有点儿不舒服，正在里面休息。今天下午我让她请假，你们都别去打搅她。"

"哦。"

"另外，你帮我把会议室布置一下，下午有一个很重要的会议。"

"好的。"丽莎点了点头，退出了办公室，立刻露出一副哭脸。

是说，她还真悲惨啊，依依一直没现身，说好大家都有份的冰糖雪梨也没了踪影。秘书室的那帮家伙怂恿她去找依依，她居然好死不死地找到总裁办公室里来，还被平白无故地派去布置会议室！

不过，依依平时总是活蹦乱跳的，壮得像头牛，怎么会突然生病了？

丽莎满腹狐疑。

不仅是丽莎，荣轩也始终对依依放心不下。依依从来不会忘记自己炖煮的东西，上次重感冒头晕眼花的时候，她还记得要等蛋挞出炉之后才请假回家，今天是怎么搞的？

她真的只是在安全通道里摔了一跤？

荣轩看了一眼紧闭的休息室，又看了一眼，心中充满了担忧。

而平白无故得到半天休假的依依，心情并没有因此好转。荣轩走了以后，她就一直坐在床上发呆，眼神茫然而空洞。

脸颊又肿又痛，嘴角火辣辣的。依依不敢去照镜子，她知道伤口抹了红药水之后，模样一定会更加可怕。

到底是谁，对她有着那么强烈的仇恨？

其实，曾经在员工餐厅欺负过她的人，依依心里都有数，但她不想怀疑他们，更不想把任何人对号入座。

她不想把事情闹到不可收拾的地步。

但是，今后她应该怎么办？在宾妮回来之前的这段时间里，她还会有什么遭遇？

依依胡思乱想着，不知过了多久，手机突然又响了起来。

她吓得浑身一震，仔细看了看屏幕，发现来电人是 Mary，才放心的接了起来。

“唷，美人，晚上有空吗？出来喝酒啊！”

依依刚按下接听键，Mary 兴奋的声音就从里面传来。她不知道在什么地方，电话里吵吵闹闹的，不停地传出有人在欢呼和吹口哨的声音。

“喝酒？喝什么酒？”依依问。

“杀青酒啊，《Fresh 魅力饮食》搞定了！”Mary 对着电话大喊大叫。

“真的？”依依一下子兴奋地站了起来，“太好啦，什么时候上市？”

“圣诞节之后吧，广告已经全都打出去了，印刷厂那边也在开工啦！”Mary 继续喊叫，心情似乎相当好，“伊琳娜今晚带我们出去狂欢，你来不来？上次说好杂志搞定以后会叫你的，我现在就来叫你啦！”

“我……”想到脸上的伤，依依一阵郁闷。

“怎么，晚上有事？”Mary 立刻问，语气里透出一丝失望。那丝失望没有逃过依依的耳朵，她立刻在大脑里快速思考——喝酒是在晚上，她的伤在灯光下应该不会太明显。而且 Mary 是满怀希望地来喊她的，她不该因为自己的私事而让朋友失望。

于是，依依立刻打起精神：“晚上我没事，一定来！”

Mary 喜出望外：“好嘞，就知道依依最够义气了！我们晚上六点出发，到时候你来编辑部找我。”

“没问题，就这么说定了！”

“OK，待会儿见！”

打完电话，依依觉得整个人精神了一些。

她悄悄将休息室的门推开一道缝，发现办公室里空无一人，荣轩不在。

他这时应该在开会，同时秘书室的同事们也在各忙各的。趁这个机会，依依蹑手蹑脚地回到自己的位置上，拿起包包，又飞快地逃回了休息室。

现在这样的脸，她真不好意思见同事。

而当她返回休息室之后，突然想到一个严重的问题——人参红枣汤还在炉子上炖着！她连忙从休息室后门进入安全通道，绕远路跑到茶水间，发现灶台已经被人清理过了，空气中飘荡着淡淡的焦味。

糟糕……依依咂嘴，她居然会犯下这么大的失误！

一向以烹饪技巧出神入化而骄傲的自己，居然会因为私事而忘记了炉子上的炖品，不可原谅！

她想了一会儿，从冰箱里拿出鸡蛋、面粉、糖、牛奶……一大堆食材，忙着做起了蛋挞。

不但忘记炖品，还麻烦同事为自己打扫厨房收拾残局，不好好感谢他们就太过意不去了。

把材料都倒在大碗里，依依抓起打蛋器飞快地搅拌起来。然后做酥皮，做蛋挞馅儿，装模具、进烤箱……过不多久，一大堆热气腾腾的蛋挞就出炉了。

依依将蛋挞放在冰箱里，又在冰箱门上写了一张便利贴，感谢大家的热情帮助，并深刻检讨自己的失误。

等到一切都忙完，时间也不早了。

依依偷偷溜出茶水间，趁没被任何人发现之前，原路返回了休息室。

为了遮掩脸上的伤痕和红药水，她洗了一次脸，又对着镜子仔仔细细地化妆，最后涂上厚厚的粉底。她本来就不擅长化妆，七手八脚终于忙完的时候，居然已经到了下班时间。

门外依稀传来秘书们互相告别离开办公室的声音，依依在房间里屏息等了一会儿，确认所有人都走光了，才小心翼翼地推开门。她的本意是在临走之前向荣轩告个别，没想到他还在会议室里，而且看样子不知道什么时候才能结束。

眼看和 Mary 约定的时间就快到了，依依只能在荣轩的桌上留了张纸条，感谢他今天的照顾，然后匆匆去等电梯。

“唉呀妈呀，我的小祖宗，你是怎么搞的？”一看见依依的脸，Mary就大呼小叫起来，“几天没见，你怎么成了这个样子？总裁大人家暴你了？”

“你在胡说什么啊，赶紧出发啦。”依依一脸羞红地挽住Mary的胳膊，她伤到脸已经够丢人的了，恨不得套个面具去喝酒。而且，想到这件事的始作俑者身份不明，可能是任何一个部门的员工，甚至可能就在杂志部的这群人中间，她的胸口立刻像堵上了一块大石头。

看依依脸色不对，Mary也知趣的不再谈论这个话题。

这时，伊琳娜从她的办公室里出来了。大家立刻前呼后拥，浩浩荡荡出发去狂欢，为了杂志，他们这阵子全都累疯了。

目的地是公司附近的一家高档俱乐部，环境幽雅，简洁而不失格调，在周边地区相当有名。伊琳娜非常豪爽，上来就让服务员开了几瓶最高档的洋酒，然后为所有人买单了自助餐外加无限时卡拉OK，让大家好好玩个够。

而最让人振奋的消息是，明天休息！《Fresh魅力饮食》的全体员工放假一天！

依依坐在角落，看着前同事们欢呼雀跃的样子，内心在泣血。为什么她不是其中的一员，为什么她不能安安稳稳地做个小编辑！为什么没有人理解，像他们这样努力工作，然后努力玩，然后努力休息，日复一日简单而坚强地努力着，才是她谢依依真正想要的生活啊！

不行，她今天晚上一定要吃个够，好好排遣一下心中的郁闷！

这一天晚上，大家都过得相当开心，俱乐部的一大半都被伊琳娜包下了。各种大大小小的包厢里，抱在一起唱歌的男同事、聚成一团八卦的女同事，还有醉倒在沙发上呼呼大睡的人随处可见。

闹到十点多，一些女员工熬不住就回去睡美容觉了，几个醉汉也被人抬进出租车里拉回家。Mary 从一开始就被人轮番围攻，不是喝酒就是唱歌，直到现在才有机会抽身，和依依坐在吧台上喝着醒酒的柠檬汁。

“怎么没看到思倩？”依依问，当她还在编辑部的时候，和 Mary、思倩是最好的朋友。

“思倩加班太累，发烧了，从昨天开始就请假，”Mary 点了一支细长的女士烟，轻吸一口，问，“你今天怎么了，情绪不太对头？平常遇到集体活动你是最兴奋的，今天怎么躲在角落里一声不吭，只顾着吃？”

依依勉强笑笑。

“跟你脸上的伤有关吗？”Mary 又问。

依依又笑，然后小声说：“我……没想到你们这边有这么多员工了，我走的时候，部门的人数只有现在的三分之二吧？”

“差不多，”Mary 点头，“杂志筹备中期，伊琳娜和管理层开了好几次会，不断修改杂志的整体风格，内容也越来越丰富。这样一来。原本的人手不够了，人事部就帮我们招聘了一批新人，素质都不错。不过，别告诉我你是怕生吧？我会笑死的。”

“不是怕生，我只是在想，今天有这么多人在场，我参与其中会不会……不太合适。”

Mary 弹了弹烟灰。

她没说什么，但是依依知道，她已经明白了自己的意思。

过了一会儿，Mary 叹息：“你的担心也不是没有道理，自从你成为荣轩的特助之后，公司上上下下闹了好一阵。那个职位的性质本来就比较特殊，你懂的，前天吧，我因为你的事还跟财务部的那几个贱货吵了一架。”

依依一惊：“吵架，为什么要吵架？”

“当然是因为听见他们在背后说你的坏话，我气不过啊，小笨蛋。”Mary 笑着戳戳她的额头。

“Mary，谢谢你，你真的不用跟那帮人一般见识，”依依心里涌起一阵暖意，“我只是暂代宾妮的工作而已，等她生完孩子之后我就会回来，到时一切风言风语自然都会平息下去。”

“你啊，就是因为神经这么粗又好欺负，才会被那些贱人得寸进尺的，”Mary 无奈地摇着头，“希望荣轩真的能实践诺言，到时候会把你放回来。”

两人正聊得专心，不远处却传来一个轻佻的声音：“唷，这不是老板身边的大红人谢小姐吗？”

依依抬起头，看见一个年轻男人正醉醺醺地朝这里走来。他身后还跟着另外两个人，三个醉汉手里拎着几个啤酒瓶，喷着酒气走到依依和 Mary 面前，将酒瓶“咚”的一声砸在吧台上。

“你们怎么还不回家？都喝成什么样了，”Mary 嗔怪地看了他们一眼，回头对依依说，“依依，这三个人也是我们部门的新员工，乔乔，阿森，Ben。”

“你们好。”依依尽量礼貌地笑了笑。

“不愧是秘书室的女人，气质就是不一样。”阿森对着依依嬉皮笑脸，他的眼睛里布满血丝，整张脸也因为醉酒而泛着红晕。

“阿森，你客套个屁啊！”乔乔用胳膊肘顶了阿森一下，顺便打出一个酒嗝，“……嗝儿，哈啊……谢小姐，我们三个人呢，都对你久仰大名。你年纪轻轻就鸡犬升天，真不容易！来，敬你一杯！”

依依对他乱七八糟的成语哭笑不得，Mary 则眼疾手快地挡住了他递上来的酒杯：“乔乔，别说笑了，我们大家今天都喝得够多了，别再喝了，稍微聊一下就回家休息吧。”

“Mary，你这就不够意思啦。难得伊琳娜请客，我们不喝够本怎么会走呢？”一旁的 Ben 嬉笑道，一边说，一边朝依依抛了个媚眼，“谢小姐，你说是吧？”

依依笑笑："抱歉，我也和Mary的想法一样。时间不早了，大家赶快回家去吧。"

砰——

此言一出，阿森突然往吧台上猛捶了一拳："臭婊子！他妈的别给你连不要脸，哥几个看得起你才来请你喝酒，谁他妈的不知道你是老板穿过的破鞋！"

啪！

阿森话音未落，Mary突然甩了他一个耳光："阿森，你给我说话嘴巴放干净点！赶快向依依道歉！"

"我他妈说错了吗！"阿森立刻脸红脖子粗，抄起酒瓶就砸向Mary。因为醉意，瓶子远远偏离了目标，从Mary身边飞过，砸在地上发出一声巨响。

俱乐部顿时鸦雀无声，众人四处张望，看见是阿森在发酒疯之后也并不以为然，继续自顾自地吃喝玩乐。

Mary脸色苍白，她知道这几个新员工年轻气盛，而且一喝酒就判若两人，什么蠢事都干得出来。她也懒得再跟阿森理论，回头抱歉地看了看依依："真对不起，这帮小浑蛋在你面前出丑了，回去我会叫伊琳娜好好教训他们的。"

依依被刚才的酒瓶子吓坏了，呆了一会儿，才惊魂未定地抓住Mary的胳膊："我不生气，倒是你有没有事？"

Mary还没有说话，乔乔已经大笑起来："哈哈哈哈哈蠢女人，看你吓成那副熊样！老板是老眼昏花了才会睡你吧！"

"你……"Mary的脸色白了又青。但依依却毫不在意，苦笑着拽住Mary："算了，别跟他们一般见识，这些话我早八百年前就听过了。"

"唷，谢小姐还装得挺大度？"阿森冷笑，"估计老板私下里给了你不少好处，让你无所谓在外面被人说成什么样吧？"

“老板没有给过我任何好处。”依依尽量冷静地说。

“喊，谁信啊！这年头还有人包养情妇不给钱？哈哈哈哈别笑死人了！”

“老板不是那种人。”

“哎哟，还拼命给你家金主说好话？来不及喽，全公司上下都已经知道他的真面目了！啧啧，没想到那个男人装得一本正经，背地里居然干那档子事……”

“老板不是那种人。”依依的脸色有些变了，而Mary迅速觉察到了她的不对劲儿，连忙推推阿森，“别胡说八道了！依依生气了，你赶快给她道个歉。”

“哈哈，道歉？”阿森仰天大笑，抓起一个啤酒瓶，狠狠砸在依依面前的吧台上，“你把这瓶酒喝光，我就跟你道歉，怎么样？”

“阿森，别胡闹！”Mary冷着脸，“依依喝不了那么多。”

“不，”然而，依依阻止了Mary，拿起那瓶酒看着阿森，“你说，我把它喝完，你就道歉？”

“一言既出驷马难追！”阿森拍着胸脯。

“好啊，”依依笑笑，“不过，我另有要求。如果我喝完这瓶酒，我不需要你们向我道歉，而是要亲自跟总裁先生道歉，怎么样？！”

此言一出，大家都愣住了。

三个醉汉的酒顿时醒了一小半——天哪，这女人搞得清楚自己在说什么吗？这是俱乐部从国外空运过来的高度数北欧啤酒，不是市面上那种白开水一样的扎啤！

而Mary则是搞不懂依依的想法，为什么她不要这三个人跟自己道歉，而要对荣轩道歉？总裁根本就不知道今天在这里发生的事，她何必要在老板看不见的地方维护他的利益？

显然，在场的所有人都不明白依依的心。

这三个倒霉的醉汉，非常准确地点燃了让依依发怒的导火线。

如果在往常，她尽管可以对这些流言蜚语一笑而过。但是今天，在中午莫名其妙挨了一耳光之后，她的情绪就一直找不到宣泄口。

当然，她不会要求这三个人对自己道歉，她不稀罕；她想要的，是这三个人亲口向荣轩道歉，让他们看看胆敢在背后诋毁总裁的下场！

静默了一会儿，乔乔打破了沉默。

他讪笑几声："呵呵，大家都是同事一场，不要伤了和气嘛。这样吧，我们三个对你一个，我们喝三瓶，你喝一瓶，怎么样？喝完以后，谁先倒下就算输，都不倒就算平局。"

"随便你们。"依依看都不看他一眼。

"依依，你不是真的要喝吧？" Mary 连忙拉住她，发觉她的情绪很不对劲。这样的依依，似乎并不像单纯在发火，而是因为某些原因，急于要给情绪寻找一个发泄的机会。

当一个人心情不好到极点的时候，就会想喝酒，或者做出一些不理智的举动。

依依现在的行为，正是如此。

然而，面对 Mary 的劝阻，一向温柔的依依今天却并没有听她的话。她一把甩开 Mary，抓起吧台上的啤酒咕噜咕噜一通猛灌。

辛辣的味道在口腔内扩散开，火辣辣的热意沿着食道一路滑进胃里，像是瞬间烧起了一团火。

依依踉跄了几步，抹了抹嘴，将酒瓶用力砸在吧台上。

"我喝完了……该你们了……"她露出一个朦胧的微笑，眸底荡漾着旖旎的水光。

Chapter 11　喝酒会误事，误大事

深夜，街道上已经一片寂静，只有某家通宵营业的俱乐部里，依然传出隐约的喧闹声。

“咚！”

阿森倒在吧台上，继酒力最差的Ben之后，他也支持不住依依的攻势，一头栽倒了。

“哈哈哈！你也不行了吗……喝！再喝啊！”依依抓着酒瓶依靠在吧台旁，一手指着阿森哈哈大笑，然后仰头又是一阵咕噜咕噜地猛灌。

“好样的！你这女人真够劲儿！”一旁的乔乔跷起拇指，不甘示弱地打开一瓶新酒，跟着依依一起大喝起来。

旁观这一切的Mary已经急坏了。

这场由男人挑起的拼酒，从一开始就乱了阵脚。刚才，三个男人抢先干完了三瓶啤酒，而依依也不甘示弱地一口气喝下一瓶。

双方都没有喝倒，当然不肯以平局结束这场比赛。于是乔乔一扬手让酒保搬来一打，誓把依依喝到趴在地上爬不起来。而已经醉红了眼的依依也不顾Mary劝阻，欣然接受乔乔的挑战，三男一女你来我往，一个一个的酒瓶迅速见底，最后空瓶子几乎堆满了整张吧台。

“依依，别喝了，”眼看依依喝完一瓶又要去拿另一瓶，Mary连忙从后面抱住她，“再这么喝下去会出事的！”

“Mary你走开啊，让我喝！”依依在她怀里拼命扭动，伸长胳膊使劲去摸吧台上的酒。

这时，灌完一瓶酒的乔乔开始摇摇晃晃。

他的双眼直直地看着依依和Mary，满脸通红，然后一下子重重地倒在吧台上，呼呼大睡起来。

“哈，哈哈哈哈哈哈！”依依顿时激动地跳起来，转身一把抓住Mary的肩膀猛力摇晃，“看到没有，看到没有，我赢啦！”

“是的，是的，你赢了，快点放开我……”Mary的肩膀被依依抓得生疼，勉强从牙缝里挤出声音。

“我赢了！我赢了！”依依醉醺醺地重复，手指颤抖着从怀里摸出手机，翻开通讯录。

“你在干什么？”Mary想阻止她，但还是慢了一步，电话已经拨出去了。在等待接通的时间里，依依趴在吧台上，一边抓着手机，一边对Mary傻笑：“呵呵呵，我赢啦……我……要这群浑蛋亲自跟他道歉！亲……自……”

此时，在华荣集团的总裁办公室里，荣轩刚刚结束一场会议，正准备下班回家。

当手机响起来的时候，他看见屏幕上的号码十分惊讶。依依下班之后从来不会打搅他，只有他自己才会在有事的时候主动联系。

“喂？”荣轩立刻接了起来，听见里面传来一阵疯疯癫癫的笑声。

“哈哈哈哈，老板，我抓住三个叛徒！”俱乐部里，依依一边大喊，一边手舞足蹈，“那三个浑蛋居然敢在背后说你的坏话，我把他们放倒了，让他们亲自来跟你道歉！”

荣轩一头雾水。

而依依说完话之后，迷迷糊糊地回头去找那三个男人。

对方早就睡得不省人事，巨大的鼾声此起彼伏。看着他们一动不动的样子，依依怔了怔，她醉得厉害，脑袋晕乎乎的，看见他们这副样子，一时不知道怎么办才好。

趁这个机会，Mary 一把抢过依依手中的电话。

“荣……先生……”她犹豫着开口。

“你是谁？”听见这个陌生的声音，荣轩越发奇怪。

“我是传媒部的 Mary，是伊琳娜手下的人。”

“伊琳娜？哦，你好，听说她今天带你们出去聚餐了？”

“是的，其实……发生了一点儿事，”第一次听到总裁冷静低沉的声音，Mary 觉得自己心跳加速，她定了定神，才鼓起勇气说，“……依依她，醉倒了。我不知道她住在哪里，能麻烦您送她回去吗？”

听到“醉倒了”三个字，荣轩心里一沉。

他立刻向 Mary 问清楚俱乐部的地址，然后抓起车钥匙冲出了办公室。

俱乐部离公司并不远，荣轩五分钟之内就赶到了。那个时候，Mary 已经找人把乔乔他们送回家去，自己则留下来陪着依依。

冲进俱乐部，荣轩一眼就看到依依趴在吧台上，一动不动。

一个打扮入时的年轻 OL 正守在她身边，一脸焦急。

“你们是怎么搞的？”这个时候，荣轩也顾不上寒暄了，走到吧台边劈头盖脑就问。

Mary 抬起头，看见传说中的总裁大人，立刻忙不迭地站起来：“荣、荣先生好！”

荣轩挥挥手：“不要打招呼了，你就是 Mary 小姐吧？我在问你这是怎么回事。”

“是这样的，我们部门的几个小家伙不懂事，在依依面前说了几句不中听的话。依依一气之下跟他们拼酒，然后就……”Mary 犹豫地说。

“谢小姐不是这么小心眼的人，”荣轩皱眉，“Mary 小姐，我不希望你隐瞒，请把这件事的来龙去脉完完整整地告诉我。”

总裁大人的命令，小员工哪有违抗的胆量。

Mary 连一秒钟都不敢犹豫，连忙将依依如何接受自己的邀请，下班之后如何与自己见面，刚才同事们如何骚扰依依，如何诋毁她和荣轩，最后依依又如何提出以向荣轩道歉为条件拼酒的事情，都原原本本说了出来。

听完，荣轩的表情并没有多大的变化。

过了一会儿，他问："谢小姐今天的情绪和平时相比，有没有什么不对劲儿？"

Mary 斟酌着词句，小心翼翼地回答："依依她……好像有一点不开心。"

"她的脸受伤了，有没有告诉你是什么原因？"

"没有，我试着问过，但她似乎不愿意说。"

荣轩皱了皱眉。

如果依依的脸真像她自己所说，是上楼梯的时候不小心摔的，她没有理由会不告诉自己的朋友。荣轩隐隐觉得，依依受伤的事，可能就是引发她情绪失控与人拼酒的导火线。

"荣先生……"这时，Mary 鼓起勇气，小声说，"我跟您不熟，也不敢越权乱说话。但是今天既然遇到了您，我告诉您一些事……"

"请说。"

"其实……依依她，并不像她看起来的那么快乐，所以希望您能多关心她。"

"什么意思？"

"您的人事任命，给她带来了一些困扰……抱歉，我多嘴了。"

荣轩露出了然于心的表情。

他当然对 Mary 的话心领神会，总裁特助这个岗位的特殊性，他比任何人都要清楚，当初宾妮被任命的时候也传出过不少风言风语。不过，荣轩并不觉得依依会脆弱到受不了这些诋毁，这也是他选择她接替宾妮的原因之一。

“我想，谢小姐自己有能力应付那些小事的。”他淡淡地说。

“是的，依依的确扛得住那些针对她的谣言和诋毁，她甚至根本从来没有在乎过，”Mary点了点头，“但是……但是您不知道吧？在她心里，您的名誉比她自己的更加重要。依依在我们面前从来没有为自己辨解过一句话，可她从不允许任何人污蔑您，她始终都在维护您！”

她说着，情绪有些激动起来。

荣轩微微一愣。

他倒是从来没听说过这种事，依依在背后维护他？维护什么？他根本不需要。

但是，Mary的话让他很在意，他觉得自己有必要趁今天的机会，弄清楚依依背着他到底干了些什么。

“Mary小姐，如果你不介意的话，我们详细谈谈谢小姐的事？”

“抱歉，我所知道的都已经告诉您了，剩下的你得自己去问她，”Mary笑笑，“那么，我就不打搅你们了。如果今后你们有机会修成正果，别忘了喊我喝喜酒。”

说完，她背起挎包就离开了俱乐部。

Mary是一个头脑清醒的人，她不会无休止地对荣轩讲述依依的难处。有些事情，最后依然需要当事人彼此自己去解决。

而荣轩看着Mary离开的背影，有些无语。

这姑娘一开始还挺冷静，怎么说着说着就开始胡说八道了？果然是伊琳娜手下的人，既八卦又唠叨的劲头儿跟伊琳娜一模一样！

时间已经很晚了，俱乐部里只剩下了依依和荣轩两个人。荣轩为依依叫了一杯热柠檬水放在吧台上，然后坐在旁边等着她酒醒。

带着柠檬酸味的热气从玻璃杯里飘出来，钻进依依的鼻子里。起先她一动不动，过了一会儿吸吸鼻子，轻轻打了个喷嚏；再过了一会儿，她就迷迷糊糊地揉揉眼睛，稍微清醒了一点。

“醒了？”荣轩拍拍她的背，“喝点柠檬水吧。”

依依抬头看了他一眼，发出口齿不清的声音：“……荣……轩……？”

荣轩一愣，好家伙，平时一副乖乖软软的样子，喝醉了酒居然敢直呼他的大名？

而下一秒，更让他震惊的事情发生了——依依突然一拳砸在他的胸口，愤怒地大喊起来：“荣轩你这个王八蛋——！”

荣轩毫无防备，被她这一拳砸得眼冒金星。

“王八蛋！”依依继续砸出第二拳，砸完以后一头趴倒在吧台上，呜呜大哭起来，“……王八蛋，你这个王八蛋！呜呜呜呜…………”

荣轩一头雾水，咬牙捂着胸口：“谢小姐，有话好好说。”

俱乐部的酒保早就见惯了客人喝醉以后丑态百出的样子，淡定地在一旁擦拭酒杯。只是，他默默地想，这位男士完全不会安慰姑娘嘛，情商堪忧喔。

“说什么说！有什么好说的！”依依一边呜咽，一边抓起杯子灌了一口柠檬水，“我要做编辑！我要做行政！我不要做你的小蜜啊，你懂不懂！你到底懂不懂！”

她喊着喊着，开始猛捶吧台，捶得砰砰作响。

看她真是醉得不轻，荣轩哭笑不得。

不过，这样的机会真是难得，他定了定神，开始发挥总裁谈判的本事，从依依的嘴里套话。

“小蜜是怎么回事？”他问。

“小蜜就是小蜜啦！全公司都在说！”依依呜咽，顺手又灌了一口柠檬水。

“你是说，华荣集团的人污蔑你，你生气了？”荣轩继续问。

“他们不但污蔑我，还污蔑你！”

“我？污蔑我什么？”

“说你是见色忘义的昏君！说你在公司乱搞男女关系！说你这，说你那，呜呜呜……”依依说着说着就哭了起来。

荣轩觉得很好笑，他没想到依依会把这些谣言记得这么清楚。

他十四岁就开始进入华荣集团实习，带着荣家的光环承受了旁人无法想象的压力。比刚才那些更加尖刻和难听的言语他遭遇过无数，早就练成了金刚不坏之身。

他甚至觉得，让部下在背后八卦一下自己没什么不好，这也是让他们缓解工作压力的一种方式。他想劝依依说想开点，话到了嘴边，却想起 Mary 刚才的告诫。

在依依心里，您的名誉比她自己的更加重要。

于是，荣轩立刻换了一套说辞：“那么，华荣集团的人污蔑我和污蔑你，哪件事让你更生气？”

依依醉眼蒙眬地看着他：“污蔑你！”

荣轩越发觉得好笑：“为什么？”

“因为你是我的老板，员工维护老板的权益不是天经地义的事吗！”依依虽然醉，说起话来倒还是跟平常一样，一套一套的。

看着她认真回答的样子，荣轩突然感到一阵温暖。他情不自禁地伸出手，摸了摸依依的头：“你也太乖了。”

没想到，依依一巴掌抽开他：“滚！谁稀罕你的表扬！”

荣轩一头黑线。

旁边的酒保差点笑出声。

紧接着，依依又趴回吧台上，继续一边哭一边捶桌一边喊：“我恨你！荣轩你这个王八蛋，我恨你啊！万恶的资本家，黑心破老板！我干吗要整天围着你转，我干吗要拼命维护你的利益，还为了你跟别人打架！我贱啊我！”

听到倒数第二句话，荣轩立刻警觉起来。

他一把抓住依依的肩膀：“打架是怎么回事？”

依依躲避着他的视线，发丝凌乱，眼角渗着泪水：“打架，还能是怎么回事？他们骂我，我无所谓，反正我也不会在特助的岗位上待一辈子。但是……我受不了他们诋毁你！所以，一时没忍住，在员工餐厅里泼了菜汤……荣佑帮我……衣服都不能穿了，借雪夜姐的……不能，不能告诉你……”

她一边说，一边用力摇着头。

但荣轩已经抓住了她话里的关键词，连忙追问：“你在员工餐厅里被人泼了菜汤？什么时候的事？是不是你换衣服和化妆的那一天？”

依依抽泣着不说话，可能在潜意识里，她依然警告着自己，不能把那件事的实情告诉荣轩。

荣轩追问了好几次，依依还是一声不吭地流着泪。最后，她一把挣开荣轩的手臂，趴在吧台上委屈地哭了起来。

“我不要做特助……呜呜呜……我不要做特助啦……呜呜呜呜……”

荣轩望着依依颤抖的肩膀，想了一会儿，拿起手机翻出一个号码。

“喂？洛雷，把12月3日中午员工餐厅的监控录像发到我的手机上……别啰唆，叫你发就发！”

白洛雷是公关部的信息专家，算是公司信息科的编外人员。几秒钟之后，荣轩的手机就接到了他发来的视频，华荣集团的监控系统非常先进，图像清晰而且录下了声音。荣轩打开视频，终于看到了那天发生在员工餐厅的荒唐一幕。

画面上，依依起先面对一个女人的挑衅百般忍耐。但是，当另一个男人喊出“荣轩是见色忘义的昏君”时，她的脸色一下子就变了。

荣轩看着画面上的依依抄起一碗菜汤泼向对方，不禁扶额叹息。

这小丫头到底在干什么！堂堂的总裁特助居然为了一点儿小事在餐厅跟人打架，像什么样子！

而当他看到平息这场风波的人是荣佑之后，也终于大致猜到了后来的事态发展。依依跟人打成那个样子，原本的衣服自然是脏得不能穿了，所以荣佑带她去公关部找了夏雪夜借衣服，爱美的雪夜就顺便替她化了妆。

当然，没有人敢把这件事告诉他这个老板，因为那实在太丢脸了。

确实，荣轩看完视频后，真的有一瞬间想把依依揪起来臭骂一顿。看她醉得厉害又哭得很可怜，才勉强作罢。

原来如此，原来这就是那天依依换衣服和化妆的真相。

荣轩真不知道该如何评价依依和公关部的这一连串荒唐行为，只能叹着气删掉了视频。

到了这个地步，他已经能猜到依依情绪低落和行为失控的原因。

估计自从升职之后，她在同事圈子里的日子就不太好过，走到哪里都被人指指点点，所以现在连员工餐厅都不去了。荣轩本人对各种谣言早就习惯了，但依依毕竟还年轻。

况且，荣轩没想到依依身为员工的忠诚度居然这么高，时时刻刻都在维护他的利益。

在依依的眼里，老板的名誉，居然比她自己的名誉更加重要。

真是傻得可爱。

至此，荣轩也不想再继续套她的话了，他看着依依哭完，闹完，喝完一整杯柠檬水，开始继续呼呼大睡。这一觉，他也不知道这姑娘什么时候才会再醒，干脆一把将她扛起来，带出俱乐部送她回家。

当初面试依依的时候，荣轩就记住了她写在简历上的家庭住址。

他开车把依依送回她所在的小区，中途发现了一个熟悉的地方。

那是很久以前，他们第一次见面的时候，依依把他当成黑车司机，然后中途下车落荒而逃的地方。这个地方，距离小区有很长一段距离，荣轩在想，自己当初是干了什么事，把这姑娘吓成这副模样？

他在心里笑笑，那个时候，他从未曾想过，那个萍水相逢的姑娘会有一天成为自己身边不可或缺的一部分。更让他没想到的是，依依居然一直在他看不见的地方，在无数对他满怀敌意的人面前拼命地保护他。

为什么会这样呢？

他怎么会需要一个如此娇小柔弱的女子来保护他？至少，也应该是他保护她才对。

车子缓缓驶入小区大门，在路灯微弱的亮光照射下，荣轩好不容易才找到依依住的那栋楼。然后，他从依依的挎包里找到了钥匙，半背半抱地把她送上了楼。

熟睡的依依靠在荣轩怀里，轻轻软软的，好像一只温顺的小动物。

依依的家是一栋租来的单间，荣轩打开灯，映入眼帘的是一间温馨可爱的小客厅。依依很喜欢做家务和装扮房间，客厅里到处都是她亲手制作的靠枕、工艺花、毛绒玩具和各种装饰品。

沙发上散落着美食杂志和一幅十字绣，窗外的阳台上种着几株盆栽，纤细的枝叶在夜风中轻轻摇晃。

荣轩还是头一次踏进女性的家，这种地方实在可爱得让他有点受不了。他做了一会儿思想斗争之后，才鼓起勇气走进客厅，找到卧室的位置，把依依送进去小心地放在床上，又给她盖上被子。

卧室里没有开灯，皎洁的月光从窗外透进来，洒落在依依的身上。

荣轩静静地注视着她，看着那细密的睫毛随着呼吸轻轻颤动。仿佛有一种看不见的力量，在温柔地拨动他的心弦。

鬼使神差的，他弯下腰，在依依的脸颊上亲了一下。

头痛欲裂。

依依盘腿坐在床上发愣。

不知睡了多久，她才终于从烂醉中醒来。

此时，天已经大亮了，但是依依的心里充满了黑暗和绝望。她满身酒气，身上还穿着昨天上班的衣服，没有洗澡，没有洗脸，没有刷牙梳头。

这些都不要紧，最最重要的是，她……她昨天晚上都干了些什么啊！

不但傻乎乎的同时跟三个男人拼酒，还拼得烂醉。然、然后她好像依稀记得荣轩来了，而且自己还直呼荣轩的名字，对他又打又骂又哭又叫，还胡说八道唠叨了好久！

老天！她的脑子里塞满了糨糊，已经分不清什么是醉酒后的幻觉、什么是真实。谁来行行好告诉她，昨晚荣轩到底有没有去过俱乐部，她到底有没有对总裁大人不敬！

另外，到底是谁送她回家的？她怎么好像梦见有个浑蛋在亲她的脸？

"啊啊啊啊——"依依痛苦地抓住头发，倒在床上左右乱滚。

但是，时间并不允许她滚多久。伊琳娜手下的人今天可以休息，但她这个总裁特助要正常上班啊。

眼看着时间快来不及了，依依一翻身滚下床，忍耐着宿醉之后的头痛钻进浴室去梳洗。镜子里的女人模样超级狼狈，昨天被抽耳光的伤口还没有痊愈，今天又加上了肿眼泡和苍白无神的脸色。

唉，一失足成千古恨，一直以良好心态自居的自己，怎么会在同事面前失态呢。

依依一边刷牙，一边摇头叹气。

身为一个女人，和男人拼酒而且拼得烂醉是多么粗鲁的行为！万一被总裁知道了的话，她身为特助的面子要往哪儿搁……啊啊啊，说到总裁，他昨天到底有没有去过俱乐部？

想到这一点，依依就手脚冰凉全身发抖，差点连上班都不敢去了。

她忐忑不安地洗漱完毕，忐忑不安地洗澡吹头发，忐忑不安地和往常一样坐班车去上班，最后忐忑不安地来到公司，溜进秘书室。

今天的秘书室，格外安静。

所有的同事们都端坐在电脑前，目不转睛地工作着。

大家的气氛之所以会这么严肃，是因为某位大人物不知为何，没有好好待在自己的办公室里。

是的，一向深居简出的总裁大人，今天居然没有忙着看他的财务报表或者开他的会，而是一动不动地站在办公室门口！

看见他一副在等着谁的样子，依依确信自己的死期到了。

她驻足在秘书室的入口处，抓着门框瑟瑟发抖，却又没胆子在荣轩的眼皮底下逃跑。而眼尖的总裁大人已经看见了她，冲着她挥挥手。

“谢小姐，我等你好久了，进来一下。”他温和地说。

此言一出，秘书室的气氛瞬间整个松懈下来。

呼。

在电脑前正襟危坐的秘书们，终于知道了老板一大早到底为什么像尊门神似的站在那里。原来他是在等依依啊，嗨，等就等呗，干吗非要站在门口吓唬大家？在自己的办公室里乖乖等着不就行了？

秘书们当然不知道，就在刚刚过去的那个晚上，到底发生了什么惊天动地的大事。

老板下令，苦逼小员工不敢不从。依依连忙把挎包塞进自己的抽屉，然后挪动着、扭捏着，一路缓慢地移动进总裁办公室。在那里，她看见荣轩已经坐在办公桌后面，看起来和颜悦色的样子。

而正对着办公桌的，是一张看起来很舒服的沙发椅。

不对啊。

太不对了！

为什么荣轩的脸色一点儿都不难看，而且似乎心情还不错？

椅子是从哪里来的？

他到底在打什么鬼主意？！

依依的内心天人交战。

而荣轩看见依依神情紧张地站在门边，对她笑了笑："别客气，过来坐。"

依依当然不能抗命，只能小心翼翼地走过去，把屁股慢慢挪到椅子上。那谨慎的动作，就好像椅子上戳满了钉子。

在她落座以后，荣轩没有马上开口说话。

刚才的笑容逐渐从他脸上消失，他沉默着，似乎在斟酌怎样开口比较好。

这异样的沉默，让依依越发紧张。她低头绞着手指，一言不发，背后的冷汗不停地往外渗。不知过了多久，正当她觉得自己的心脏紧张得快要跳出喉咙口的时候，荣轩终于说话了。

"谢小姐，你……对自己目前的岗位有什么看法？"他的声音里带着一丝凝重。

"看法？没有看法啊！"依依一怔，连忙正襟危坐，"我、我支持老板的一切人事安排，老板让我做什么我就做什么，绝无怨言！"

"是嘛，你真是一个任劳任怨的好员工。"荣轩苦笑。

"对对，"依依连忙点头，"我的性价比很高的，吃的是草，挤的是奶。"

不过，依依的笑话并没把荣轩逗开心，他依然苦笑："是的，你的确非常优秀。可惜，我却不是一个优秀的老板。"

"咦？这怎么说？"依依一头雾水。

"我知道，我的人事任命为你带来了一些麻烦，也……已经知道你在公司里的遭遇了。"

"啊！"依依的头顶仿佛响起一个炸雷，她的第一反应是——荣轩知道那天她在员工餐厅跟人打架的事情了！

"老板！不是那样的！你听我解释……"她惊慌失措地站起来，一不小心把椅子也踢翻了。沉重的沙发椅倒在地毯上，虽然没有发出巨响，但掀起了一小团灰尘。

见依依震惊的样子，荣轩连忙压了压手，示意她冷静下来："你先别说话，我并不是要批评你，而是要……批评我自己。"

这下子……依依更加震惊了。

她目瞪口呆地看着荣轩，看他似乎真的没有生气的样子，才慢慢放下心，把椅子从地上扶了起来。然后，她恢复了正襟危坐的姿势，困惑地想听听老板到底要说什么。

出了什么事？老板为什么要批评自己？

"谢小姐，你知道我当初为什么要任命你接替宾妮的职位吗？"等待着依依重新坐下，荣轩开口问。

"因为我当时正好在场？"依依反问，"还是因为我看起来比较好欺负，适合在您手下做牛做马？"

荣轩哑然失笑："做牛做马？我不是这么残暴的资本家吧？"

依依连忙顺势奉承："是，是，您比慈善家还要好心肠。"

"别贫嘴！其实，从我的角度来看，总裁特助是公司里幸福指数最高的岗位，它的工作内容简单、薪水丰厚、没有竞争对手、不会因为工作失误而被上司训斥和扣薪水。最重要的是，这个岗位永远不会裁员，只要华荣集团一天不倒闭，总裁特助就一天不会失业。应该说，华荣集团里没有比总裁特助更加完美的岗位了。"

依依仔细想了一下，觉得荣轩的话很有道理。

这阵子她在秘书室里的工作确实没什么精神压力，比以前在Jimmy手下死命干活不知轻松了多少倍。而且，她之前与宾妮见过几次面，每次宾妮的气色和心情都不错，估计在总裁手下工作得挺开心的。

所以，其实她很幸福吗？

但是，为什么她完全没有感觉？

“那，荣先生，”她小心翼翼地问，“您为什么要把这么幸福的工作安排给我呢？”

“应该说是对你的一种奖励吧，”荣轩笑了笑，“自从你进入华荣之后，我一直对你寄予厚望。但你都顺利通过了考验，是一位从能力到品行都十分优秀的，难得的好员工。我当然没法看见每一位员工的好，但既然你让我发现了你的优点，我就不能装作无视，应该给你一点奖励才对。”

“是这样？”依依半信半疑地问，她的老板总是让人看不透真心，突然坦诚地表露心迹，还真挺不敢相信的。

见依依狐疑的样子，荣轩又笑：“是这样，不过除此之外，还有另一个原因，我怕说出来你会生气。”

“您说说看？”

“我……对你和荣佑的婚事依然不死心，我想把你放在我看得见的地方，继续找机会培养你们的感情。”

依依头皮一麻。

呃，果然是这样吗？之前米嘉说过荣轩给她升职是图谋不轨，还真的被她说中了！

她不自在地搔搔脸：“强扭的瓜不甜，你这么做真的没用的啦，老板。”

荣轩又笑：“暂且不谈我这么做有没有用，重要的是，我自以为是的行为对你造成了伤害。我让你升职成总裁特助，本意是希望你能在公司过得开心，并不是要让你难过、生气、在同事面前为我辩驳，甚至是……受伤。”

依依一怔。

她不好意思地低下头：“我没受过什么伤啦，而且员工维护老板的声誉，不是天经地义的事情吗？这是我应该做的。”

“不，这不是我的希望，”荣轩摇头，“谢小姐，我很感谢你的勇敢和忠诚，也并无意要责怪你，但我真的不希望你这么做。华荣集团从来不要求员工为了上司的利益而牺牲自己，在你为我工作之前，你应该首先珍惜自己、爱护自己。如果你因为我而受伤，遇到比那次在员工餐厅更加严重的事故，那我会非常……自责的。”

依依心中一颤，荣轩那温暖低沉的声音，像是轻轻触动了她心底最柔软的部分。

她的双颊变得火热，脸也垂得更低了：“抱歉，荣先生，我以后不会再那么冲动了。”

荣轩叹了口气：“不，该道歉的是我，是我太一意孤行了，自以为是地安排了你的生活。谢小姐，我很抱歉给你带来了困扰，如果你没有意见的话，我会尽快为你调岗，让你回到原来的编辑岗位。”

依依震惊地抬起头，对上了荣轩平静深邃的黑眸。

他的表情认真而沉静，一点都不像在开玩笑的样子。

怎……怎么会这样？明明是她自己在员工餐厅失态和闯祸，为什么道歉的反而是荣轩？依依心乱如麻，连忙说：“荣先生，这根本不是您的错啊。员工餐厅的事情我已经反省过了，以后绝对不会再犯，也相信自己能好好干到宾妮回来为止！……对了，是不是我昨晚喝醉了，说了一些不该说的话？那都是醉话，您不要相信啊！”

依依拼命地为自己辩驳，却不知道这样反而更加坚定了荣轩的决心。

因为，他相信酒后吐真言。依依昨晚的那些醉话，才是她心情的真正写照。

荣轩感到心里微微的刺痛，他怎么可以让这个姑娘在烂醉的时候才肯说真话？这样的事情，让他这个老板为自己感到深深的羞耻。

他暗暗握紧拳，再次叹息：“谢小姐，你是一位很好的女孩，我很珍惜你，我希望你能快乐和幸福。如果你不愿意，我不强求你和荣佑在一起，也不想逼迫你做不喜欢的事情。我不想让你伤心难过，更不想……看到你流泪的样子。”

这下子，依依完全确认，自己昨晚醉酒失态号啕大哭的蠢样，果然全部都被荣轩看到了！

她咬着嘴唇，不知道该怎样将这场谈话继续下去。她觉得自己干了很多错事和傻事，然而老板不但不怪她，反而拼命地责怪自己，她该怎么回应比较好？

而想到这里，依依突然又意识到一件重要的事。

既然荣轩昨晚真的到俱乐部里来了，那是他送她回家的吗？睡梦中，那个亲她的人难道是……不，这不可能啊！

她双手紧抓着裙子，心跳如雷。她不敢将那个吻和荣轩今天的谈话联系在一起，更不敢去细想这其中的联系。

一定是，一定是哪里弄错了，一直期待着她和荣佑终成眷属的总裁大人，怎么可能亲她呢？！

Chapter 12　宴会打翻醋缸子

“谢小姐，不开心的话题，就到此为止吧。”这时，荣轩又开口了，语气缓和了一些，“关于你调岗的问题，我们稍后再谈。今天我想带你出去放松一下，让你暂时忘记不愉快的事情。”

“去哪儿？”依依连忙问。

“今晚我有一个商务宴会，你陪我一起去。那里没有华荣的人，所以你可以尽管放心好好玩玩，也别担心时间，明天我给你放一天假。”

“真的？！”依依瞬间眼睛里冒出星星，一下子把刚才的烦心事都忘了。

宴会！有好吃的！没有同事！而且明天还能放假！

“但，但我没有晚礼服啊，穿牛仔裤行不行？”她犹豫着问。

“这不用你管，”荣轩笑笑，“待会儿我的裁缝会来为你量尺寸，因为时间太紧来不及做新的，所以只能在成衣里挑选合身的衣服，希望你不要在意。”

“好啊，钱就在我的薪水里扣吧！”依依开心地点头。

“胡说什么，”荣轩皱眉，“晚礼服算是公司的商业活动支出，怎么可能让你出钱。”

“但是……”依依还想辩驳。

“谢小姐！”荣轩提高了声音。

好吧，总裁大人一旦摆出了老板的派头，小员工就连大气都不敢出一声了。依依连忙缩起肩膀，乖顺地点点头，准备离开办公室回到自己的位置。

“谢小姐。”正当她转身要走的时候，荣轩叫住了她。

“荣先生？”依依回过头。

“谢小姐，还有一句话我要告诉你，”荣轩温和道，“有的时候，在背后八卦老板也是员工的娱乐方式之一。如果说我的坏话能让下属们感到开心的话，我并不介意当一个见色忘义的昏君。”

依依一怔。

“所以，你完全没有必要为我的声誉担忧，”荣轩笑笑，“假如谁惹你不高兴，尽管为了自己而战吧。不用考虑我，真的。”

回到座位上，依依反复回味着总裁大人刚才的话。

真潇洒啊，真大度啊，真有气质啊，真不愧是总裁大人啊！下属们都在背后把他说得如此不堪了，他居然云淡风轻地一笑，说：你们开心就好，我不介意。

这是多么宽容博大的老板气度！

依依突然感到自己的灵魂受到了洗礼，从此对“老板”这一物种有了全新的认识。

这么说来的话，之前在Jimmy手下打工的时候，依依和同事们也把说Jimmy坏话当作人生的一大乐趣。You-Time公司那么小，Jimmy肯定听到过那些话，但他从来没有表现出不满。

这就是老板，老板和员工的视野高度，是完全不一样的。

是啊，这些老板什么风浪没见过？荣轩肯定知道任命一个未婚姑娘为特助，会遭来什么样的谣言。但是他不介意，他在一切的风言风语中兀自岿然不动，而且乐在其中。

依依在想，既然荣轩本人都不介意了，那她自己还为他介意什么呢？

而且，对于这些流言，荣轩解决问题的方法很简单：他自己可以忍受，但不会逼着下属一起忍受。下属受不了的话，就给她调岗，让别人无话可说。

多么简单有效的方法！

相比之下，依依自己当初在员工餐厅为荣轩出头，跟同事大打出手的行为实在太低级了，完全比不上总裁大人在不动声色中运筹帷幄的手腕。

老板真帅啊。

真帅……呃！

一提到“帅”这个字，依依的脑海中又浮现出那个轻暖温柔的吻……啊啊啊啊这到底是怎么回事！到底是不是总裁大人干的，他为什么要这么干！

依依痛苦地趴在办公桌上扭动，脑子里好像塞满了糨糊。

半个小时以后，荣轩的专属裁缝来了。

不是一个人，而是十几个人。

裁缝们身穿黑色西装马甲，手挽皮尺，一队人马浩浩荡荡地走进秘书室。依依被这样的阵势惊呆了，而秘书们却好像习以为常，甚至开起了依依的玩笑："恭喜你啊谢小姐，一毛不拔的总裁大人终于出钱给你做新衣服了。"

"谢小姐，到我办公室来吧。"荣轩也站在门口对她招手。

"荣先生，我……"

"谢小姐。"

"好吧，我这就来。"

"谢小姐"三个字真是大杀器，一旦总裁大人用严肃的语气念出这三个字，依依就胆战不敢提出任何反对意见了。

她乖乖地缩着脑袋，今天第二次踏进了总裁办公室。

苦逼小员工打从出娘胎以来，头一回被一群裁缝围着伺候，紧张得连手脚也不知道往哪里放了。而那些裁缝和荣轩很熟，也没有把这位新特助当成外人，一边给她量尺寸，一边跟她开玩笑。

“谢小姐，您长得真可爱。”

“谢小姐腰细腿长，胸围适中，身材真不错。”

依依被说得有些不好意思：“你……你们也太会夸人了，我消受不起啊。”

一个年轻的裁缝笑起来：“我们这是实事求是，而且谢小姐您很有小家碧玉的气质，是总裁大人最喜欢的类型呢。”

依依的脑袋嗡的一声大了。

她连忙用眼角瞥瞥荣轩，看见他正在专心打电话。

呼，还好。

她回头小声愠怒道：“你们别乱说。”

裁缝们纷纷捂嘴笑起来：“哎哟，谢小姐还挺害羞，但是您看起来真的和荣先生挺相衬嘛。”

依依绝望了，为什么在她身边出现的一个个全都是八卦王？是不是她投胎的时候投错了朋友圈子！

这时，荣轩打完电话，冲这边吵吵闹闹的一群人看了一眼：“你们在吵什么？”

就是这一眼，总裁大人的眼睛又不会动了。这反应，就跟上次他看到依依身穿夏雪夜的橙色小套装的时候完全一样。

裁缝们为依依挑选的是一件修身黑色雪纺小礼服，光洁的肩膀裸露在外，中间收腰，下摆的裙纱自然蓬松撑开，将依依娇小可爱的身材衬托得恰到好处。

左肩的位置，还绽放着一朵娇艳欲滴的鲜红牡丹花。

荣轩怔怔地看着依依。

众裁缝全都知趣地收声，窃笑着等在一旁看好戏，看总裁大人会用怎样的语言来赞美这位可爱的姑娘。

过了一会儿，荣轩自动回魂了。

他淡定地低下头，淡定地从抽屉里摸出一本厚厚的资料，甩在桌子上。

“谢小姐，这是今晚宴会的宾客名单，你趁白天好好背一下，到时候别认错人。”他淡定地说。

轰——

众裁缝全都晕倒了。

总裁大人你能更别扭一点儿吗！夸你的小特助一句“漂亮”就是这么难的事情吗！

苦逼的依依看着那本砖头般的资料，瞬间眼神死了。

到底是谁说今晚让她放松的！

资本家嘴里果然没有一句真话！

一整天就这样平安无事地过去了，依依专心地啃着那本宾客资料，一直等到下班之后荣轩来喊她，带她一起前往宴会会场。

因为考虑到自己会喝酒，荣轩今天让家里的司机负责开车，开的还是一辆非常招摇的林肯。

站在街边，依依身穿雪纺晚礼服，肩上披着毛绒围脖，一时还真觉得自己有点儿女暴发户的感觉。

“上车吧。”荣轩很绅士地为依依打开车门。

“荣……荣先生您也太客气了！”依依受宠若惊。

“谢小姐，”荣轩好笑地看她一眼，“先别得意忘形，上车后我有几句话要提醒你。”

车门关上，黑色的林肯缓缓启动。

依依紧张地坐在巨大奢华的车后座上，连手脚都不知道该往哪里放。最初的时候，她把荣轩当成黑车司机的那一次，荣轩的车子已经够奢华的了，但是与林肯比起来又是小巫见大巫。

万恶的有钱人。

“荣先生，您要提醒我什么？”依依问。

“待会儿在会场的时候，我会很忙，可能没办法一直陪着你，我希望你能遵守三条规矩，”荣轩说着，举起三根手指，“1. 不要随便跟陌生客人说话，被人搭讪的时候微笑就可以。2. 饮食要限量，不要看到食物就忘乎所以。3. 少喝酒。”

依依窘迫地低下头，中间那条完全戳穿了她的小心思，最后那条则让她羞愧得想钻地洞。

老板不愧是老板，把她这个小员工的本性看得真通透啊！

林肯在闹市区里缓慢前行，经过灯光璀璨的中心城区商业街，来到一处奢华的五星级酒店。荣轩掏出请柬，和依依在迎宾小姐的带领下进入了宴会会场。

今天的晚宴由本城的商会牵头举办，并没有很重要的商业目的。只是因为圣诞节快要到了，商会就办了这样一个宴会让众商家轻松一下，相互交流这一年来的生意情况，为来年继续奋战做准备。

依依一踏进会场，就被亮闪闪的水晶灯闪瞎了眼。还没等她回过神，就听见荣轩在喊一个耳熟的名字：“Celia，你们已经来了？”

依依定睛一看，看见一身翠绿色旗袍的夏雪夜笑意盈盈地走了过来：“老板，带依依来见世面了？”

荣轩苦笑：“你不要一开口就开别人的玩笑，我以前不也是总把宾妮带在身边？”

依依自己则是浑身别扭，头一次身穿晚礼服而且被熟人看到，她觉得十分窘迫，艰难地扯出一个僵硬的笑容：“雪夜姐，好久不见了。”

“啥呀，就几天没见，你跟咱们公关部就这么生疏了？”雪夜笑着，一把挽起依依的胳膊，“行了，老板，这只小白兔就交给我吧，你放心去跟那些金主打个招呼。”

“那就拜托你了，”荣轩点了点头，又问，“洛雷呢？”

“傍晚有几个媒体突然来采访，他在应付，应付完了马上会过来的。”

“那荣佑来了没有？”

“当然来啦，在那边跟几个洋妞侃大山呢。”雪夜朝某个方向努了努嘴。

她的话让荣轩皱了皱眉，但他没有说什么，又对依依嘱咐几句不能喝酒之类的话之后，就走进会场去找熟人。

荣轩走了以后，雪夜转头看看依依：“有问题。”

依依莫名其妙：“什么问题？”

“荣轩看你的眼神不对。”

“哪里不对？老板和平常一样淡定、严肃、腹黑啊。”

“嗨，我跟他是从小到大的同学，还能看不出他的异样？他刚才跟你说话的时候，那眼神……”雪夜捏着下巴若有所思，“哦，对了！依依不舍，用这个词语形容最合适了！”

依依差点摔了个踉跄，哭笑不得：“雪夜姐，你在胡说什么啊？”

雪夜不服气道：“我可没胡说，那家伙对你的态度真的有点儿不对。来说说，我不在公司的这阵子，你们发生过什么事情？”

“别把话说得这么暧昧！”

“那就是有事了？赶快老实交代！”

“交代什么啊，什么事情都没有！”

“真的？”

“真的！”

两人一边说笑着，一边走进了宴会会场。

依依和雪夜都是单纯开朗的类型，虽然没聊过几句话但是一见如故，已经像多年的老朋友那样熟悉了。在雪夜的带领下，依依进了会场之后，迅速把所有招牌美食和饮料都品尝了一遍，还认识了其他公司的几位和自己年纪相仿的女高管。

真是人比人气死人啊，人家年轻美貌睿智多金，以女性的身份叱咤商场；而自己却迟钝蠢呆没见过世面，在社会上打拼这么多年还是一个苦逼的小员工。

依依忧伤极了。

然而雪夜却对她的沮丧不以为然："依依，你自卑个什么劲儿啊？你也有自己的优点，别人拍马都比不上呢！"

"我有什么优点？"依依不解地问。

"你把我们的老板照料得很好啊，"雪夜笑着戳了戳她的鼻子，"我刚才看荣轩的气色很好，这都是你的功劳吧？秘书室的家伙们对我夸奖过你，说你把日理万机的老板养得白白胖胖，为公司的稳定和发展做出了巨大的贡献！"

"那是我的工作嘛。"依依不好意思地说。

"NONONO，"雪夜立刻摇手指，"你知道宾妮在位的时候，最头疼的是什么事吗？"

"什么？"

"老板的饮食作息不健康。"

"哦？"

"你别看荣轩一副成功人士的样子，其实他很任性的，只吃爱吃的东西，只在想休息的时候休息。为了荣轩的健康问题，宾妮不知道掉了多少头发，而现在这个问题居然被你解决了。"

依依扶额："其实我也掉了不少头发。"

"但是你把荣轩养得很好嘛，"雪夜说着，一拍她的肩膀，"干脆你嫁给他吧，一辈子好好管着他！"

“雪夜姐，你又胡说八道了！”依依顿时涨红了脸。

“哈哈哈哈，”雪夜大笑起来，“好了，不开你的玩笑了。聊了这么久也累了，你接下来想吃什么？”

其实依依才刚吃完一波，肚子还撑着。但是难得的宴会怎么浪费机会？她连忙说：“我想吃海鲜！”

“海……鲜？”雪夜摸着下巴，“这我可不在行……哎！喂，你！过来啊！”

这时，正巧荣佑就在附近。眼尖的雪夜看到他，连忙招手。

“呀，依依也来了？”荣佑似乎在会场里玩得很开心，满面红光，走过来笑嘻嘻地跟依依打招呼。

“依依想吃海鲜，你赶快给她介绍一下。”雪夜一把扯住他。

“哎呀是吗？说到海鲜，我可是行家，来来来，你喜欢什么类型？”

依依想了一会儿：“要壳薄肉多的！”

荣佑立刻拍胸：“没问题，看我来给你切一块最上等的三文鱼！”

平心而论，跟荣佑在一起，可比跟荣轩在一起让依依放松多了。虽然他们是兄弟，但根本就完全不像，荣佑在熟人面前从不摆少爷的架子，义气而热情；至于荣轩，却是一个天生的领导者，他不怒自威，只要他淡定的一句“谢小姐”，就能把依依吓得全身僵硬。

在荣佑和夏雪夜的陪伴下，依依这天晚上玩得很开心。

只可惜肚子不争气，尽管她拼命在会场里散步消化，还是没能吃够所有的美食。并且到了最后，肠胃居然开始隐隐作痛。

依依咬着牙忍痛，不敢再吃什么东西了。正巧雪夜要去洗手间补妆，荣佑也内急，三个人就浩浩荡荡地一起冲向了洗手间。

夏雪夜很爱漂亮，补妆的时间也很长。

依依上完厕所出来之后，见她正在洗手台前对着镜子忙碌，就一个人先离开了洗手间。

外面的走廊上，荣佑正把双手插在裤袋里吹口哨。依依没忍住，走上去捶了他一拳："吹什么口哨？再吹我又要想上厕所了！"

"引人注目嘛。"荣佑嬉笑道，冲着走廊尽头挥挥手。

那里，正巧有几个漂亮的外国姑娘走过，纷纷朝荣佑抛飞吻。

"你喜欢洋妞？"依依问。

"相对来说比较喜欢。"荣佑回答。

"这是你们荣家的特色？"

"不，我是个异类。因为我从小是在国外长大的，和自己国家的同胞有一些距离感，"荣佑很坦诚地说着，回头看看依依，"所以啊，我对你这种风格的姑娘不来电，我哥可能会比较喜欢你。"

"呸！别胡说八道！"依依在荣佑面前一向不讲究形象，愤怒地啐他。

"别喷我嘛！我是说真的，要是你跟我哥扯了证，他也就不会缠着要我结婚了，"说到这里，荣佑露出沉思的表情，"不过，他最近怎么不催我主动跟你发展关系了？"

"大概是他发现我们俩是完全没前途的吧。"依依猜测。

"不对不对，他那种脾气，没那么容易放弃的，他……"荣佑的话说到一半，眼神突然僵住了。

依依有点奇怪，她发现荣佑正越过她的肩膀，在看着她身后的什么东西。

正当她想问的时候，身后突然传来一个熟悉的声音："依依？！"

依依一回头，顿时惊喜地叫了起来："米嘉！——"

真是太好运了，第一次来到高端宴会吃喝玩乐，居然会遇见久违的死党米嘉！

许久不见，米嘉还是一样美得引人注目。她短短的卷发充满活力，棕色的抹胸小礼服高端洋气，就像从照片里走出来的模特。

自从离开 You-Time 公司之后，依依和米嘉的联络就越来越少，上次 MSN 长谈之后更是各忙各的，都快把对方给忘记了。

“米嘉，你怎么会在这里？”依依高兴地问。

“我陪 Jimmy 来的，”米嘉说着一抬头，“喏，他在那儿呢。”

依依随着她的视线望过去，果然看见 Jimmy 站在走廊的尽头抽烟。就算在如此正式的场合，他也照样是一副黑色毛衣的打扮，颇有几分文艺青年的气质，在一群珠光宝气的宾客中十分惹眼。

Jimmy 显然看见了依依，但是一言不发，并且故意把头转向了另一边。

依依一愣。

米嘉连忙拽拽她的手：“别生气，Jimmy 是不想跟华荣集团的人扯上关系。他不是针对你的，只是不想接触荣轩的人。”

依依点了点头：“我明白，米嘉，你最近怎么样？”

“嗨，还能怎么样呢，整天忙得脚打后脑勺，”米嘉苦笑，“不过 Jimmy 已经说了，等这段时间忙完之后，会带我们去新马泰度假，我们大伙儿都盼着呢。”

“哇！新马泰！”

“是哦，你呢？最近跟荣轩有没有什么发展？”

“嘘，小声点，别乱造谣啦。”依依连忙压低声音。

“我就知道，”米嘉摇头，“像你这么纯良的小白兔，怎么可能去倒追男人？得了，你就这么在华荣集团稀里糊涂地待下去吧，那边的福利总比 You-Time 要好，你跟着荣轩不会吃亏的。”

“看来也只能这样了，哈哈哈……”依依干笑着搔搔头。

好友相见，私密话分外得多，米嘉把自己近期的生活和工作情况唠叨了一遍，依依也不甘示弱地陪着她一起唠叨。不过，她很巧妙地掩饰了自己被人说闲话和莫名抽耳光的遭遇，难得遇到米嘉，她不想谈那些不开心的事情。

而就在姑娘们聊得起劲的时候，某两位相互敌对的男人，在走廊尽头狭路相逢。

没错，就是Jimmy和荣轩。

荣轩在会场里跟所有熟悉的人打过照面之后，到处都找不到依依和雪夜。他漫无目的地四处闲逛了一会儿，居然看见某位死对头正站在连接会场和洗手间的走廊入口处。

Jimmy也看见了荣轩，全身一下子紧绷起来，就像一只炸了毛的黑猫。相比之下，荣轩倒是很淡定，他气定神闲地走到Jimmy面前："嗨，别来无恙？"

Jimmy阴沉着脸："有恙，看到你，我全身都是恙。"

荣轩笑笑："我抢走了你的得力小干将，你生气？"

"明知故问，人渣。"

"没办法嘛，我的公司就是比你的公司福利好，我的智囊团也比你的下属有能力，明眼人都知道该选择谁。"

Jimmy咬了咬牙，没说话。

荣轩得意地看着他，渐渐收起笑容，正色道："好啦，不跟你开玩笑了。那么，今年第十二次向你发出邀请——请问，你有没有兴趣到我手下来干活？"

Jimmy冷笑："第十二次回答你：没门儿！"

"你这又是何苦，为什么放不下你高傲的自尊心呢？华荣集团实力雄厚，你跟着我会轻松很多，再也不用像现在这样小打小闹，也不用领着一群小白领整天担心吃了上顿没下顿。"

"不要乱脑补别人的生活状况！"

"你真不愿意来？洛雷那家伙可是天天缠着我，问你什么时候能过来上班。"

"我可不是他那种有奶便是娘的没有节操的家伙！只要有钱，他为谁都肯卖命！”

荣轩的头上冒了几条黑线。

他的老同学，生气的时候说话还是如此毒舌，他手下的那群小白领还真可怜。

两人谈话的声音顺着走廊传到了依依和米嘉那边，米嘉抬头一看，立刻无奈地扶额：“哎呀妈呀，一会儿不看着Jimmy他就出事，怎么跟你老板吵起来了？”

依依循声望去，果然看见Jimmy和荣轩在走廊尽头争执，好像吵得还挺凶。

“出什么事了？”她一头雾水。

“谁知道呢，我过去看看。那，咱们改天再见啊。”Jimmy跟人吵架好像让米嘉很焦急，她连忙挥手跟依依道别。

“哎，好，MSN上见。”依依也知趣的不再挽留她。如今，她们两人各司其主，不能像以前那样没完没了地腻在一起了。

送走米嘉，依依觉得自己好像忘记了什么事，一回头，差点被吓了一大跳。

荣佑居然木呆呆地站在后面。

“啊喂！你吓死我了！”依依夸张地喊了起来，“我们女人聊天你站在后面偷听什么？”

真是的，刚才她和米嘉都只顾着唠嗑，居然都没发现有一个男人站在后面！

被依依一顿臭骂，荣佑怔了一下，瞬间好像从呆滞状态里清醒了过来。

“啊？我、我没听见什么，”他尴尬地搔搔头，问，“依依，刚才那个是你什么人？”

“我以前的同事，我最好的朋友。怎么，华荣公关部的公子爷有意见？我跟你们敌对公司的员工聊天，违反规章制度了吗？”依依杏眉倒竖。

“不，不是的，只是……”荣佑连忙摇头。

“那是什么？你该不会看上人家了吗？”觉得荣佑的态度有点不对劲，依依嬉笑着问。

“怎么可能！”荣佑立刻跳脚。

“真不是？”

“真不是！”

“很可疑哦。”

“跟你说了不是！”

两人说着说着又打闹起来，却没想到自己所有的一举一动，都被荣轩尽收眼底。

米嘉走过来之后，说了几句话就把Jimmy劝走了。被留下来的荣轩刚想离开，却无意间看见依依正在洗手间门口。

让他没想到的是，荣佑居然站在她的身边。

一瞬间，荣轩心里好像被人戳了一刀，从头到脚都说不出的难受。让他更加不爽的是，依依和荣佑不仅谈笑风生，一边聊还一边追追打打，比跟他这个总裁在一起的时候活泼多了。

荣轩简直气得郁结，还没来得及冷静思考，双脚已经不听使唤地带动自己朝他们走了过去。

依依正和荣佑闹得起劲，突然听见背后传来一个冷冷的声音："你们在干什么？"

她一回头，吓得魂飞魄散。

老……老板！

依依的惊恐表情当然没有逃过荣轩的眼睛，看到她一见自己就瞬间面部抽筋的样子，荣轩心里气恼极了：这叫什么事？他这个老板就这么面目可憎吗？为什么依依见到他就像见了鬼似的？

已经完全气炸的荣轩没有意识到，自己愤怒的情绪完全表现在了脸上,现在的模样的确挺吓人。依依这个苦逼小员工平常看到他就唯唯诺诺,现在看到愤怒版的老板，怎么可能不吓到面部抽筋?

粗神经的荣佑则是根本不知道两人的心理动态，像平常一样随意跟自己的大哥打招呼 :“唷！总裁大人终于想起我们啦！”

“想你个头！”荣轩恶狠狠地往他脑袋上拍了一巴掌。

“嗷呜！”荣佑发出一声惨叫。

“这么高端的宴会场合，你们两个打打闹闹的像什么样子！被其他客人看到了会怎么想！”荣轩冷声训斥。

“可是，我平常都是这样……”荣佑话说到一半，看见自家大哥阴沉到极点的脸色，立刻不敢再出声了。荣佑谁都不怕，唯独怕极了荣轩，也很会看荣轩的脸色行事。现在的状况，让他确认这家伙肯定是遇到什么事情心情正差，再敢跟他顶嘴就是找死。

可惜，就算聪慧如荣佑，也无论如何都想不到荣轩此时生气的原因。

就连荣轩自己也说不清楚，为什么看到依依和荣佑在一起开心的样子，他会这么生气，生气到无法忍耐的地步。

三人面对面地站着，气氛十分尴尬。

依依早就吓得半死，瑟瑟发抖的一句话也说不出来 ; 荣佑则在使劲猜测，是谁惹得荣轩不开心 ; 至于荣轩自己，脾气发成这样，他一下子不知道该怎么收手。

正当三人都不知如何是好的时候，一直在洗手间补妆的夏雪夜，终于姗姗来迟。

“唉，酒喝多了，眼线也画不好……咦，你们怎么都在这里？”看见老板大人和两位同事都像木桩似的站在洗手间门口，雪夜莫名其妙。

“……我，我们在等你啊！”看到雪夜，依依就像搬到了救兵，连忙拽住她的胳膊。

“哎呀，你们的耐心真好，我都在里面好久了……不过，刚才我好像听见外面有人吵架？”

“没，没有啊！”荣佑连忙说。

“是嘛，难道是我喝醉出现幻觉了？”雪夜皱了皱眉，又转向荣轩，“老板，你都应酬完了？洛雷这么晚还没动静，估计不会来了吧。他那么懒，太晚了不肯出门的。”

这个时候，荣轩已经迅速恢复成了平日冷峻淡定的总裁模样，点了点头：“也许吧，不过今天的宴会并不重要，就算他不来也没关系。”

尴尬的气氛总算因为夏雪夜的到来而缓和了一些，四个人聊了一会儿之后，一边扯着些有的没的，一边重新向会场走去。

不幸的是，依依没走几步，只听见左脚后跟啪嗒一声，随即整个人向左倾倒，差点崴到脚。

“哎呀！”她惊叫起来，连忙扶住墙。

“怎么了？”距离她最近的雪夜一把抓住她。

“我、我的鞋跟断了。”依依哭诉。

“怎么回事？”荣轩立刻转身，“你的鞋子不是今天早上裁缝送来的新品吗？”

“不是新品，我嫌那双高跟鞋太难穿了，就偷偷换成了自己的鞋子……”依依小声道，她自己的那双鞋已经穿了好几年，的确到了寿终正寝的时候了。只是没想到自己这么倒霉，居然早不坏晚不坏，偏偏在宴会这么重要的场合坏掉。

听到她这么说，其他三人的头上都不约而同地冒了几条黑线。

居然敢把日常的鞋子穿到商务宴会上来，果然是粗神经的谢依依小姐才会做出来的事。

雪夜眼珠子一转，立刻说：“这样吧，依依，你今天也辛苦了，既然鞋子坏了就早点回家休息吧，反正这边也没什么事。”

依依点了点头：“是啊，我也这么想，光着脚我可没脸在会场里逛。”

“那么，就麻烦老板你送依依回去吧。”

“为什么是我？”荣轩一愣。

“我和荣佑是坐出租车来的，没法送她嘛。再说您最近工作也很辛苦，早点回家休息，这边交给我们就行了。”雪夜微笑着，语气很真诚。

荣轩皱眉，半信半疑地看着她。

不过，他最终还是没有说出拒绝的话。雪夜的建议很有道理，况且，他也很想跟依依谈一谈，讨论一下她为什么跟荣佑在一起就这么开心。

同事提议，老板赞成，小员工当然没有拒绝的资格。

于是，在荣轩的搀扶下，依依一瘸一拐，从会场的后门离开了。

看着两人离开的背影，雪夜立刻回头问荣佑：“你们刚才是怎么回事？”

荣佑搔搔头：“我也不知道啊，刚才我和依依在走廊上闹了一会儿，那家伙就突然冲过来教训我们了，大概是之前被谁惹的不开心了吧。”

雪夜想了一会儿，摇头叹息，喃喃自语：“唉，好大的醋劲儿……”

“你说什么？”

“没什么，我说好大的夜风。”

Chapter 13　总裁大人的真心

离开会场之后，依依干脆脱掉了鞋子，光着脚钻进林肯车里。

而荣轩的情绪也已经完全平静下来，刚才的愠怒已经从他脸上消失得一干二净、

“荣先生，麻烦您送我到小区门口就行了。”看荣轩不再生气，依依也终于敢跟他说话了。

“你累吗？”荣轩不答反问。

“还好，怎么了？”

“不累的话，我们去吃个夜宵吧。”

“哎哎哎？”依依一惊，连忙摇手，“荣、荣先生，您带我来宴会玩已经让我受宠若惊啦，怎么好意思再吃您的夜宵？”

“只是随便吃点，”荣轩笑笑，“我刚才只喝了一点香槟酒，胃里还是空的。”

“为什么？您怎么不吃菜？”

“不合口味。”

“……”

呵，呵呵呵，这还真是符合总裁大人个性的回答呢。依依回想了一会儿，发现刚才宴会上海鲜、点心和冷食居多，的确都不是荣轩喜欢吃的东西。

不爱吃就不吃，还真是任性啊。

她在心里扶额，问："那，您想吃什么呢？"

"就吃你最喜欢的火锅吧。"

呵，呵呵呵……

为什么偏偏是火锅呢……

依依顿时一个头两个大，如果在平常她早就兴奋地跳起来了，可是今天她在宴会上吃的食物已经撑到了喉咙口，听到火锅两个字只觉得反胃。当然，她更不敢把真相告诉荣轩，自己和荣佑在走廊上打闹已经惹他生气了，万一再被他知道自己毫无形象地大吃大喝……依依不敢想象自己的下场。

于是，她硬是挤出一个笑容，说："好啊，就吃火锅！"

荣轩的本意只是想让依依开心一下，弥补自己刚才在走廊里的失态。见依依同意了，他也没有多想，立刻让司机赶紧出发。

总裁不愧是总裁，虽然生气的时候超级可怕，恢复正常之后办事却考虑的比谁都周详。荣轩没有让司机直接去火锅店，而是先回了公司一趟。他本来就没喝多少酒，回到公司的时候已经基本清醒了，在那里，他让司机开着林肯回家，自己则换上平常上下班用的车，亲自带着依依去火锅店。

更让依依吃惊的是，在荣轩车子的后座，她居然看见一只鞋盒，里面是一双崭新的平跟鞋。

她震惊地看着荣轩："为……为什么……"

荣轩淡淡道："你说为什么？这是给你的，我们还要出去，你光着脚行吗？"

没问你这个好吗！是问你为什么明明从头到尾什么都没干，怎么会有人预先把一双新鞋子放在你的车子里！

依依在心里咆哮，忽然又想起刚才在林肯车上的时候，荣轩一直在忙着用手机发短信。

好吧，总裁大人一向在波澜不惊中运筹帷幄，会默默地把一切事情都办好，她这个小员工还是不要去深思其中的细节了。

那么，他会不会在不动声色之间，把火锅店的座位也预定好了？

事实证明，的确如此。

当荣轩把车停在一家貌似西餐厅的豪华饭店门口的时候，身穿白西装的侍者立刻前来为他打开车门，恭恭敬敬地说："荣先生，恭候您多时了。"

"嗯。"荣轩淡定地应了一声，淡定地下车，淡定地把一脸震惊的依依带进了这家……应该是火锅店里吧。

之所以说应该是，是因为这家店实在太豪华太高端，跟依依平常去过的那些吵吵闹闹的火锅店完全不一样。她震惊而呆滞地四处张望，直到看见每个人的餐桌上都摆着不锈钢火锅，才确认自己没有来错地方。

"喜欢这里吗？"落座以后，荣轩淡定地问。

"这……该怎么说呢……"依依不安地坐在总裁大人对面，窘迫地搓着手，"这里的档次太高了，我这等平民觉得有些消受不起啊。"

"怎么会？只是一般的店而已，"荣轩笑笑，"我不喜欢吵闹的地方，所以衣食住行挑选的店家都会比较低调。不过，这家店的锅底很棒，菜色多样新鲜，而且也不像你想象中那么高端，所以你完全不必紧张，尽管放开肚子吃。"

这……这怎么叫人放得开肚子嘛！

依依在心里啜泣。

火锅怎么吃？火锅就是要大大咧咧毫无形象，一手漏勺一手筷子，大块吃肉大碗喝酒，直到吃得满嘴冒火倒抽冷气，再咕嘟咕嘟灌下一杯酸梅汤……呼啊，那才是神仙般快活的日子！

现在，自家老板就坐在对面，小员工谨慎得连大气都不敢出一声，怎么敢那样大吃大喝？

不，不只是火锅，无论吃什么，只要跟老板在一起都不可能放开手脚的！

依依实在不知道该怎么跟荣轩完成“吃火锅”这个任务，菜单到手的时候只敢象征性地点了一些蔬菜、丸子和牛羊肉之类的东西。像是猪脑、鸡腿、猪棒骨、烤羊肉串和羊蝎子等等的豪放菜品，她根本连看都不敢看一眼。

“谢小姐，你真客气，是在给我省钱吗？”看了看依依点的菜，荣轩笑笑。

“我、我的胃口只有这么点儿嘛。”依依扭捏道。开玩笑，如果被老板看见自己抓着猪棒骨，啃得满嘴流油的样子，她这辈子就别想在华荣混了！

再说，刚才在宴会上她真的吃得很饱，胃直到现在还隐隐作痛。

荣轩在心里笑，他只以为依依是在自己面前放不开手脚，也没打算去拆穿她。

其实，看到依依跟自己独处的时候就像老鼠见了猫似的，一点儿都比不上跟荣佑在一起时那么开朗活泼，荣轩心里还是有些郁闷的。不过，想到他们毕竟是老板和下属的关系，不可能嬉皮笑脸地称兄道弟，他也不好意思再多计较什么。

过了一会儿，热腾腾的锅底端来了，各色菜品也摆了一桌子。

两人相对无言，气氛有些沉闷。

“我……”

“你……”

荣轩好不容易酝酿出聊天的情绪，一开口，却没想到依依也同时开口了。

两人连忙一起噤声，这下子，气氛不但更加沉闷，还多了一丝尴尬。

“你先说吧。”荣轩尴尬地笑笑，做了一个请的手势。

“哈，那……我就不客气了，”依依也笑笑，问：“荣先生，你真的和Jimmy的关系很差吗？”

面对满满一桌子菜，依依神经紧张，肚子又不饿，连一口都吃不下去。她只能拼命寻找有趣的八卦话题，和荣轩聊天，企图让神经和肠胃放松下来。

幸好，话题没有选错。面对依依的问话，荣轩的表情并没有什么变化。

“怎么说呢，应该不能算是关系差吧，”荣轩笑笑，“我和Jimmy是高中和大学的同学，我是学生会长，他一直都是副会长。”

“哇哦！原来你们认识这么久了！”依依惊呼。

“不仅跟Jimmy，还有雪夜和洛雷，我们学生时代都是学生会的干部，在一起共事了很多年。”

“所以毕业以后也在一起工作？那为什么Jimmy会自立门户？”

“他……有一点儿不甘心吧。Jimmy的好胜心很强，他不愿意甘居人下，尤其是我。学生时代他在我手下做副会长很多年，不想工作之后也继续做我的副手，”荣轩说着苦笑起来，“其实，他这是何必呢？我们荣家有丰厚的财力和社会关系，他在我手下工作的话，会比现在轻松愉快的多。当一个领导者是非常艰辛的事情，这一点我比谁都清楚。”

依依想了一会儿，摇摇头：“荣先生，您这样想就不对啦，这是以己度人。”

荣轩一愣：“这怎么说？”

“我很理解您的想法，您一定认为Jimmy是一个非常优秀的人才。因此，您希望这位人才能拥有自己最适合施展才华的职位，同时也不想让他太辛苦，希望他能轻松愉快的工作，对不对？”

“确实，毕竟我和Jimmy认识这么多年，我不想看到他像现在这么辛苦的单打独斗。”

“那您可就大错特错喽，就我对Jimmy的了解，他不但不辛苦，而且还乐在其中，”依依说着笑了笑，“荣先生，有两个词语不知道您有没有听说过？自尊心和自我价值。”

“当然听说过。”

“Jimmy现在在做的事情，就是出于他高傲的自尊心，以及为了实现他的自我价值。想必您也知道，那家伙是一个自尊心很高的人，我想他这么多年做您的副手一定很憋屈，他一定觉得自己各方面都不比您差，是吗？”

荣轩想了一会儿，点点头：“是的，他总觉得我是靠着家族力量才有今天的成就。如果我们都是地位相当的平民，他认为他的事业不会比我差，但是……”

“别但是啦，这不就很清楚了吗？暂且不提您和Jimmy谁比较强，既然他有了这种想法，怎么可能还愿意到您手下来工作？就他那种神经质的性格，被你拉拢的时候没有直接揍你一拳已经很客气啦。”

荣轩被依依逗笑了：“你说得对，Jimmy的脾气虽然很不好，但是一直对我很忍让。”

“那您就应该满足啦！”依依一边说，一边把肥牛肉片和丸子扔进火锅里，“因为高傲的自尊心在作怪，Jimmy不可能会答应你的邀请；而他也只有自主创业，才能证明他不比你差，证明自己没有人帮助也能把事业干得很好。”

“……原来如此，原来他是这么想的……”荣轩露出若有所思的表情，“可是，我并不赞同他的看法。我是一个讲究物尽其用的人，如果有权势的朋友邀请我与他合作，我一定满口答应。至于自尊心和自我价值，那种东西等我事业有成的时候，要多少有多少。”

依依哑然失笑：“所以，您才能成为一个比Jimmy更优秀的生意人啊。”

“这并不是什么值得骄傲的事情，”荣轩苦笑，“你的分析，总算让我搞清楚为什么 Jimmy 不肯接受我的邀请了。我不是一个完美的人，有时候确实会把自己的想法强加在别人身上，就像那时候自以为是地把你调职到我身边，很抱歉，谢小姐。”

“那种事情还提它干什么嘛……”依依不好意思地低下头，拼命往碗里舀着烫好的蔬菜，掩饰自己的尴尬。呜呜，她是不是被老板折磨成受虐狂了？老板严肃的时候她已经习惯了，现在老板突然自我剖析还认真道歉，她觉得好尴尬啊！

偏偏荣轩还不自知，继续说："谢小姐，谢谢你点醒了我。能像你一样敢对我说真心话的心腹并不多，今后如果我什么地方做得不对，还希望你多加指出。”

妈呀，更尴尬了好吗！

依依使劲把蔬菜往嘴里塞，发出含糊的“唔唔”声敷衍荣轩。

老板这真是强人所难啊！俗话说，伴君如伴虎，让她这个小员工指出老板的错误？她哪儿敢？敢干那种事的话，她有几条命都不够用吧！

而且……

使劲吃菜的间隙，依依偷偷看了一眼荣轩。

话说，总裁大人真是 360 度无死角的帅啊，烫菜的时候也很帅，捞菜吃菜的时候也很帅，张嘴吃菜的时候也很……看到荣轩那淡色的，形状美好的薄唇，依依突然心头小鹿乱撞。

刚才好像某人在说，欢迎下属指出他的缺点？

那下属要求他说明一下，乘人之危偷偷亲别人脸颊是出于什么目的，行不行啊？

“你在看什么？”发现依依正目不转睛地盯着自己，荣轩奇怪地问。

“我、我在看火锅的蒸汽。哈哈哈，看蒸汽……”依依发出一阵干笑，搪塞道。

“蒸汽有什么好看的？”荣轩越发奇怪。

“哈哈哈，我在想啊，我这个人跟火锅还真有缘呢。我从小就喜欢吃火锅，最初的时候也是因为跟朋友在火锅店吃夜宵，才会碰巧遇见车祸然后救了荣佑，然后进到华荣，然后有机会今天跟你坐在一起……”

“你不是不喜欢荣佑吗？”荣轩冷冷地打断她，“既然不喜欢一个男人，就少在别人面前提他，免得引起别人误会。”

“哎？”依依一愣，发现荣轩的脸色突然晴转阴了。

那是当然，荣轩好不容易才把“依依和荣佑独处的时候很开心”这件事勉强消化掉，依依居然还敢胆大包天的主动提荣佑。幸好是依依在荣轩面前谈荣佑，荣轩才克制着没发作；如果换了荣佑在荣轩面前大肆谈论依依，荣轩大概早就把不锈钢火锅摔在他脸上了。

依依对荣轩的愠怒莫名其妙，只能硬着头皮开玩笑道：“不是吧？老板，女下属在你面前讨论男下属，你吃醋了？”

荣轩沉默着没说话，半晌，把漏勺伸进火锅里搅了搅：“别说了，快吃吧，鱼丸都快煮烂了。”

依依呆滞了。

不、不是吧？总裁大人一向唠叨又啰唆，针尖大的一点事情都能扯出一堆道理，今天居然完全不为自己辩白？不但不辩白，他、他居然还故意扯开话题！

太不正常了，这简直太不正常了！

依依目瞪口呆，敏锐的女性直觉雷达，在这一刻飞速运转起来。

一个人在面对逼问的时候不敢正面回应，反而闪烁其词，理由只有一个：他、被、说、中、了、心、事！

再联想到，昨天晚上莫名其妙的吻……

胃部突然一阵抽痛，依依失控地猛然站了起来。

砰啷！

桌上的碗筷被打翻了。

“你怎么了？”荣轩一惊。

“我、我有点不舒服……”依依颤抖着抓住桌角，不敢去看荣轩的脸，“我不想吃了……我想回家……”

“那我送你吧。”荣轩立刻也跟着站起来。

“不用了，我自己走回去就行。”依依说完转身就想跑，但是没跑几步，就被追上来的荣轩一把拽住了胳膊。

温暖低沉的声音从身后传来。

“别傻了，外面这么冷，你怎么能走回去？”

依依最后还是没能拒绝荣轩的建议，无论在什么情况下，她依然是一个惧怕老板的苦逼小员工。面对荣轩，她怎么也没有勇气说出一个“不”字。

车子在深夜的街道上飞驰，依依斜靠在副驾驶席里，望着车窗外的路灯一晃而过，心里乱极了。以往在跟荣轩独处的时候，她总是费尽心思跟总裁大人聊天和说笑话，以掩饰自己面对老板时候的紧张心理。

但是现在，她什么都不想说。

她只想尽快回到自己温暖的家里，好好地睡上一觉。

那样的话，或许明天醒来，她会发现今晚经历的这一切只是一场梦，她和荣轩依然只是普通的上下属关系而已。

这时，车子放慢速度，缓缓地停下了。

依依以为自己的家到了，立刻低着头抓住安全带，小声说：“那……荣先生，我就在这里下车了。”

“下什么车？”荣轩反问，“你看看这里是什么地方。”

依依困惑地抬头一看，发现车子居然只是停在了街道的一侧，根本还没有到达她家所在的小区。而她一路上都在胡思乱想，根本完全不知道车子开到了哪里。

突然，一只温暖的手落在了她的头顶上。

依依瞬间全身都僵硬了，她低头盯着自己的脚，感觉到那温暖的手在自己的头发上摸了摸。

“你……是不是生气了？”荣轩轻声问，“很抱歉，今晚我一直在失态。”

“不，没有，”依依摇了摇头，“我……大概只是有点儿累了。”

“如果我真的让你不开心，你直接说出来也没关系，别一声不吭的突然要走。”荣轩叹了一口气。

“我真的没有不开心，”依依苦笑，“而且，就算有话要说，也应该是您对我说，不是吗？”

“我？”

“您，没有什么话想告诉我吗？”

“……”

“您不想解释一下吗？昨天晚上送我回家之后，您……为什么要亲我的脸……”

荣轩的身体一下子僵硬了。

车厢里静默了几秒钟，但是对依依来说，似乎像是几个世纪那么漫长。

她觉得自己有点儿冲动了，既然荣轩都不想提那件事，她为什么又要翻旧账？一个吻对他们彼此来说都没有任何损失，她为什么要如此斤斤计较？

想到这里，依依再也不想在车子里待下去了，她解开安全带：“抱歉，荣先生，是我多嘴了。刚才的话您就当我没有说过吧，再见。”

“等等。”荣轩按住了她的手。

依依头皮一麻。

那温暖的手指碰触到她的一瞬间，她的身体仿佛被电流刷过一般的刺痛，整个人都动弹不得。

就这样，她维持着抓紧安全带的动作，一动也动不了，听见荣轩静静地开了口。

“谢小姐，你……愿意听我说几句话吗？”

依依很想说不愿意，但是她张了张嘴，却连一个字也说不出来。

车厢里静默着，过了几秒钟，响起了荣轩冷静而低沉的声音。

“谢小姐，其实，我最近总是在反省一件事情。当我得知，你因为我的人事任命而在公司里受了很多委屈之后，我更加感到自己应该好好的反省。

“我在想，有的时候，我是不是把自己的想法强加在了别人的身上。是否在我未曾意识到的时候，我已经对别人造成了伤害？

“你知道我为什么急着要荣佑结婚，并且总是亲自为他寻找合适的配偶？因为，我曾经一直将人生的责任分成两部分，事业的责任，以及家庭的责任。荣佑是一个游手好闲的公子哥，这一点我很清楚。他没有能力、也没有意愿继承荣家的产业，他在事业上的成就是不可能与我并驾齐驱的。

“不仅如此，从小到大我处处都比荣佑强，而荣佑除了吃喝玩乐什么都不会。虽然我们是亲兄弟，但他在荣家饱受诟病，得不到亲戚的任何称赞。我不想看到这样的局面，所以，我希望至少他在婚事上能比我强一些，我希望他能娶到一位令人称慕的夫人，生下聪慧美丽的孩子。尽管荣佑本身不够优秀，但如果他的家庭很美满，我的心里也能稍感安慰。”

依依在心里苦笑，该怎么说呢？荣轩这个大哥，真是一片苦心。

哥哥负责打拼事业，弟弟负责传宗接代，听起来真完美呢。但是，事实真如荣轩想象中那么简单吗？

“荣先生，”她叹了口气，“我，能明白你对荣佑恨铁不成钢，也知道你是一位很爱护弟弟的哥哥。但是，在你为荣佑设计的人生里，你曾经考虑过他本人的感受吗？你是否知道，他究竟是不是需要你为他去安排一段幸福的婚姻？

“荣先生，一个人的人生成功与否，幸福与否，在他心里自有尺度。对你来说重如泰山的东西，或许对荣佑来说轻如鸿毛；反过来，荣佑珍惜和喜爱的东西，在你眼中可能不屑一顾。为别人设定人生，并且以为那种人生就必定是幸福的，这本身就是一种自以为是的想法。荣佑对结婚成家的事情根本就不感兴趣，你又何必强人所难？”

“是的，”荣轩点了点头，“事到如今，我终于发现了这一点。荣佑的价值观和我根本不一样，财富和权力他视如草芥，安逸的家庭对他来说也可有可无。他追寻的，是内心的自由和快乐，根本就不稀罕事业和家人。而那两者，正是我本人最重视的东西。所以我已经想清楚了，以后，我不会再强迫他结婚了。”

依依长嘘一口气。

她为荣佑松了一口气，也为自己感到庆幸。谢天谢地啊，她听出这次荣轩是认真的，从今以后，她真的不用再担心被强迫着和荣佑交往了。

“荣先生，恭喜你终于想通了。”她发自内心地笑了笑。

“不，还没有，”然而，荣轩却摇了摇头，“谢小姐，虽然我对荣佑的婚事是彻底放弃了，但是还有你……我依然还是不舍得放弃你。你是一个非常好的女孩，我……不太想就这样放你走。”

依依刚落下的心，瞬间又提了起来：“什……什么意思？”

荣轩放低了声音：“就是……你所觉察到的那种意思。说实话，我很早就觉得荣佑那小子配不上你，又找不到一个合适的方法解决这个问题。当时，伊琳娜向我提了一个建议……”

“伊琳娜？”依依诧异道，“她说什么了？”

“她说，建议我亲自上阵。”

依依怔了一会儿。

轰！

她的头顶瞬间火山爆发了。

伊琳娜那浑蛋到底出的什么馊主意！亲自上阵，亲自上阵……这个词语简直太引人遐想了好吗！原来荣轩就是听了伊琳娜的建议，才会一语惊醒梦中人，干出各种莫名其妙的事情来！

依依的脸红了又白，白了又红，烫得都快烧起来了。

“所以，谢小姐，你……觉得怎样？”这时，荣轩又开口了，声音有些紧张。

依依在想，万人之上的总裁大人啊，大概一辈子都不会像今天这么紧张。

当然，她自己也强不到哪儿去。

抓着安全带，她低着头，脸颊滚烫。酝酿了好一会儿的情绪，她才鼓起勇气抬头看了荣轩一眼。

没想到，荣轩也正专注地看着她。

轰！

苦逼小员工的头顶又火山爆发了。

依依连忙想低下头，却发现一件恐怖的事情——她，她移不开视线！

可恶，都怪总裁大人长得太帅了，害得她的魂儿都被他的眼睛勾走，连一动都不能动！

两人就这样大眼瞪小眼，静默了几秒钟，荣轩好像误会了依依呆滞不动的原因。

他开始主动采取行动，慢慢朝依依靠了过去。

啊喂！总裁大人你在干吗！又要乘人之危亲脸颊吗？好、好像不对，看他移动过来的方向好像是瞄准了嘴？！

依依心跳如雷，无奈身体不听使唤，僵直得一寸都动不了，喉咙更是紧张得连一丝声音都发不出来。糟糕，难道这就是缺乏恋爱经验的人突然被热情表白的后果吗？

谁、谁来救救她啊！

然而，就在这一瞬间，身体某处传来一阵猛烈地抽痛。

依依整张脸顿时扭曲了起来。

她的变化并没有逃过荣轩的眼睛，他立刻停止了移动："怎么了？"

依依没有说话，只是咬紧了牙关。

她的肩膀颤抖着，血色渐渐从脸上褪去，整张脸都变得苍白如纸。车厢里的温度并不高，但豆大的汗珠从她的额角流淌下来，在昏暗的光线下看起来格外骇人。

突然，她一扭身扑到车窗上，把头伸出窗外，剧烈地呕吐起来。

一边吐，她一边捂着胃部，身体痛苦得蜷缩成一团瑟瑟发抖。

"依依！"荣轩连忙从后面抱住她，"你到底怎么了？哪里不舒服？！"

"我……我的胃……好痛……"依依无力地抓住荣轩的衣袖，满脸都是泪水，脸色已经变了可怕的蜡黄色。

"等等，我马上带你去医院！"荣轩也被依依可怕的脸色吓坏了，连一秒钟都不敢犹豫，连忙开车赶往医院。

接下来的事情，依依也记得不是很清楚了。

她依稀记得荣轩一路风驰电掣，途中还打了一堆电话通知众位下属。等他赶到医院的时候，各路人马已经齐齐等在门口迎接，几乎把医院大门挤得水泄不通。

那个时候，依依已经胃痛得陷入了半昏迷状态。她都没来得及看清有哪些人被荣轩喊来，就迷迷糊糊地失去了意识。

中途，依依醒了几次，一次发现自己在化验间被医生抽血，一次是被荣轩怀抱着躺在车里。车子摇摇晃晃的很舒服，窗外似乎有山间的景色一晃而过。

等到依依真正清醒过来的时候，已经是第二天下午了。

一睁开眼，她就发现自己躺在暖洋洋的被子里，身上也已经换了蓝色条纹的病号服。空气里飘着淡淡的消毒药水味，依依本来以为这里是病房，艰难地抬头一看，才发现自己居然身处一间华丽宽敞的卧室。

呃，该怎么说呢，这个地方，有点像她出门旅游时候住的度假酒店，低调而奢华，很漂亮，却又处处充满了生活气息。

壁炉里燃烧着木炭，旁边的扶手椅上，荣轩正坐在里面看报纸。

听见床上传来的动静，他抬起头："谢小姐，你醒了？"

依依一愣："……荣先生？"

看见自家老板，小员工的全身条件反射地紧张起来。她想起床认真跟老板打招呼，刚一动弹眼前却天旋地转。

呜，全身都在发软。

"别乱动，你的烧还没有退。"荣轩连忙站起来走到床边，很体贴地往依依背后垫了一个枕头。

"烧？"依依困惑地摸摸额头，感觉似乎的确有一点热度。

"你得了急性肠胃炎，已经昏睡了一整夜了，"荣轩坐在床边，无奈地看着她，"医生说你是吃得太多，又加上火锅菜里的牛肉没煮熟导致肠道细菌感染。双管齐下，你的胃怎么会不痛？怎么会不发烧？"

原来如此。

依依羞愧地低下头，逐渐回忆起了昏迷之前发生的事情。

昨晚她在宴会上已经吃得很撑了，因为不好意思拒绝荣轩的邀请，又跟他一起去吃火锅。席间，因为谈话内容不恰当而导致气氛紧张，她在慌乱之下没顾得上仔细烫菜，就不小心吃下了没熟的牛肉。

"你昨晚既然已经吃饱了，直接说一声就可以，为什么还逼着自己去陪我吃火锅？"荣轩叹着气，"你不知道你吐的时候哭得有多惨，你是想吓死我吗？"

"老板提出邀请，小员工不敢不答应嘛……"依依有些心虚，低头对着手指。

"就因为你硬着头皮答应，才会让自己吃这么多苦头！"荣轩愠怒道。

“没，没吃苦头啊！我身体很棒的，痊愈速度也很快，保证明天可以准时上班，”依依连忙说，还举了举胳膊证明自己很健康，“老板，你看，我没事啊！……哎哟，头好晕……”

荣轩都被她气笑了：“好啦，你别逞强了。我给你放一个长病假，你好好在这里疗养吧。”

依依被吓了一跳：“长病假！这怎么行？我得损失多少工资啊，而且，谁来顶替我呢？”

“顶替的事情你不用担心，而且我也不扣你工资，我是你老板，这点儿小事还是做得了主的。”

“呃，那，那……这里又是什么地方？住院费贵不贵？”

“这里不是医院，是我们荣家自己的度假山庄。医院里人流密集细菌又多，我怕你没法好好养病，就自作主张把你带到这里来了。”

听着荣轩的说明，依依震惊了。

长病假，不扣工资。

度假山庄，荣家的私人财产。

耳边似乎传来钞票哗啦啦飞舞的声音，总裁大人开始展现他高富帅的真面目了吗？平心而论，荣轩平常在公司从来不搞特殊化，行事作风比荣佑还要低调。因此他这次一出手就是大手笔，着实把依依震惊到了。

“你怎么了？发什么呆？”见依依一直不说话，荣轩朝她摇摇手。

“啊？！”依依连忙回魂，结巴道，“我、我、我……您太慷慨了，我、我消受不起啊！”

“有什么消受不起的？”荣轩笑笑，“我也不是免费让你住在这里的，这段时间希望你能好好考虑一下我昨晚说的话。”

“你昨晚说什么了？”

“亲自上阵。”

？

！

！！！

轰——

苦逼小员工的头顶上瞬间又火山爆发了。

“哇啊啊啊！——”依依发出不明意义的尖叫，一扭身羞愤地钻进被窝里，抱着被子使劲扭来扭去。这里不是办公室，害羞得不知如何是好的时候，她终于可以肆无忌惮地扭动了。

荣轩一头雾水地看着依依扭个不停，奇怪地问：“你这是在干什么？”

依依背对着荣轩，羞愤道：“人家害羞，不行啊！”

荣轩静默了。

过了一会儿，依依似乎听见他发出一声轻不可闻的低笑。

然后，总裁大人温暖的手落到了她的头发上，揉了揉她的脑袋：“抱歉，我找不到更加含蓄的表达方式。”

依依停止了扭动，但还是不好意思回头，双手死揪着被子。

“荣先生，”她用像是蚊子叫的声音，小声说，“我……我觉得自己配不上你。”

“说什么傻话？你以为我这么无聊，会在一个不合适的人身上花这么多精力？”荣轩说着，又放柔了语气，“况且，就算说配不上，也应该是我来说。我比不上你这么会体贴人，总是伤害你，让你生气难过，还老给你添麻烦，真对不起。”

“世上哪儿有不折磨下属的上司？”听荣轩这么说，依依回头恼怒地看了他一眼，“为上司排忧解难是下属的责任，你这个老板与其道歉，还不如今后争气一点儿，别再整天跟我对着干就行啦。”

“一定不会，”荣轩哑然失笑，“以后，我会好好珍惜你的。”

这蜜糖般甜蜜的情话，让依依立刻又闹了个大红脸。

她羞涩地扭过头：“你急着珍惜什么啊？我都还没答应呢。”

荣轩笑笑："你没有像拒绝荣佑的婚事那样冷酷的拒绝我，我已经很高兴了，当然要珍惜。"

依依一怔："我冷酷？有吗？"

"有一点吧，那个时候，你一脸严肃地对我表示你绝对不会嫁给荣佑，那样子还真的挺可怕的。我知道你虽然看起来好欺负，但有着自己鲜明的原则和底线。所以……昨晚，我很担心你会生我的气，然后恶狠狠地拒绝我，甚至辞职离开华荣。"

"如果对方是别人的话，我能真的会吧，"依依低头对着手指，"但是对你，我可不敢。"

"为什么不敢？"

"这还用问吗？因为你很可怕啊，总是深不可测的，比我以前的老板Jimmy可怕多了。在你面前，我可不敢说一个'不'字。"

"闹了半天，我是仗着老板的身份在强迫你？"荣轩郁闷了。

"算是吧，不过，你还是有改正机会的。"

"怎么改？"

"比如说，不要再用淡定严肃的语气喊我'谢小姐'。你不知道啊，老板，每次被你这么一喊，我的小心肝儿都快从肚子里跳出来啦。我这么一个勤勤恳恳任劳任怨的小员工，吃的是草，挤的是奶，早上一睁眼就想着怎么伺候老板，晚上梦里还要研究明天怎么逗老板开心，我……"

"别贫嘴！"看依依滔滔不绝的样子，荣轩一个没忍住，突然低头吻住她的嘴。

依依还没说完的话，全都被这个吻堵了回去。

下一秒，两人都石化了。

咳，自从发觉了自己的真心之后，一向淡定的总裁大人就一直在失态呢。

房间里静悄悄的，过了好久，依依才艰难回魂，惊慌地捂住自己的嘴：

“完了！初……初吻没有了！”

荣轩一怔，随即眯眼笑笑：“真巧，我也是。”

依依呆住了。

趁这个机会，荣轩又吻了她一下，然后又是一下……

咳，俗话说，坏事干多，自然也就习惯了。

总裁大人在想，既然自己已经失态好多次，干脆，就这样失态到底吧……

Chapter 14　悠闲寂寞小米虫

隆重升级为老板小情人的谢依依小姐，就这样在度假山庄里过上了幸福的养病生活。

荣家的度假山庄，并非只有度假的功能，还集合生活、休闲、疗养为一体，配备了足量的厨师、医生、护士和用人。

据说，当初险些流产的宾妮，出院之后也在这里疗养过一段时间。直到她的先生从国外出差回来，才把她接回家去休养。

荣轩真是一位体恤下属的好老板。

不但老板好，员工也很不赖。这座山庄的工作人员都经过精心培训，平常从来看不到他们人影，而一旦依依有需要，他们就会不知从哪里钻出来，热情地问："谢小姐，请问有什么需要帮助的吗？"

从养病的角度来看，依依实在不需要什么帮助。荣家的私人医生比医院里的普通医生要优秀得多，每天按时给她挂水吃药，还定期抽血化验量体温。如果不是依依强烈拒绝，护士们大概会二十四小时守在她身边。

如此这般的照料，依依的烧很快就退了。

此时，圣诞节假期也刚好开始。这一次，因为依依自己给自己找麻烦，尝到了酸涩的苦果，她原本定下的出游计划全都泡汤，只能日日穷极无聊地待在卧室里，看着太阳东升西落，无聊得都快长毛了。

不仅如此，她还发现一件非常痛苦的事。

那就是山庄里的伙食。

请看：

早餐：青菜粥；午餐：皮蛋瘦肉粥；晚餐：香菇鸡肉粥。

第一次看到这张菜单的时候，依依深陷绝望，面露菜色。

“这这这，这是谁定的菜单！”她愤怒地揪着菜单。

“谢小姐，是医生定的。”荣轩的用人笑眯眯地说。

“不不，谢小姐，这明明是荣先生定的。”医生手下的护士小姐连忙否认。

“医生定的！”

“荣先生定的！”

“医生！”

“荣先生！”

“好了好了你们别吵啦，我吃还不行吗！”依依被吵得头痛欲裂，放弃了寻找罪魁祸首。事实证明，这是浑蛋老板和浑蛋山庄员工们共同给她设下的一个套，既然她说了愿意吃，当然就不好意思再发表意见，每天只能硬着头皮喝粥。

第一天，粥。

第二天，粥。

第三天，她实在撑不下去了！

晚上，她痛苦地喝完一大碗香菇鸡肉粥，躺在床上耐心地等待着所有人都去睡觉。等到了半夜，她一个人蹑手蹑脚地爬起来，去厨房找点东西吃。

不行啊，她谢依依是谁？

是一顿火锅能吃下二十盘牛羊肉的超级大吃货啊！

现在居然不让吃货吃东西，这怎么得了？

再不吃一点像模像样的食物，她真的要饿死在山庄里了！

深夜的走廊，静悄悄的，依依穿着拖鞋，慢慢地，慢慢地，推开了厨房的门。

借着走廊里昏暗的灯光，依依看见冰箱近在眼前，她相信，里面一定有很多好吃的！

流着口水，她慢慢地把手伸向冰箱。

然而，就在她的手指接触到冰箱把手的一瞬间——

啪！灯被人打开了！

整个厨房里，瞬间灯火通明！

依依的脑袋嗡的一声大了，同时，她听见一个大魔王般的声音在身后响起。

“谢小姐，半夜不睡觉，在干什么呢？”

那声音温和，低沉，却冷飕飕的。依依瞬间三魂被吓掉了两魂半，她颤巍巍地回过头，硬是挤出一个笑容：“哈哈哈，荣、荣先生，晚上好啊。”

没错，站在厨房门口的，正是她的顶头上司，她的深不可测、笑里藏刀的总裁大人。

站在荣轩身边的，还有几个用人和护士，大家脸上的表情都隐藏着同一句潜台词：谢小姐啊，你看你，干傻事了吧？被总裁抓住，你现在可是死路一条喽。

看见依依的样子，荣轩早就猜出她在干什么了。但是，他故意装作不知情，一脸担忧的皱起了眉：“谢小姐，你看你，半夜里一个人跑出来也不穿一件外套，这样会着凉的。”

他一边说，一边从身后变魔术般地摸出一件大衣，走上去披在了依依的肩膀上：“来，赶快跟我回房间去吧。”

依依绝望地挣扎着，使劲拽着冰箱不肯松手，啜泣道：“让我吃！让我吃！”

荣轩回头往用人那边扫了一眼：“你们是怎么服侍谢小姐的？晚上都

没有给她吃饱？”

其中一个用人连忙说：“对、对不起，荣先生！我们马上为谢小姐做夜宵，那个……桂圆莲心粥怎么样？”

一听到“粥”这个字，依依差点大哭起来：“我不要喝粥！我要吃饭！你们这些浑蛋！”

荣轩像是什么都没听见似的，一把将依依扛到自己肩上离开了厨房，一边走还一边说：“好的，就桂圆莲心粥，做好了送到谢小姐的房间里来。”

“是。”

“荣轩你这个王八蛋！”依依破口大骂，“王八蛋！王八蛋！我不要喝粥，我要吃菜，我要吃肉！”

荣轩置若罔闻，就这样在依依的骂声中，一路将她扛回了卧室。

进到卧室里，荣轩一脚踢上门，把依依随手扔进床里，俯身压了上去。

“你刚才骂我什么？”他捧着依依的脸颊，淡定地问。

“……没，没什么……”被那双夺人心魄的黑眸凝视着，依依瞬间大脑一片空白，全身发软，连一句完整的话都说不出来了。

“那我是不是王八蛋？”

“不……不是……”

“那你还想不想喝粥了？”荣轩继续问。

“想、想、我想！”依依欲哭无泪，在总裁大人的严刑逼供下，她只能忍辱负重，屈打成招，呜呜呜……

“嗯，那还差不多。”看依依啜泣着点头答应了，荣轩这才满意地放开她。

依依等着荣轩赶快走，她搞不懂日理万机的总裁大人今天怎么有空深夜来探望自己。她以为荣轩最近忙得四脚朝天，就算到这里来了也会马上急着走，却没想到荣轩放开她之后，不但没有要走的意思，反而慢条斯理地开始脱西装外套。

“你、你要干什么！”脑子里一瞬间掠过各种少儿不宜的画面，依依惊恐地抓紧被子捂在胸口。

“脱外套而已，房间里太热了。”荣轩淡定地说。

“什么意思？难道你还想在这里过夜？！”依依越发惊恐。

“你想多了，”荣轩淡定道，然后慢慢走到床边，淡定地坐下，握住了依依的一只手，“最近我一直很忙，都没空来看看你恢复得怎么样了。今天好不容易有空，就立刻过来一趟，还好，你还没睡。”

偶尔来一趟就抓住她在厨房偷吃，她这也太倒霉了吧！

依依在心里哭，表面还故作笑容：“那你现在看过了，可以回去了吧？”

“这怎么行？难得来一次，总得帮你做点什么……”荣轩的话说到一半，门突然被人敲响了，用人端着盘子走了进来。依依看到盘子里热气腾腾的粥，立刻一阵头大，她刚想着找个什么借口拒绝喝粥，就听见荣轩说了一句让她无比绝望的话。

“来，依依，我来喂你喝粥吧。”

救命啊啊啊啊！

看着荣轩一脸深不可测的微笑，温柔地把粥端到自己面前，依依只恨自己不能立刻昏过去。

坑人，这太坑人了！

荣轩不是喜欢她吗！

为什么表白心意之后不但没对她好一点，还变本加厉地折磨她！

这世道还有没有天理了！

然而，总裁大人出场，小员工哪敢说一个“不”字？

那天晚上，那碗甜蜜的桂圆莲心粥，依依是含着眼泪吃下去的。

噩梦并没有就此结束，相反，才刚刚开始。

第二天早晨，依依还在做着美梦，梦见自己在一堆烤肉三文鱼羊排牛肉汉堡中幸福飞翔的时候，某人温柔淡定的声音在她耳边响起：“依依，快起床吧，该喝青菜粥了。”

依依一瞬间从幸福的云端跌倒地狱的谷底。

她被荣轩硬是从床上拖起来，苦逼地喝了一大碗青菜粥，苦逼地吃完今天的药，又苦逼地被荣轩拉出去散步。照总裁大人的话来说，整天窝在房间里对健康不利，偶尔呼吸一下新鲜空气，有助于身体更快康复。

其实医生早就说过这样的话，但依依从来不当成一回事。现在总裁大人亲自出马，她当然不敢不从，只能苦逼地跟着荣轩在度假山庄里散步慢跑，直折腾得满头大汗才回来洗澡，然后吃午饭。

说是午饭，其实根本没有饭。

依依在荣轩的温柔监督下，含泪喝下了一大碗皮蛋瘦肉粥。

饭后，依依思忖着，总裁大人全年无休，根本没有假期，这下子总该赶回公司去上班了吧？让她没有想到的是，荣轩看着依依洗完澡吃完饭躺下休息之后，居然拿出一个小巧的笔记本电脑，在依依的卧室里大大方方地工作起来！

“你……你……”依依震惊了。

“这几天把你一个人留在这里，害我总是在担心你的状况。所以我想出了这个办法，就算留在这里也不会耽误工作。”荣轩温和一笑，然后对着电脑开始视频会议。

依依绝望了。

她吧唧一声，痛苦地倒在了床上。

一个下午，两人相安无事。

荣轩开了三个会，看了八份财务报表，签完五份商业合同，顺便还订下了明天的工作计划。

而依依的成绩是：读完言情小说两本，翻完八卦杂志三本。她原本还想去翻美食杂志，但想到眼下的情况，看食物图片等于自虐，才依依不舍的作罢。

坐在床上抱着被子，依依偷看着荣轩正襟危坐认真工作的画面，咽了咽口水，鼓起勇气开口："荣先生……"

荣轩目不转睛地盯着电脑："怎么了，谢小姐？"

"我想吃炸鸡腿。"

荣轩握鼠标的手指打滑了一下，他抬头看了依依一眼，叹息道："我还以为你要说什么，原来是又不听医生的话了？"

依依大怒："我很听医生的话啊！你看，我早就没有上吐下泻了，高烧也退了，面色也红润了，也能走能跑了，每天也不会躺在床上哼哼唧唧了。我已经痊愈了啊，你们为什么还要逼着我喝粥！"

荣轩又发出一声叹息。

然后，他关上电脑，坐到依依床边，摸摸她的脑袋。

依依一头黑线，总裁大人最近这是养成了什么怪毛病？三天两头摸她的脑袋，她又不是他养的宠物！

"医生说，在你的各项健康指标恢复之前，荤素都不能吃，只能喝粥。所以，虽然你觉得自己已经康复了，但稍不注意就会病情反复。难道，上次你肠胃炎发作的样子，还想让我看一次？你是嫌我的心脏太坚强，要给我找一点儿刺激吗？"

依依无语了。

老板什么的最讨厌了，针尖大的一点儿事都能扯出一堆大道理！

这时，下午茶的时间到了，用人端来了一碗甜羹。

荣轩见状，立刻拿起碗和勺子，把甜羹端到依依面前。这段时间，总裁大人已经练就出了一身喂人吃饭的好本事，只见他舀起一勺红豆米粥，小心地低头吹了吹，然后送到依依嘴边。

"来，快吃。"他柔声道。

依依倔强地拧着脖子，左躲右闪就是不能张嘴。但这难不倒荣轩，他瞄准依依回头的一瞬间，把勺子准确地塞进她的嘴里。

“唔！”依依一惊，那甜甜的滋味已经渗入口腔，顺着食道暖洋洋地滑进了胃里。

“你、你可真会乘人之危！”痛苦地咽下甜羹，依依郁闷道。

“这是很简单的战术，冷静观察对手的动作，在发现破绽的一瞬间出手，基本都会成功。”荣轩得意道。

“靠，你还把我当成敌人了？真卑鄙！”

“女孩子不要说粗话，况且我也算不上卑鄙，只是把你以前对我做过的事，反过来又对你做了一遍而已。”

“我做什么了？”

“在公司里的时候，你总是在我想休息的时候逼着我吃滋补品。你真不知道，我每次开完会以后多想眯眼睡一会儿，为了早点把你打发掉，我只能用最快的速度把你送来的东西全部吃掉。”荣轩一边说，一边露出郁闷的表情。

“咦咦咦？有这种事吗？”依依认真回想了一下。

呃，似乎……的确……

不过，她也是迫不得已啊，总裁大人本来就超级任性，这也不肯吃，那也不肯吃。为了他的健康着想，她这个小特助只能绞尽脑汁见缝插针，寻找总裁大人的每一处破绽，想尽办法把滋补品塞进他的嘴里去。

“老板，我这是为了你好啊！”依依哭诉。

“谢小姐，我也是为了你好，”荣轩说着，笑眯眯地又把一勺甜羹送到她嘴边，“来，张嘴。”

依依在心里流泪。

这、这算是报应吗？

想当初小员工每天逼着老板吃东西，如今风水轮流转，局面居然完全颠倒，变成了老板逼着小员工吃东西！

老天爷啊，你真是喜欢折磨人！

那一碗甜羹就像是毒药，依依吃一口，使劲咽一会儿；又吃一口，又使劲咽一会儿……偏偏荣轩还特别有耐心，始终微笑着慢悠悠地喂依依吃粥，完全是一副不让她吃完誓不罢休的样子。

"……荣先生啊，话说，我不在公司的这几天，秘书室的情况到底怎么样了？"实在吃得太痛苦，依依只能没话找话地聊天，分散自己的注意力。

"最近不是圣诞节假期吗？大家都在休假，什么情况都没有，"看依依真的挺痛苦，荣轩终于好心地放下了碗，陪她一起聊天，"话说回来，我也的确有必要给你换岗了，自从你做了我的特助以后，不但每天好吃好喝的伺候我，连带秘书室的那群家伙也被你喂得饱饱的。上次丽莎还跟我抱怨说，你一个月里让她胖了五斤，害她最贵的那几条裙子全都穿不上了。"

"那是丽莎自己意志不够坚定，"依依严肃道，"那，荣先生，我回去上班以后，你会把我安排到哪里去呢？"

"目前还在安排中，没法给你一个明确的答复，"荣轩说着，又问，"但是，你真的不再考虑一下？整个华荣集团，真的没有比总裁特助更加轻松的工作了。"

"我工作又不是只求轻松，职业规划和个人价值也是很重要的嘛，"依依低头对着手指，"更何况，我已经从你的绯闻小蜜变成了货真价实的小蜜，还怎么好意思回到秘书室，从早到晚跟你厮混在一起？"

"胡说什么？小蜜就是情妇，我又没有结婚，你怎么能算情妇？"荣轩皱眉，"你是我货真价实的女朋友，将来还要进我们荣家的家谱，怎么会是小蜜？"

依依一怔，恼羞地甩了荣轩一巴掌："谁要进你家谱！"

荣轩一把抓住她的手，放在唇边亲了亲，笑道："怎么，你不愿意嫁我？”

“哼。”依依羞愤的扭头。

“那可就麻烦了，我这个人很容易想不开，钻起牛角尖来尤其可怕。我看中的东西一定要得到，得不到的话也要想尽一切办法占为己有……”

“喂！你真是越说越过分啦！”依依再也听不下去了，愤怒地瞪了荣轩一眼。她以前怎么不知道，自家淡定腹黑的老板一旦露出真面目，居然是个恬不知耻的大浑蛋？

过去那个彬彬有礼的绅士到哪里去了！

“如果你愿意嫁，我就不说了。”荣轩笑笑。

依依羞愤地再一次扭头，双颊都快红得滴出血来了。

但是，呜呜呜……没办法啊，荣轩淡定腹黑她也喜欢，荣轩是个大浑蛋她也喜欢。无论他的身份是老板，或者只是一个普通的男人，他从头到脚的每一寸依依都喜欢，他本来就是她最喜欢的类型。

很久以前，当米嘉在MSN上问她，能不能像拒绝荣佑那样严肃的拒绝荣轩？那个时候，依依就知道自己已经深陷其中了。

她当然无法严肃的拒绝荣轩，就算对他说一个“不”字，她都做不到。

“……荣先生，我……突然想到一个问题。”静默了一会儿，等待着脸颊的热度稍微消退一些，依依小声说。

“什么问题？”

“你都已经叫我依依了，我再继续称呼你荣先生，好像不太合适吧？但是，直呼你的名字，又显得不太礼貌……”

“这么小的问题，”荣轩笑笑，“你可以称呼我的小名。”

“你有小名？”依依一惊，“叫什么？”

“若寒，荣佑叫若炎。”

“荣……若寒，”依依缓慢地重复了一遍，突然满头黑线，“这是你的小名？”

“对。”

“你们有钱人的世界真奇怪！正常人谁会取这么文绉绉的名字当作小名！”

“不好吗？”荣轩困惑地皱眉，“那你觉得小名应该是什么样的？”

“小名应该是通俗土气又朗朗上口的啊！比如二狗，小囡，黑蛋，崽子或者宝贝什么的……”

荣轩想了一会儿：“你要是想用最后一个名字称呼我，我也没意见。”

依依一愣，顿时羞得满脸通红：“荣轩你这个王八蛋！”

荣轩正色道：“叫我若寒。”

依依气歪了，挥拳就要去揍荣轩。正在这时，荣轩的手机响了起来，他连忙抓住依依的手，另一只手从怀里摸出手机：“是我……好，我马上就来。”

说完，他俯身在依依的额头上亲了一下：“抱歉，我有点儿急事，得走了。”

依依一听，高兴都来不及：“好啊好啊，你快走，你走了我就不用喝粥了。”

荣轩瞥了她一眼，捏捏她的鼻子：“又贫嘴。”

依依嬉笑：“好啦，你快走吧，别耽误了工作。”

两人又温存了一会儿，荣轩才依依不舍地起身。他收拾好笔记本电脑，穿上西装外套，拿起公文包，临走到门口，还回头看看依依：“依依，别以为我不在就可以偷懒。好好听医生的话，按时吃药喝粥，我回来以后会检查。”

依依刚刚因为荣轩要离开而雀跃起来的心情，又瞬间跌到谷底。

老板有令，小员工不敢不从。

傍晚的时候，依依在用人的监督下含泪喝掉了一碗皮蛋瘦肉粥，又乖乖被医生量了体温和血压。医生满意地表示依依的各项指标正常，但距离完全恢复健康还需要一定的时间。

也就是说，整个圣诞节假期，依依都要苦逼地在养病中度过了。

更糟糕的是，荣轩定期会来查岗，顺便喂粥。

依依觉得自己生病没生死，倒是要被总裁大人无微不至的关怀给折磨死了。她似乎体会到了，过去在办公室里，荣轩被她的滋补品围追堵截的时候，那种痛苦郁闷又无从发泄的感觉。

真是报应啊。

呜呜呜。

好不容易把用人和医生全都打发走，天都还没有完全黑。医生的建议是晚上八点准时上床睡觉，但是……但是对一个精力充沛的年轻人来说怎么可能嘛！

依依在房间里无聊地走来走去，实在不知道该怎么打发这寂寞的漫漫长夜。之前生病的时候身体虚弱，整天只想睡觉；但是现在她基本已经康复了，根本不想躺在床上，只想找一家店去舒舒服服地大吃一顿！

当然，这只是她美好的幻想。度假山庄里到处都是工作人员，全是荣轩的眼线。要是她胆敢走出房间一步，荣轩马上就会知道。

唉，该怎么办呢？

正当依依愁得不知如何是好，窗户外面，突然传来轻轻的敲击声。

依依回头一看，只见一个黑影趴在窗子上。

“哇啊！”她吓了一跳，还以为是有贼进来了。定睛一看，才发现贴在玻璃窗上的那张脸，似曾相识。

呃，好像是……荣佑？

依依半信半疑，走过去把窗子打开。

呼——！

一阵冷风吹进房间，某个身穿黑色皮衣的家伙全身发抖地扑了进来，身体挂在窗台上直喘大气："快，快拉我进去！我快要冻死了！"

居然真的是荣佑。

荣佑的模样狼狈至极，衣服和头发上挂满了冰渣子。依依朝窗外一看，发现不知什么时候，外面居然下起了小雪。

她连忙把荣佑连拉带扯地拖进房间，又找来一条浴巾盖在他的脑袋上。荣佑则一进房间就往壁炉那边冲，蹲在熊熊的火焰面前拼命搓着手。

"好冷，好冷啊！"他的嘴里不停地呵出白气。

"你怎么来了？"依依一头黑线的看着他，"来就来呗，干吗不走大门，非要爬窗子？差点吓死我。"

"房子外面戒备森严，房子里面到处都是我哥的眼线，我怎么敢走大门？"荣佑郁闷地看了她一眼，"就算从窗子里爬进来都花了我好大的工夫，差点就被花园里的狼狗发现了。……唉，不提这些了，你最近怎么样？"

"就跟你看到的一样，营养均衡，白白胖胖，都快成米虫了。"依依张开胳膊，向荣佑展示自己米虫般的身材。幸好她因为生病而瘦了几斤，又天天喝粥，否则大概真的已经被荣轩饲养成小肥猫了。

"这么说来的话，那天我哥把你带走以后，果然监禁在这里了？"荣佑上下看看依依。

"监禁是怎么回事？"依依一头雾水，"我得了急性肠胃炎，在这里疗养。"

"哦？"荣佑将信将疑。

"你这是什么表情？"依依的脑袋上冒了点黑线，似乎觉察到荣佑对目前的事态发展有所误会。于是，她主动将那天晚上离开宴会会场以后的事情，原原本本对荣佑讲了一遍，顺便恭喜他终于摆脱了被大哥整天逼婚的噩梦。

不过，荣佑听了这些事情以后，脸上并没有多大的反应。

过了一会儿，他的表情放松下来："呼……原来如此，原来你真的是生病了，我们都多心了。”

“你们？谁？”

“就是 Celia 和白洛雷啦。”

“多心什么？”

“多心我哥哪根筋搭错，对你做出什么伤天害理的事情啦！那天宴会上，他的情绪挺不对劲儿的，那家伙虽然看起来很正常，一旦脾气发作起来那才叫一个恐怖。他说你生病了，我们都不相信，又是打你手机又是到你家去找你，可是到处都找不到你。就连你去过的那家医院也只有你的就医记录，没有你的住院记录，你就好像人间蒸发了似的。我们担心死啦，后来听说你在这里，我就赶紧想办法潜入进来了。”

依依头上的黑线更多了。

居然连“潜入”这种词语都用上了，这群家伙到底对她脑补了什么邪恶的剧情！以为她是惊悚电视剧的女主角吗！

她无奈扶额：“我的手机那几天没电了，而且你们不要把若寒当成变态好吗？他只是看到你跟我在一起，一下子吃醋而已！”

“妈呀，都若寒了，我这几天到底错过了什么好戏吗？”荣佑窃笑。

“没错过，那家伙只是把他的小名告诉我了。”

“只是……你知道我们荣家人的小名有多金贵吗？一般人压根就没资格知道……好吧，我这就去准备你们结婚的红包。”

“少贫嘴了你！”依依对荣佑嬉皮笑脸的样子大怒，捶了他一拳，“话说你到底是来干吗的？专程来烤火的吗？”

“哎呀，我冒着风雪大冬天的跑到这里来容易吗？让我再多烤一会儿呗，”荣佑一脸苦楚，“再说了，在这里待了这么久，你就没觉得无聊？没想见见外面的朋友？看到我就一点儿都不高兴？”

荣佑的话戳中了依依的心事，她的脸色一下子晴转多云。

然后，她坐进荣佑旁边的扶手椅，抓了一只抱枕抱在怀里。

“你还真别说，我在这里度日如年。”她郁闷道。

“怎么了？总裁大人让你挨饿挨冻了？”荣佑问。

“不是啦，他……他暴露了真面目以后，就像变了一个人似的，天天都对我热情的不得了，连公司都不去了。我……我都快受不了啦，你快救救我！”

荣佑一怔，然后脸“腾”的一下红透了，结巴道：“他、他对你热情我有什么办法？我又不能代替你……”

“谁说要你代替我了？我是被他二十四小时看管着，烦得快发神经了，希望你能带我出去透透气！”依依看了他一眼。

荣佑这才恍然大悟：“汗，原来是他把你照顾得无微不至，你嫌烦了？他就是这种婆妈的性格啦，嗨，吓我一跳，我还以为……”

“你还以为什么？”

“还以为他天天都饥渴地跟你亲热什么的……”

“……浑蛋！你这个下流胚！”终于明白荣佑到底误会了什么，依依恼羞地抄起抱枕按在他脸上。

“嗷嗷嗷透不过气来了！”荣佑使劲挣扎，挣开抱枕之后面露难色，“我知道你憋得挺难受，但是，这栋房子里有这么多工作人员，我怎么把你带出去呢？”

依依眼珠子一转，立刻有了一个坏主意：“你刚才是怎么进来的，就怎么带我出去呗。”

荣佑摸着下巴：“这倒也是，爬窗我很有一套，带一个人还是没问题的。不过这很危险啊，现在我哥一看到我和你在一起，就醋缸子打翻，要是这件事被他发现怎么办？”

“不会啦，他有急事到公司去了，一时半会儿回不来。我就是出去闲逛一下，时间不会太久的，”依依一边说，一边啜泣地打出了悲情牌，“荣佑，你看我平时也从来不求你什么事，今天就帮我一个忙吧。你哥最近天天逼着我喝粥，我都不知多久没吃过一顿饱饭了，都快饿出人命啦！”

“我看你是馋出人命吧，”荣佑无奈地看着她，又说，“那这样吧，要我带你走也可以，你得帮我办一件事。”

“靠，你还跟我谈起条件来了？刚才让你烤火这么久，这代价还不够你向我报恩的吗？”

“我这么一个开朗幽默的人跟你聊了这么久，给你解闷，已经算是报恩啦！怎么样，答不答应？不答应我就走了，反正已经确认你没事，我的任务已经完成了。”

“等等！”看荣佑转身要走的样子，依依连忙拉住他，“你要我做什么？说、说说看呗！”

开玩笑，好不容易见到一个外面世界的大活人，她怎么能这么容易放人家走？

荣佑回头看看她，静默了一会儿，突然面露窘色：“算、算了，反正也不是什么大事。”

“到底什么事？”见荣佑吞吞吐吐的样子，依依反而好奇了。

“就是、呃……这个……那个……”荣佑越发窘迫，一脸尴尬的低着头，过了好一会才慢吞吞地说，“你，有个朋友嘛，就是那天宴会的时候，在洗手间门口跟你聊了好久的……”

“你说米嘉？”依依一秒钟就明白了。

“哎，对，你……能不能帮我给她捎几句话？”荣佑尴尬地搓着手。

依依纳闷了一会儿，突然恍然大悟：“我知道了！你……是不是喜欢米嘉？”

“不要说得这么大声！”荣佑一脸恼羞。

果然……

凭依依天生的女性雷达，她就觉得荣佑那天很不对劲儿，对米嘉有些心猿意马。

"怎么样？行吗？"见依依不说话，荣佑小心翼翼地问。

"行什么？你要我去帮你给米嘉传什么话？"依依看看他，"你自己怎么不去？"

"我不认识她嘛……"荣佑扭捏道。

"哎哟，自来熟不是你的特长吗？"依依打趣道，又说，"不过，米嘉的性格跟我不一样，她很辣哦，对待看不中的男人说不定会一脚踢飞。"

"哈，我最喜欢辣的了！"荣佑一脸兴奋，拉着依依转身就往窗口冲，"那我们快走吧。"

"等等！"依依大喊，"外面天寒地冻的，我还穿着睡衣，你想让我感冒吗？"

说完，她冲到衣橱前面翻箱倒柜，找出几件不知道是谁扔在里面的旧衣服，乱七八糟的穿在身上。那些衣服又老又旧，把依依裹得就像一个臃肿的中年妇女，但是她也顾不上自己的形象了，打扮完毕之后，转身对着荣佑，霸气万千地吼了一声："好了，我们走吧！"

Chapter 15　不该干的坏事，不能干

外面，天寒地冻。

裹成粽子般的依依，开始了艰难的度假山庄逃亡行动。

荣佑果然是爬窗的高手，他将几条被单绑在窗框上，自己先跳出去在底下接应，然后让依依抓着被单，一路小心地爬下来。

依依打出娘胎就没干过这种坏事，距离地面还差两三米的时候不小心手一打滑。结果，她掉在了荣佑的身上，两人一起滚倒在又冷又湿的草地里，就像两只大球，要多狼狈就有多狼狈。

幸好，依依的房间在二楼。如果再高一点，估计他们早就摔个半死了。

逃出房间，依依抬头看了一眼窗口。

灯已经全部都关上了，夜幕之下，窗框上的被单也几乎看不见，完全感觉不到任何破绽。

山庄的工作人员晚上不会私自进她的房间，所以，只要荣轩不来，应该就没事。

依依在心里祈祷着自己的运气不要太差，转身跟着荣佑穿过花园。

在山庄一角的墙根处，有几块松动的砖头，拿开砖头以后就能看见一个大洞，可以容纳一个成年人通过。依依在荣佑的帮助下钻过了洞，外面，荣佑的摩托车正在那里等候。

几分钟以后，摩托车已经在盘山公路上飞驰，向着山脚下的闹市区

驶去。依依在半路上跟米嘉打了个电话，她原本想和荣佑一起跟米嘉吃一顿饭，好好聊聊他们俩的感情问题，没想到米嘉正在加班，而且晚上还有事，只能跟依依在公司楼下碰个头。

于是，下山之后，依依指使荣佑把摩托车开往 You-Time 公司，在那里和米嘉见面。

平常一向很厚脸皮的荣佑，今天却害羞得不得了，他把摩托车远远停在一家咖啡店门口，自己在店里等着，让依依一个人去给米嘉捎话。

依依一头黑线，她看着一脸别扭的荣佑，又想想最近性情大变的荣轩，深切地感受到爱情果然能让一个人变傻，这魔力也太大了，好吗！

You-Time 公司楼下有一个停车场，人烟稀少而且不起眼，依依就跟米嘉约在了那里。

她刚到了一会儿，打扮时髦的米嘉就走过来了。一看见依依，她立刻拼命招手，同时露出一脸惊讶的表情："妈呀，我的大小姐，你是怎么搞的？走村姑风吗？"

确实，依依一身又老又土的外套，实在有几分村姑的味道，就连她自己看了也忍俊不禁。

但这个时候，她也没心思在意自己的形象了，急急忙忙地拉住米嘉的手："米嘉，闲话就不多啰唆了。我有一件很重要的事情要告诉你，你仔细听我说。"

"重要的事情？怎么，圣诞节假期外出旅游被人偷了，来找我借生活费？"米嘉笑笑，"难怪你那次宴会之后都没给我打电话，而且现在又穿得这么落魄。"

"不是啦！"依依连忙摇头，"跟钱没关系，你……你还记不记得那天宴会上，我们在洗手间门口聊天的时候，背后站着一个男人？"

"宴会？男人？"米嘉想了想，"不记得啊，那时我看到你高兴都来不及，怎么还有空去在意别人？"

“唉，算了……其实，那家伙就是荣佑，华荣集团的太子爷。”

“哦。”米嘉听了依依的话，并没有多大的反应。可能她以为那种宴会场合，依依又是荣家儿媳妇的人选，荣佑出现在那里也很正常。

见米嘉这么镇定，依依反倒不好意思了。她低着头，满脸局促，语气也开始结结巴巴：“然……然后，那个，现在，荣佑，他啊，想……想托我给你带几句话……”

“什么话？求我把你嫁给他？”米嘉打趣道。

“不是啦！是求我把你嫁给他！……也不对！其实就是，呃……荣佑他……说他挺喜欢你的，问你……愿不愿意考虑一下……？”说完这些话，依依已经满头大汗。明明是她在帮荣佑的忙，不知为什么倒像是她和荣佑狼狈为奸，在一起干坏事。

米嘉的笑容定格了。

她盯着依依看了半天，很久都没说话。

依依还以为她不喜欢荣佑，毕竟自己在她面前说过不少荣佑的坏话，连忙道：“米嘉，我以前说过的话你别当真，其实荣佑这人挺好的，没啥坏心，对朋友也义气，真的！不过……要是你不愿意的话也没关系，我……”

“依依，”米嘉叹了口气，“不是我愿不愿意的问题，而是我不行啊。”

“不行？什么意思？”

“我……有一些难以启齿的原因，以前为了避免麻烦，谁都没有告诉过。不过，今天我就对你说老实话吧。”

“难以启齿的……原因？”依依大吃一惊，“不、不会吧？拒绝别人的爱意还有难以启齿的原因？难、难道米嘉你是男人？！”

“滚！我这么漂亮火辣的身材看起来像男人吗！”米嘉大怒，又说，“我这个原因……依依你听了，可不要大喊大叫哦，一定要冷静。”

“我冷静，你说吧。”

“其实，我早就已经结婚了。”

“……什么！”依依尖叫起来，立刻被米嘉捂住嘴：“浑蛋！叫你别叫！你想把公司的人都吸引过来吗！”

而依依已经完全惊吓过度了，她盯着米嘉，从指缝间漏出呜呜的声音，表情更是一副被吓到崩溃的样子。

她的好朋友！她从加入 You-Time 以后就一直是关系好得彼此不分的闺密，她洋气美艳回头率超高的前同事，居然……居然……居然已经结婚了！

哪个浑蛋这么好的福气！

不，不对，最重要的是这件事到底什么时候发生的？她为什么完全不知道！

过了许久，见依依的样子平静一点，米嘉才小心翼翼地放开手：“你看……我让你冷静一点吧？”

“这么劲爆的原因，谁能冷静啊！”依依跺脚。

“所以我说了很难以启齿嘛，我都已经是别人的老婆了，别说荣佑，就算世界首富对我示爱，我也不能答应呀。”

“你到底是什么时候结婚的？我在 You-Time 待了好几年啊，怎么完全不知道？”依依疑惑道。

“当然是因为我在入职之前就结婚了。”米嘉扶额。

“吓，原来你是早婚一族？谁这么好的福气，把你这个大美人给娶到了？”依依的八卦劲头上来了。

“我告诉你的话，你千万不要激动，也绝不能告诉别人。”

“绝不。”

“那好吧，其实……我老公就是 Jimmy。”

“……”

如果说，刚才依依听闻米嘉已婚的消息之后，那种情绪是惊讶。那现在，她就是震惊到已经碎裂成一块一块的了。

“你……说……什……么……？！”她的眼珠子都快瞪出来了，抓住米嘉的胳膊死命摇晃，“米嘉！你说什么！你说什么！你说什么！”

“再说几次也一样啦，你没听错，”米嘉一脸无奈，“Jimmy 是我老公，Jimmy 是我老公，Jimmy 是我老公！”

依依震惊地后退了几步，捂住嘴。

“我们是大学里的同学，还没有毕业就订婚了，”这时，米嘉又说，“因为我当年在学校里的声誉不太好，所以我们结婚的事情几乎没有告诉任何人。荣轩他们也只是知道 Jimmy 好像结婚了，但不知道那对象就是我。后来，Jimmy 成立了 You-Time 公司，我和几个同事就是第一批元老。你是后来才进公司的，当然不可能知道这件事啦。”

依依还是震惊地捂住嘴。

她在脑子迅速把事情的来龙去脉都分析了一遍，确实，当她加入 You-Time 的时候，公司已经初具规模了。她只知道米嘉进公司很早，却不知道她居然就是公司的老板娘。

再加上米嘉那种不喜欢炫耀的性格，隐瞒自己和 Jimmy 的婚事，也是很正常的。

“难怪，那个时候你说你为了我跟 Jimmy 打了一架，”她忧伤地说，“我以为是员工和老板的冲突，弄了半天原来是夫妻吵架！米嘉对不起，我真是个罪人，居然变成你们感情不和的罪魁祸首！”

“嗨，那有什么关系。就算没有你，我也经常有事没事就揍他，我学生时代可是一个作恶多端的小太妹，再说那闷骚男本来就欠揍，”米嘉无所谓地摇摇手，“所以，你知道我为什么不能接受荣佑的好意了吧？代我谢谢他，一把年纪还能被富二代看中，我还真荣幸啊。”

“荣幸不荣幸倒不是问题，我只是同情荣佑的眼光。好不容看中一个洋气美女，美女居然早就结婚了。”依依叹气。

“哈哈哈，你说我是洋气美女？不要这样夸我，我会得意忘形的，”

米嘉爽朗地笑起来，“再说，让太子爷受一点感情挫折也没什么不好。你不是说他骄纵任性不懂事吗？就让他增加一点人生经验呗。”

“倒也是哦……”

两人正说得起劲，停车场远处突然传来一阵脚步声。

某个冷冰冰的声音传了过来：“米嘉，你在跟谁说话？我等你半天了。”

依依一抬头，看见她的前任老板大人正朝她们慢慢走来，然后停在自己的车子前面，面无表情地看着她们。

闷骚，傲娇，文艺，毒舌，神经质。

已婚。

依依怎样也没法把第一类标签，跟第二类这个“已婚”标签联系在一起。

居然敢嫁这样一个男人，米嘉真是女中豪杰！

这时Jimmy看见依依，立刻露出一脸难以忍受的表情，把视线转向别处：“华荣集团的人，少跟我公司的员工厮混在一起。”

“Jimmy！”米嘉嗔怪了一声，抱歉地拍拍依依，“不好意思啊！那我就先走了，有空再聊。”

“好。”依依深知Jimmy的脾气，也并没有因此生气，就这样和米嘉告别了。

唉，话是传到了，可结果却出人意料。

慢吞吞离开停车场的时候，依依满腹纠结，实在不知道该怎么跟荣佑汇报结果。

偏偏荣佑还急不可耐，已经等在了咖啡馆门口。一看到依依，他就迫不及待地迎了上来：“怎么样？米嘉怎么说？”

依依一脸尴尬，实在不知道该怎么开口。

看到依依欲言又止的样子，荣佑好像看出了什么，表情一下子黯淡下来。他一脸忧愁：“好吧，你不用说我也知道。”

依依连忙解释："不，不是米嘉不喜欢你！只是因为……她已经结婚了……"

荣佑的身体僵硬了。

看来，米嘉已婚的身份不仅把依依吓了一跳，就连荣佑也无法接受。

唉，看来一个女人的魅力，跟她是否结婚根本没有关系。真正的美人，就算有了老公也一样会被富二代看上的。可惜富二代的一轮明月照了沟渠，好不容易主动看中一个妹子，居然还没来得及开始追人家，故事就结束了。

要是故事的主角换了别人，铁定会消沉两三天。但荣佑是谁？是长年被腹黑大哥逼婚却还心态开朗，饱受众多亲戚诟病却还我自岿然不动，乃超级粗神经的阳光公子哥一枚啊！

大约消沉几分钟，荣佑就恢复了正常，把自己还没开始恋爱就失恋的悲惨经历抛到脑后，按照一开始的约定带依依吃东西去了。

依依在想，荣佑在这特殊的家庭环境中成长，练就了一副如此粗神经的好心态，应该……算是他的优点吧。

两人就这样，冒着寒冷飞雪前往美食街，开始完成"从街头吃到街尾"的艰巨任务。

依依已经记不得自己有多久没有吃过实实在在的食物了，每天除了吃药就是喝粥，人都快喝肿了。看到美食街上鳞次栉比的小吃摊，她立刻眼冒绿光脚下生风，无比激动地冲进了人群里。

转眼间，她就左手三串里脊肉，右手一杯热奶茶，还使劲把荣佑往买鸡排的队伍里踹。荣佑也是黑暗料理的忠实爱好者，吃起来的劲头完全不亚于依依，也乐得帮她去排队。

买完鸡排，两个人觉得不够热闹，又打电话把夏雪夜找了出来。正巧雪夜在家里闲着没事，立刻迫不及待地赶来。于是，三人在熙熙攘攘的美食街上如入无人之境，吃完鸡排吃烤串，吃完烤串吃麻辣烫，吃完麻辣烫吃蛋挞，吃完蛋挞又吃臭豆腐……

更凑巧的是，这条美食街距离当年荣佑出车祸的地方很近，于是依依故地重游，站在街边指着马路中央，一脸深沉地对荣佑说："荣二公子，当年你就是鲜血淋漓地躺在这里，要不是我谢大侠古道热肠出手相救……"

雪夜接过了她的话："要不是你出手相救，今天就做不了荣佑的嫂子了。"

依依刚酝酿起来的怀旧思绪，立刻消失得一干二净，她恼羞地锤了雪夜一拳："浑蛋！胡说什么呢！"

荣佑还在旁边煽风点火："雪夜说得好！犀利真相帝！"

依依大怒："你们这两个王八蛋！"

"哇哈哈哈，生气了吗？来追我啊！"

"追到了，就请你吃烤丸子！哈哈哈哈哈！"

深夜的街道上，回荡着欢快的笑声。刚才在美食街填得饱饱的肚子，在你追我赶的娱乐中快速消化，转眼间又能吃第二顿了。

这一次，美食之旅从荣佑请客换成了依依和雪夜请客。依依把荣佑和雪夜带到了自己最常去的火锅店，向他们介绍了店内的特色菜肴和锅底，然后再次大快朵颐了一番。

事实证明，吃货谢依依小姐已经完全康复了。她再也不像上次跟荣轩吃火锅的时候那么蔫，一个人横扫餐桌，风卷残云般吃光了八盘牛肉和五盘羊肉。

那样的阵势，连荣佑都叹为观止。

吃完火锅，三个人又去美食街溜达了一圈。等到酒足饭饱，真正吃不下任何东西的时候，夜早就已经深了。

摸着肚子慢悠悠地走在路上，依依觉得自己终于满血复活了。人生就应该被煎炸烤烹的重口味美食包围着，吃得满嘴流油扶墙走才够幸福！

什么青菜白米粥，什么皮蛋瘦肉粥，都给她滚蛋吧！

那么，吃饱喝足，应该乖乖回家了。否则第二天用人们发现病人小姐不在房间里，非得急疯了不可。

就此，依依准备打道回府。

雪夜对荣家神秘的度假山庄很好奇，本想跟着依依和荣佑一起回去。可惜荣佑只有一部摩托车，不能载三个人，而且天黑路滑山上又在下雪，这一次只能作罢了。

三个人在美食街的入口处分手，并且相约圣诞节假期结束之后还要像今天一样聚餐。然后，雪夜开开心心地打车回家，依依则爬上了荣佑摩托车的后座。

一路平安无事，回到度假山庄，依依看见所有的房子里都黑漆漆的。

在昏暗的月光下，床单还好好绑在窗框上，狼狗们也在温暖的狗窝里睡着。花园的草地上还留着刚才两人离开时候的脚印，看起来一切都没有任何异样。

依依放下心，在荣佑的帮助下，抓着被单爬回房间里。往上爬可比往下爬要难多了，依依费了九牛二虎之力，才好不容易像一只球似的滚进房间。她顺便把荣佑也拉了进来，外面这么冷，荣佑今天又帮了她的大忙，依依希望他再在房间里烤烤火，暖暖身子再走。

荣佑的身手比依依好得多，三两下就跳进了房间，然后跟依依合力把悬挂在外面的被单拽进来，企图毁灭罪证。

拽进床单之后，依依转身想去开灯。然而还没等她走出几步，房间的一角，传来一个淡定而低沉的声音。

“两位，真是好兴致。”

依依的脑袋轰的一下大了。

荣佑也瞬间全身僵硬，呆立在原地一动不动。

啪。

电灯被打开。

一身西装革履的荣轩，正淡定地坐在房间中央的椅子上。

看见依依穿着大外套的臃肿样子，荣轩的表情并没有多大变化。他甚至看起来一点都不生气，只是把视线逗留在依依身上，然后转到荣佑身上，然后又转回依依身上。

然而，这样淡定的视线让依依吓得脸色发白，全身颤抖。

她的大脑里一片空白。

怎么回事！发生了什么事！荣轩怎么会来！这么晚了，他忙完工作以后为什么不回家啊啊啊啊！

更糟糕的是，依依能感觉到荣轩现在很生气，非常生气，他和荣佑要倒大霉了！

显然，荣佑的想法也和依依一样，他甚至很有勇气地向前一步，把依依略微挡在身后，露出一副视死如归的样子。

这样的情景，就像一对暗度陈仓的小情人被捉奸当场，那场面要多让人误会就有多误会。

三人僵持了好一会儿，还是依依鼓足勇气首先开口："荣……荣先生，都这么晚了，你怎么来了？哈哈哈……"

荣轩冷冷一笑："是啊，你也知道那么晚了？谢小姐，你害我在这里等了好久，我都等得快睡着了。"

"但、但房间里很冷啊，要不要我去把壁炉点燃，然后我们再慢慢谈？哈哈哈……"

"不用了，看到你们两个，我就已经全身发热，不需要用别的东西取暖了。"

荣轩此言一出，依依和荣佑又是吓得浑身一颤。

总裁大人的潜台词已经很清楚了：他现在很生气，非常生气！熊熊的怒火正在他的头顶燃烧!

“……哥，你也别老是打翻醋缸子，”这时，荣佑也鼓起勇气开始说话，“依依这几天在这里憋坏了，我就是带她出去散散心，顺便吃了点东西而已。”

“依依？这名字是你随便叫的吗？”荣轩冷冷地瞥了他一眼。

荣佑立刻不敢吭声了，看来他的大哥现在正在火头上，再敢啰嗦就是自寻死路。

“你先回去吧。”荣轩又说。

荣佑一惊：“可……可是……！”

胡扯，当下的情况他怎么敢自己回去？他大哥脾气发作的时候六亲不认，依依娇小柔弱，手无寸铁，留她一个人在这里岂不是羊入虎口？

“少啰嗦，叫你滚你就滚！”见荣佑还在踌躇，荣轩咆哮道。

荣佑顿时被吓得一头冷汗，转身就往窗口逃：“知道啦！我滚，我滚还不行吗！”

荣轩咬牙：“谁叫你往窗口滚了！你嫌命不够长还想跳窗吗？走大门！”

荣佑连忙一秒钟回头，战战兢兢地朝门口走去。

临走前，他悲壮地看了依依一眼，但是一句话都不敢说。他知道，如果自己敢做出任何多余的小动作，荣轩一定会当场把他大卸八块。

就这样，罪魁祸首之一的荣佑走了。

冷冰冰的房间里，只剩下了依依和荣轩两个人。

依依咬着嘴唇，揪住衣角，一脸害怕又窘迫的样子。她可不敢跟荣轩辩解什么，这件事本来就是她不对，她没有任何理由为自己解释。

“别一直站着，随便坐。”这时，荣轩又开口了，语气似乎比刚才温和了一点。

依依一句话都不敢说，连忙乖乖地坐到床角，双手还端端正正地放在膝盖上，就像一个听话的小学生。

然后，她看见荣轩起身，点燃了壁炉里的木炭。橘红色的火焰跳动着，原本冰冷的房间，很快有了一丝暖意。

点燃了壁炉，荣轩又回到椅子上，和依依面对面坐着，露出一副准备审问犯人的样子。

两人之间静默了一会儿，荣轩开口了："谢小姐。"

依依胆战地抓紧了衣角，小声道："荣先生。"

"你知道，自己今天的行为错在哪里吗？"

"……我，不应该不听医生的话，在外面大吃大喝。"

"什么？你还大吃大喝了？"荣轩大怒，"都吃了些什么？一样一样地告诉我！"

老板很可怕，发脾气的老板更加可怕。

依依被吓得魂飞魄散，连一秒钟都不敢犹豫，就把自己晚上吃的东西巨细靡遗地说了出来。她每说一样东西，荣轩的脸色就黑一分；说一样，黑一分……等到依依全部老实交代清楚的时候，荣轩的脸色已经黑如锅底了。

"……谢小姐，你真是好样的，我真没想到。"等待着依依说完，荣轩冷笑一声。

"那，荣先生，难道您不是因为知道我乱吃东西才生气的？"依依小声问。

"你说呢？"

"那，我还是不是要继续反省自己的其他错误？"

"你说呢？"

"好吧，我……不该把荣佑放进来，应该把他扔在冰天雪地里，任他自生自灭。"

"……"

"我不应该把昂贵的丝绸床单系在窗框上，坏了的话我几个月的薪水都赔不起。"

"……"

"我不应该让用人以为我睡着了，不应该从窗子翻出去跳进花园里，踩到花花草草；不应该坐荣佑的骑得飞快的摩托车，不应该把雪夜也拉出来一起聚餐，不应该……"

"谢小姐！"荣轩提高声音，一下子打断了她的话，"你还敢油嘴滑舌？这么不正经的说话方式到底是谁教你的！"

"反正不是荣佑，"依依小声说，"荣先生，你真的不用吃醋。事情真不是你想的那样，我只是因为实在憋得太闷，求荣佑带我出去兜兜风而已。"

"这么说，把你关在房间里还是我的错了？"荣轩冷笑。

"算……是吧，"依依扭捏着，"把我关起来，还整天逼着我喝粥本来就很过分嘛，我已经痊愈了，为什么不可以……"

"谢依依！"荣轩一下子站了起来，走到依依面前咬牙瞪着她。依依被这样的阵势吓坏了，连忙往床上爬去，瑟瑟发抖道："你……你要干什么？"

"你到底知不知道自己干了什么傻事？"荣轩咬牙，眼睛里几乎冒出火来，"你……就这么不珍惜自己的身体吗？你暴饮暴食很开心？很喜欢上吐下泻胃痛到抽筋发高烧的样子？还是你嫌自己这次的病还不够重，非要穿着这些四处漏风的旧衣服，在冰天雪地的晚上到处走？"

他一边低吼，一边愤怒地扯住了依依外套的衣襟。

嘶——

随着一记布料撕裂的声音，原本就很陈旧的外套被撕开了一个大口子，露出依依穿在里面的毛绒睡衣。

"呀啊！——"依依发出一声尖叫，一把拍开荣轩的手，"王八蛋！你在干什么！我自己的身体状况我自己清楚，不用你多管！"

荣轩一怔。

而后，他慢慢收回手，露出一种像是苦笑的神色。

“好，自己的身体，自己清楚，”他低声道，“既然如此，我也不用多管你了，随便你怎么样吧！”

说完，他转身就走。

依依刚才骂出口的时候已经后悔了，看见荣轩决然离开的样子，她连忙惊慌地跳下床：“不要！等等！”

荣轩一声不吭地走向门口。

“等等！别走！”依依拼命追上去，从后面一把抱住荣轩，“……若寒！”

荣轩全身一震。

“对不起，是我错了！”依依用力抱住他的腰，啜泣道，“但……我不是三岁小孩子，我知道自己需要什么，想要什么。我会自己安排自己的生活，我……不想要你整天为我操无谓的心！”

“无谓的……心？”荣轩苦笑，“原来，我担心你，是我在多管闲事？依依，那天你在我的车上胃痛得又吐又哭的时候，那可怕的景象我还没有忘记，你自己倒是已经忘记了？所以，今天你又要来吓唬我了？”

“不是的……”依依啜泣着。

“你知道我刚才抓紧处理完一切事情，拼命赶回来的时候，看到这个空荡荡的房间，心里是什么感觉？我既惊讶，又恐惧，而且十分不解。我不明白你为什么不听我的话，不惜跳窗逃走也要跟别人一起出去花天酒地！”

“是的，我错了，我不应该抱着侥幸心理以为你今晚不会回来，我以为偷跑出去的事情不会有任何人知道！但是，若寒，我有我自己的分寸，我知道自己该吃到什么地步，该逛到什么时间。我知道该在什么时候做什么，你就不能给我一点信心，给我一点自由吗？我不想总是被你束缚得一动也不能动！”

“束缚？”荣轩重复了一遍，“我对你的关怀和担忧，原来……对你而言，是一种束缚？”

他一边说，一边抓紧了依依环抱着自己的手。他的力气实在太大，依依的手指被他抓得生疼，指尖也开始失去血色。

突然，荣轩松开了她，一手拉开门。

瞬间，冰冷的夜风从走廊吹进房间，让两人都不约而同地打了个哆嗦。

房间里静默着，一时谁都没有说话。

过了一会儿，荣轩转过身，静静地看着依依。

他的眼中似乎有异样的光芒在闪烁，但很快恢复了沉寂。在冷风的刺激下，他的头脑渐渐恢复了冷静，刚才的怒火也慢慢从脸上消失了。

“好吧，既然你这样说，我明白了，”他沉声道，同时放开了依依的手，“我不希望自己成为一个不讲道理的暴君，既然你说自己了解自己的身体状况，我就暂且信你一次。”

依依一怔。

荣轩继续说：“其实，我也知道你这阵子在度假山庄里憋得很难受。而之所以这么晚还要赶到这里来，也是为了告诉你，我已经在公司为你安排好了新的职位。”

“新的职位？”依依大吃一惊，“什么职位？”

“圣诞节假期明天就要结束了，后天开始你去这个地方上班，”荣轩说着，从衣袋里摸出一张纸塞进依依的手里，“具体什么职位，你去报到的时候就会知道了。”

“这样啊……”

“怎么，不高兴吗？”

“不，当然高兴！”依依连忙摇头，而后面露愧疚，“对不起，你千方百计在公司里为了我的事情奔波，我却还……”

“都过去的事情就别提了，”荣轩笑笑，“如果你真觉得愧疚，就亲我一下。”

“什么？”依依以为自己听错了。

“亲我一下。”荣轩又笑。

这……真是乘人之危啊。

依依有点赌气地看着他，看见荣轩一直站在门口根本没有要走的样子。两人僵持了一会儿，最后还是依依主动投降，她扭捏地靠近过去，踮起脚在荣轩的唇角啄了一下。

荣轩伸手抱住了她。

两人就这样拥吻在一起，然后也不知道是怎么回事，原本轻柔的吻，渐渐就变成了浓烈的深吻……

几个月以后，已经晋升为荣太太的谢依依小姐，又一次回想起了这天晚上的事。对他们这对恩爱夫妻来说，这大概就是他们有生以来吵得最凶的一次了。

“若寒，那个时候，天气这么冷，你为什么还要打开门跟我说话？不怕感冒吗？”依依奇怪地问。

“不开门不行。”已经晋升为已婚人士的总裁大人，淡定地翻了一页报纸。

“为什么不行？”

“因为那个时候，我的情绪已经濒临失控了。况且，你又抱我抱得那么紧，如果我不开门让自己吹风冷静一下，大概就真的控制不住自己了。”

“控制不住又怎么样？你会揍我？”

“不，假如我没控制住的话，你的贞操大概在我们结婚之前就没有了。”荣轩淡定地说。

“……臭流氓。”

Chapter 16　新职位，新的开始

谢依依小姐复活了。

圣诞节假期结束之后，工作日的第一天，她精神抖擞地起了个大早。

壁炉前摆着好几个巨大的礼物盒子，里面是崭新的全套粉色职业装，还有一只小皮包和一双高跟鞋。依依起床的时候就发现了这些东西，而且立刻明白是荣轩送给她的圣诞礼物。

可是总裁大人昨天火气消了以后就回去了，到底是什么时候把礼物放在这里的?

算了，还是不要用正常人的水准来衡量她神通广大的老板吧!

依依美滋滋地穿起了新衣服，拎起了新皮包，站在穿衣镜前臭美。总裁大人挑选礼物的眼光自然是不必说，依依满意极了，也开心极了。

楼下的客厅里，餐桌上摆着热气腾腾的面包、鸡蛋、熏肉和牛奶，虽然菜色简单但是很可口。依依昨晚刚吃了一肚子的油腻，正想要清一清肠胃，一下子风卷残云，把满桌子的早餐都一扫而光。

角落里，用人们发出偷笑的声音。

他们未来的少奶奶，胃口还真不错。

吃完早餐，司机和车子已经在外面等了。依依昨晚跟荣轩说好，离开山庄以后，下山的那段路请司机开车送，进市区之后她就下车自己走。

荣轩虽然有点不愿意，但也由着依依去了。他喜欢的姑娘可是平民

出身的野丫头，让她走到哪里都坐私家车，确实有点强人所难。

于是，这一次，依依终于能正大光明地离开山庄了。

坐在车子里，看着山庄房子的尖顶渐渐消失在视线里，依依心中充满了感慨。

在过去的那几天里，居然发生了这么多事，回想起来恍若南柯一梦。直到现在，她还不敢相信，自己已经是堂堂华荣集团总裁大人的女朋友了。

谣言再也不是谣言，而是变成了千真万确的事实。

到了山脚下，依依在车站前下车，然后目送着司机离去，独自等待公车。荣轩要她去报到的那个地方距离车站有一小时的车程，而且没有班车。依依绞尽脑汁也想不到，自己的新职位到底是什么样子的。

新的工作地点，位于市区闹中取静的一条小马路上，七层的小楼是一栋低调优雅的洋房。

依依走进去，沿着木质楼梯上到三楼，看见迎面走来一个面熟的年轻 OL。

她顿时惊喜地叫了起来："Mary？"

对方也看见了她，愣了一下，而后激动地扑了上来："依依！依依你果然来了！"

Mary 的叫声引来了其他同事，众人纷纷离开办公室来看热闹。发现是货真价实的谢依依之后，大家立刻把走廊围得水泄不通。

"是依依？"

"果然是依依，老板总算把你放回来啦！"

"恭喜你回到平民的世界！"

"秘书室好玩吗？"

"总裁大人到底有没有让你暖床啊？"

众同事纷纷热情又充满了好奇，这样的阵势倒是把依依吓怕了。她已经习惯了走到哪里都受到同事冷眼相对，突然有这么多人围着她，还真有点不习惯。

这时，人群外面传来两下拍手声，伴随着某位上司不紧不慢的声音。

“好了，大家都赶快回去工作，现在是上班时间。”

听到这个声音，人群立刻呼啦一声散去了，连 Mary 都对依依吐吐舌头，乖乖回到了自己的工作岗位上。

出现在走廊尽头的，是依依的前上司伊琳娜。

刚才拍手的人也正是她。

看见伊琳娜，依依笑了笑。伊琳娜也冲她笑笑：“谢小姐，到我办公室来一下。”

走进伊琳娜的办公室，依依有种久违的熟悉感。虽然办公地点变了，伊琳娜的办公室还是和以前一样，整齐，简洁，一丝不苟，让人真切感受到这位老板的正直和严肃。

“伊琳娜，这里是什么地方？荣轩为什么要我来这里报到，你们又怎么会在这里？”依依一看见伊琳娜落座，就迫不及待地问。

“是这样的，圣诞节假期间，华荣总公司进行了一次部门整合，我们《Fresh 魅力饮食》杂志被单独分出来自立门户，”伊琳娜微笑着向依依解释，“因为时间有限，来不及把所有的细节都安排好，所以我们暂时转移到这个临时地点工作，将来很快会有自己的办公楼。按照公司规划，今后我们将逐渐转型成一个专业的文化公司，专职负责编纂公司的内部刊物。而我们也不再是总公司的部门之一，而是升格成华荣旗下的分公司，叫做‘风荣文化传媒公司’。”

“哇啊，这么牛？”依依大吃一惊，如此复杂的改制工作，荣轩在短短的假期间就完成了吗？真不愧是雷厉风行的总裁大人。

“没什么，”伊琳娜笑笑，“成立单独的传媒公司，是在你加入华荣之前就已经在筹备的计划。除了《Fresh 魅力饮食》杂志之外，我们以后还会陆续上市几本不同类型的杂志，而这些杂志的最终目的，都是要向社会宣传我们华荣集团的正面形象。而这，也是荣轩把你安排到这里来工作的原因。”

“为什么？”依依不解。

“因为，荣轩说你在他手下工作的时候很会奉承他，而且对他这个老板和公司有着强烈的忠诚心。你的特点，正合适用来宣传公司的正面形象，把公司描述的天花乱坠——哦，最后一句话是荣轩自己说的，不是我的官方发言。”

“伊琳娜，连你也来逗我。”依依一头黑线。

浑蛋荣轩，闹了半天，她的新职位就是给老板和公司拍马屁？咳咳，不对，是从官方角度，向社会展示和宣传华荣集团的正面形象！

不过话说回来，这项人事安排还真是既犀利又巧妙。她谢依依是什么人？是任劳任怨忠心耿耿的劳模小员工啊，公司和老板在她心目中的形象一向大过天，她是打心眼儿里敬仰和崇拜着老板。

因为她的忠诚是发自内心，写出来的文章也必定充满了真情实意。让她来干这种赞美公司的活儿，真是再合适不过了！

“依依，这段时间委屈你了，”这时，伊琳娜又说，“我和荣轩共事了很多年，他虽然是一位慷慨的老板，但毕竟在那样的家庭环境长大，难免有一点自我中心。今后，如果他自以为是的做了什么让你不愉快的事，你直接说出来就行，他会愿意改的。”

“哈哈哈，我已经发现了，”依依笑着搔搔头，“不过，今天大家看到我好像很高兴，为什么不像以前一样，在背后对我指指点点了？”

“那是因为你已经不是总裁的特别助理了，大家当然也就对你失去了八卦的兴趣。员工们在意的从来就不是八卦对象，而是八卦内容本身。既然八卦本身已经不存在，他们自然就去寻找新的八卦内容了，你的事情已经过时啦！”

是这样吗……

咳，大家的八卦之心，还真是冷酷无情呢！

依依在心里无奈又庆幸地想着，又跟伊琳娜聊了几句之后，就离开了办公室。依依知道，伊琳娜肯定听说了她和荣轩假戏真做的事，但却很礼貌地对她心照不宣。

平民小特助和堂堂大总裁的绯闻风波已经结束了，现在他们只是一对真心相爱的恋人而已。

离开伊琳娜的办公室，依依按照她的指示去寻找自己的办公桌。

一路上，她看见每间办公室里都是欢声笑语，同事们正在闲聊各种八卦。目前，最新最热的内容似乎是人事部主管的婚外情事件。

唉，大家的八卦热点，果然一直在变呢，自己和荣轩的事情，已经被人遗忘了吧。

依依叹息着，来到自己的办公桌前，无意中看到对桌是一张似曾相识的面孔。

对方看到她，立刻窘迫地低下头。他是那天跟依依拼过酒的三个男人之一，乔乔。

“你好，”依依冲他笑笑，“那天的啤酒真好喝。”

乔乔立刻耳朵通红，一边缩起脑袋，一边小声说：“那天……我们都喝多了，真对不起。”

依依又笑：“没什么，酒后的胡话，不必当真。”

过去的事情已经过去，今后，不会再有绯闻和恶意。谢依依也不再是传说中的总裁小蜜，她，依然是勤奋低调的小编辑一枚。

这时，Mary 走了进来：“大家，全体去第一会议室集合，伊琳娜要公布下期杂志的主题了。”

听到她的话，同事们立刻站了起来，稀稀落落地走向会议室。

依依也混在人群中，同时觉得浑身上下充满了动力。

这才是她想要的生活，她的职业梦想就是每日跟一群同事勤勤恳恳地忙碌着，毫无顾忌地开心说笑，傍晚在一天的辛勤工作之后心满意足地下班回家。

在蚂蚁的世界里，最繁忙勤奋的就是那些工蚁，而依依很愿意做一只工蚁，成为大公司的一分子。她愿意成为一部机器中的小小螺丝钉，为机器的飞速运转而贡献出自己的一份力量。

一整天的繁忙工作很快过去，依依迅速掌握了杂志目前的情况，也知道了自己的工作任务。

《Fresh魅力饮食》上市第一期之后就卖得不错，而将来也会保持目前的风格。此外，杂志会增加一个华荣风尚栏目，内容就是全面介绍华荣集团的情况。

这个版面，将由依依专门负责。

空口拍马屁是不行的，今后她必须经常到华荣集团的各个分公司和部门去观察，每期寻找不同的主题和亮点，并且写成报道。依依稍微估计了一下自己的工作量，立刻感到了压力和责任的巨大。

傍晚的时候，她没有跟同事一起下班回家。而是独自坐在电脑前，一边制订工作计划，一边耐心等人。

因为，荣轩在中午给她发了一条短信，说是晚上会来接她下班出去玩。

堂堂的总裁大人喜欢玩什么？会带她去奢华高端的富豪俱乐部吗？

依依心里充满了好奇，而在她一分一秒的等待中，天慢慢的黑了。不久之后，楼下就响起了熟悉的汽车喇叭声。

依依连忙关掉电脑，拎起皮包奔下楼，看见荣轩的车子正等在门口。

荣轩看来是很担心依依的身体状况，白天却又忙得无法脱身。所以，一等依依上车，他就迫不及待地问：“今天感觉怎么样？”

依依反问：“你看呢？看我的脸色怎么样？”

荣轩端详了她一会儿：“嗯，面色红润，很有光泽。”

“没错，这就是我今天的情况，”依依吐舌头做了个鬼脸，“早跟你说过我已经康复了，上班绝对没问题。”

“又贫嘴，”荣轩伸手捏捏她的鼻子，“你倒是一个不亚于我的工作狂啊。”

“那是当然，我作为员工的性价比可高了。”

“中午吃的什么？”

“炸猪排盖浇饭。”

“这么油腻……算了，晚上带你去吃点干净的东西吧。”

“神马？我可不喝粥！”依依惊叫。

“不会的，带你去吃素菜。”荣轩一边说，一边启动了车子。

“素菜啊……那吃完饭呢？你带我去哪儿玩？”依依迫不及待地问，“我对饭后的活动比较有兴趣！”

“先卖个关子，你等会儿就知道了。”

车子在闹市区里穿行，很快来到一家风格简洁大气的餐馆门前。依依实在很纳闷总裁大人的生活轨迹，有钱人的世界跟自己是平行的吧？不然，荣轩喜欢的任何一家餐馆，她这个吃货怎么从来都没听说过？

菜单上的标价高得吓人，依依落座以后瞄了一眼就双腿发软，两眼发花。她的惊吓反而成为了荣轩手中的筹码，他轻轻一句“别浪费我的钱，好好吃光”，就立刻让依依吓得不敢浪费任何菜了。

餐馆的厨师很神奇，明明是素菜却能做出鸡鸭鱼肉的味道。一桌套餐总共八个菜，既好吃又昂贵，于是在口味和价格的双重刺激下，依依风卷残云地把食物吃得一干二净。如果不是荣轩阻止，她大概要扑上去舔盘子了。

一顿饭心满意足的吃完，两人继续今晚的活动。

车子继续开，继续在市区里东拐西绕，绕了很久之后，停在了一家剧院的门口。

“呃，这是……？”依依透过车窗看着那栋富丽堂皇的高大建筑，又一次受到了惊吓。

“就像你看到的那样，是剧院。”荣轩淡定地说。

“那、那你所谓的饭后活动就是……？”

“听歌剧。”

妈呀！太惊吓了好吗！

谢依依是谁啊，是只会吃美食、看小说、啃八卦杂志的没文化小平民，现在总裁大人居、居然要她去听歌剧？也不怕她拉低了剧院的档次？

但是，荣轩显然不是这么想的。在他的字典里没有“不行”，只有“不去做”，既然这位姑娘从来没有听过歌剧，就应当让她浸染一下高端文化，听着听着当然就被熏陶出高雅的气质来了。

依依也希望自己拥有高雅的气质，但现实总是残酷的。

在剧院里，开场十分钟之内她就在VIP席上无聊地睡着了。一个小时之后，当表演结束她才被荣轩叫醒，衣服上还留下了一摊口水。

荣轩一头黑线地看着那滩口水，叹息道：“谢小姐，看来我有必要继续对你进行员工培训了。”

依依哭诉：“强扭的瓜不会甜，强看的歌剧不会精彩。荣先生，你饶了我吧！”

荣轩淡定道：“别着急，我们一点一点学。首先，把我之前送给你的外文杂志拿出来，继续补习你的英语。”

妈呀！更惊人了好吗！

依依傍晚是欢天喜地跟荣轩见面的，听完歌剧却是愁云惨淡地被荣轩送回家的。在自家楼下告别的时候，依依还是一脸忧愁，幸好荣轩的一个告别吻总算让她的心情好了一点，否则她真会对他们的约会留下阴影。

“那，明天见。”车子里，荣轩一脸依依不舍。

“明天见，若寒。”依依也十分不舍。

“就这么告别了？不请我上去坐坐？”荣轩笑笑。

“怕你上去就不肯下来啦！”依依笑骂了一句，转身就逃下车。

上楼，开门，开灯。

回到自己的小公寓，依依终于彻底全身放松了。好多天，好多天了呀！她好久好久没有回到自己的小世界里来了，幸好她是一个人独居，假如跟家人住在一起，她突然失踪又打不通手机，家人还不得急死！

扔下皮包，依依也顾不上房间里满是灰尘，倒进沙发里长嘘一口气，又随手打开空调，刚想舒舒服服暖和一下的时候，楼下传来了几声汽车喇叭。她连忙跑到窗口，看见荣轩的车还停在自家楼下。

依依微微一笑，开窗朝楼下抛了个飞吻。

荣轩的车灯也立刻闪了几下，过了一会儿，车子才慢慢地开走了。

有了甜蜜约会的滋润，第二天，依依神采飞扬，精神抖擞地去上班。傍晚，荣轩开车过来接她吃海鲜自助，然后去听音乐会。

第三天，约会内容是法国菜加上芭蕾舞剧。

第四天，内容换成了高级川菜和京剧。

第五天，迎接依依的是海派创意菜和昆曲。

听完几个小时的昆曲，依依头昏脑涨，头重脚轻。

不行了，她真的不行了！

总裁大人实在太看得起她啦，她一没品位二没修养，硬是喂她吃高级菜肴也就算了，反正最后都会消化成米田共。

但、但是逼着她欣赏高级文艺节目简直是赶鸭子上架！

这一整个礼拜，每天晚上都听这些阳春白雪的东西，她的品位不但没提高，打瞌睡能力倒是突飞猛进。再这样下去，依依担心自己的打瞌睡技能越来越炉火纯青，可能有一天在伊琳娜的会议上都会睡着！

幸好，总裁大人日理万机，没法365天连续对她进行约会轰炸。

周五两人告别的时候，荣轩告诉依依，从下个礼拜开始他会很忙，暂时不能约会了。

听到这个消息，依依心里那个欢乐啊。总裁大人实在太会折磨人了，跟他分开一段时间彼此保留空间，是非常有必要的行为！

于是，在周末跟荣轩大吃了一顿火锅之后，依依从周一恢复了独来独往的生活。

独自上班，独自下班，独自吃晚饭，有空的时候和Mary思倩她们一起逛逛街。小员工谢依依好像又恢复了独身的生活，每天过着公司和家两点一线的日子。

但问题是，她现在……不是独身啦。

所以，一个人的日子过得尽兴之后，依依开始思念她那位很会折磨人的男朋友了。

某天中午，依依在公司里吃完饭，正盯着电脑屏幕发呆的时候，脑子里腾地一下冒出了总裁大人英俊帅气的脸。

呃，好像跟这个浑蛋好久没见面了。一个月？两个月？

依依抬眼看了一下日历，发现只有……四天。

是的，今天是周四，她和荣轩才四天没见面。但为什么她突然好想他，这就是传说中的一日不见如隔三秋吗！她谢依依的哪根筋也搭错了，开始因为恋爱而智商变低了吗！

一旦意识到这一点，思念就如潮水般涌了出来。

依依很想跟荣轩打个电话。

但是接通以后要说什么呢？……好想你？好无聊？陪我说说话？晚上出去吃饭？……不管说什么，都觉得自己好蠢好花痴啊。

依依自认为自己在感情问题上是比较冷静理智的，不会出现毫无目的地跟男朋友撒娇的幼稚行为。但是……真的好想听听总裁大人的声音，或者看看他的脸啊！

正当依依不知如何是好的时候，思倩走了进来："哎，依依你在啊？正好。"

依依回过头："怎么了？"

"新年特刊在准备策划了，华荣风尚那个板块，伊琳娜想做一个华荣总公司的专题。你要是没事的话，今天下午就到总公司去一趟，看看有什么内容可写，记得多写一些员工的正面形象。"

"你让我去总公司？"依依顿时兴奋得连声音也变了调。

"是、是啊，"思倩被她吓了一跳，"今天下午就去，有问题吗？"

"没问题，没问题，完全没有任何问题！"依依高兴地跳了起来，立刻穿衣打扮、关电脑、收拾东西，"我现在就去，马上就走！"

说完，还没等思倩反应过来，她就像一阵风似的冲出了办公室。

思倩的长发被呼的一声吹了起来，她呆立在原地，半天都没有回过神。过了好久，她才捋捋头发，满脸困惑地回过头，看着依依在楼梯口一晃而过的背影。

"嗨，不就是去总公司找稿子，灵感而已嘛！激动什么呢？工作狂……"

工作狂谢依依小姐，开心地打车冲向了华荣集团总公司。能够以公事的借口和荣轩见面，她高兴极了，不过她也没有忘记自己的职责，半路上就想好了稿子的内容。

荣轩之所以能在商战中运筹帷幄，令华荣集团始终屹立不倒，秘书们在其中功不可没。无论是擅长掌握市场动态的秘书丽莎，还是心思细腻的前任特助宾妮，都是荣轩不可或缺的左膀右臂。

所以，依依打算在新年特刊里，让这些幕后英雄们也露一下脸。

不过，想到宾妮，依依又想起了一件事。宾妮如今正大腹便便，依依自己调换了岗位，其他秘书又各有工作，那现在……特助的事情到底是谁在做？

之前，依依曾经问过荣轩几次，甚至以为荣轩会把特助的位置留空，等待宾妮生完孩子回来。

但是，荣轩却说他早有安排。

那么，到底是谁能担负起这个重任？

抵达公司，依依迎面就遇到了恭候她多时的丽莎。在丽莎的引领下，依依时隔多日再一次踏进了秘书室，不同的是这一次她的身份恢复成了杂志编辑，已经不是秘书室的一员了。

而依依心中关于特助的疑问，也在她踏进秘书室之后，就很快烟消云散。

在秘书室门口，她看见迎面走来一个面熟的年轻男人，冲着她温柔一笑："谢小姐，好久不见了。"

依依顿时惊喜地叫了起来："乔先生？！"

没错，向依依打招呼的居然是久违的乔溪，荣轩身边最可靠的秘书乔溪！

"乔先生，你是什么时候回来的？"依依好奇地问，早在宾妮出车祸之前，乔溪就已经到美国去出差了。这一次他出差的时间特别长，依依还差点以为他要常驻美国了。

许久不见，乔溪还是一副温文尔雅的样子，对依依微笑道："我是赶在圣诞节假期开始之前回来的。这段时间，我按照荣先生的规划，一直在筹备美国分公司的事宜。没想到一阵子不在，这边居然发生了翻天覆地的变化，恭喜你了，谢小姐。"

依依不好意思地低下头，知道乔溪是在暗指她和荣轩的事。

"那么，乔先生回来以后都没怎么休息，就已经开始工作了吗？"她又问。

"积攒了一大堆事，我怎么好意思休息呢？"乔溪笑笑，"宾妮小姐被飞车党吓得差点流产，我和那群小混混有一点交情，必须把这件事处理干净。而你调岗以后，荣先生在公司的饮食起居也不能没有人管，这方面我也要多关心。”

“这么说，是你接替了我和宾妮的职位？”

“算是吧，在宾妮小姐回来之前，我会一直监督好荣先生的饮食和作息的。另外，谢小姐，你以前的办公桌里还有一些私人物品，我都为你整理在纸板箱里了，方便的时候你可以拿回去。”

“好的，多谢乔先生费心了。”

说来也奇怪，这些平淡无奇的话，从乔溪嘴里说出来就特别温暖可靠。

他身上有一种天生的亲和力，凡是他口中保证过的事情，就让人相信他一定能够做好，绝无差错。这，就是荣轩身边最可靠的心腹乔溪的魅力。

之后，依依又跟乔溪和其他秘书聊了一会儿，这才想到要去看看荣轩。可惜荣轩正在忙，他和白洛雷都在总裁办公室里，两人对着电脑正专注地聊着什么。

透过玻璃幕墙，依依看了荣轩一会儿。

不知为什么，只是这样看着，她就觉得自己的情绪渐渐平静下来，心里也涌出了一丝暖意。

这时，荣轩忽然抬起头。

他看见了依依，微微一笑，然后继续把视线收回到电脑屏幕上。

这就是所谓的心灵相通吧，相爱的两人不需要过多的言语，只要一瞬间眼神的交汇，就已经看透了彼此的全部。依依只是与荣轩这么对看了一眼，但是她已经觉得足够了。

得到了写稿灵感，见过荣轩，也确认了是谁在照顾他，依依就准备打道回府了。伊琳娜的工作要求很严格，依依准备回去以后就起草新年特刊的稿子。

临走之前，她去了一趟公关部，和荣佑打了声招呼。在那里，两人不约而同地对双方上下打量，依依担心荣佑被荣轩家暴；而荣佑也对依依有着同样的担心。

幸好，两人都安然无恙，都从总裁大人的魔爪中平安脱身了。

后来，在等电梯的时候，依依又碰到一个面熟的姑娘。她拼命思索着，终于回想起来对方就是当初在员工餐厅羞辱过她的传媒部的阿朵。

然而，阿朵对依依目不斜视，从她经过的时候连看都不看她一眼，踩着高跟鞋嗒嗒嗒地走过去了，就像从来都不认识她。

依依百思不解，很久才释然。

她已经不是总裁特助，已经离开荣轩身边，自然也不会遭到同事的嫉恨了。正如伊琳娜所说，大家关注的只是八卦本身，一旦八卦消失，人们也就会自动散开，对八卦主角再也没有兴趣，甚至把她抛在脑后。

阿朵现在的情况，正是如此。

稍微有点不死心，依依又坐电梯去了员工餐厅，想看看那边的情况如何。意料之中的，餐厅里根本就没人注意到她，大家都在忙着排队买饭、找座位吃饭，全然不知一个曾经腥风血雨的人物，就在他们中间。

依依郁闷了。

还真是人走茶就凉啊，哼。

话说回来，难怪荣轩对那些流言蜚语根本无所谓，他肯定是经验丰富，早就预料到这样的事态发展了。

老板不愧是老板。

一趟短暂的总公司之旅，就这样平静的结束了。想要的目的都已经达到，依依十分满意，哼着歌准备打道回府。然而，事故总是在一个人毫无准备的情况下发生，正当依依站在马路边等出租车的时候，她的视线在某处定格了。

在公司旁边的便利店门口，有两个流里流气的青年正在抽烟。他们没有注意到依依的视线，一边抽烟一边闲聊，然后把烟头踩灭，吊儿郎当地走进了旁边的一条小巷子里。

一辆空出租车开了过来，但是依依站在原地一动不动，任由它从自己身边驶过。

她握紧了拳，身体难以自抑地颤抖起来。

脸上的伤口已经痊愈了，但是心上的伤口，却一直疼痛着，从未消失。

是的，那两个家伙，就是当初冒充快递人员，在公司后门抽打依依耳光的男人。是该说善恶终有报吗？他们居然会这么巧，在光天化日之下和依依狭路相逢！

千载难逢的机会，依依可不会错过。上次她是被他们打懵了，这一次她可要连本带利的讨回来！

立刻放弃了回去的打算，依依转身跟进小巷子。她小心地贴在墙角处，看见那两个男人边聊边走，并没有注意到身后的情况。按照依依对附近地理情况的了解，小巷子尽头是一些低端娱乐场所的聚集地，这两个家伙应该会去那里，她可以抄近路过去伏击，将他们俩一网打尽。

然而，正当依依构思战术的时候，牛仔裤里传来一丝异样的感觉。

糟了……

依依心里一惊。

她……她好像来大姨妈了！

妈呀，好讨厌！这东西早不来晚不来，为啥偏偏在她即将进行复仇大业的时候来！这可怎么办？她是要先去洗手间，还是一往直前浴血奋战？

不行，等到她上完洗手间，这两个家伙早就不知道跑哪儿去了。衡量轻重缓急之下，依依还是打算勇往直前！至于大姨妈……咳，就祈祷它的来势不要太汹涌吧。

打定了主意，依依一闪身溜进了小巷子的岔路，跑到巷子尽头围追堵截去了……

与此同时，在华荣集团总公司顶楼的总裁办公室里，荣轩的工作终于告一段落。

他向后靠在老板椅里，伸着懒腰长长地叹了口气，心里充满了对依依的愧疚。

其实他也很想念依依，刚才隔着玻璃看见依依的时候，恨不得马上冲出去跟她温存一番。但是，紧急的工作任务缠得他脱不开身，他只能用眼神，向依依表达了自己的情感。

幸好，依依看懂了。

“老板，又思春呢？”这时，旁边的白洛雷明知故问道，镜片下的双眼充满了促狭。

“洛雷，”荣轩没接他的话，闭上眼睛揉着太阳穴，“你说，除了约会，男人还能用什么方法表达对一个姑娘的爱意呢？”

“这还不简单？上床呗。”

“你他妈就是狗嘴里吐不出象牙。”

“哈哈哈哈我是一个实在人嘛，”白洛雷说着，上下打量了荣轩一番，“不过，你这位成功人士不是穷得只剩下钱了吗？用钱砸晕那个姑娘呗。”

“具体要怎么砸呢？依依不会收太贵重的东西，但是我又不知道她需要什么。”

“这不就更简单了？总裁大人，你听说过购物网站这个东西吗？我帮你入侵伊琳娜那边的电脑网络，把谢小姐的网购账号找出来。然后，你看看她的购物车里都有什么，全都帮她买下来……”

“好主意！”荣轩立刻点头，“不要磨蹭，洛雷，赶紧现在就把这件事办了！”

“猴急什么嘛，这么不淡定，将来你入洞房了可怎么办……”白洛雷一边耻笑，手指一边迅速在键盘上敲打起来，然而就在这时，他的视线突然定格了。

电脑屏幕被分成好几处不同的画面，这是公司的监控系统正记录着每一个部门的情况。而其中一个探头，正面对着公司的后门。

盯着那个画面，白洛雷推了推眼镜：“喂，老板，你老婆怎么跟两个流氓混在一起？”

荣轩立刻大惊失色：“什么？依依被流氓打了？！”

“不是哦，是你老婆在跟踪流氓……”

Chapter 17　那，该结婚了

半个小时以后，当荣轩把依依找到的时候，事情基本上已经结束了。

只见那两个流氓鼻青脸肿地倒在地上，而依依意气风发，手持棒球棍，正一脚踩在其中一个人的背上，嘴里还在质问："以后还敢不敢了？敢不敢了！"

"不敢，不敢，女侠饶命！"流氓哭诉道。

这一切的经过，还得追溯到依依前去围追堵截的时候。她抄近路抢先跑到巷子口之后，发现那里有一家破破烂烂的酒吧。

酒吧旁边的阴暗角落里堆满了垃圾，于是依依在里面找了一根棒球棍，躲在那里准备伏击。

过了一会儿，那两个家伙果然来了。

虽然是白天，但是他们走路摇摇晃晃，可能是喝了酒或者磕了药。依依在为自己讨公道的时候可从来不会手软，她使出了自己在大学时代练过的女子防身术，看准他们走进过来，扬手就是一棒。

被打中的家伙嗷呜一声，抱着脑袋跌倒在地上。

依依眼疾手快，立刻伸脚绊倒第二个，然后对着他们一通乱棍殴打。

因为是早上，夜生活的人们还没有出动，巷子里冷冷清清的。于是两个流氓叫天天不应叫地地不灵，就这样被依依打了个半死。

"说！上次到底是谁指使你们来抽我的耳光！"中途，依依累了，擦

了一把汗，恶狠狠地问。

“是、是两个女人……”其中一个流氓抱着头颤声说，他原本就是欺软怕硬的货，现在被依依打成这样，还以为她是搏击高手，吓得连大气都不敢出。

“是两个什么样的女人？”依依继续质问。

“是……是年轻女人，打扮很时髦……”另一个流氓也开了口，“她、她们经常来酒吧玩，有一次说你仗着是老板的情妇，故意卡她们的稿子，跟她们作对。她们把你的名字和手机告诉我们，要、要我们给你一点颜色看看……”

依依起先莫名其妙，什么稿子？她卡谁的稿子了？

后来，思考了很久，她才突然想起，很久以前，当她刚刚从行政助理升职到助理编辑的时候，的确跟稿子扯上过一点关系。

当时还在传媒部工作的林瞳，为了讨两个心怀作家梦的女人欢心，通过了两篇超级烂稿，还跟伊琳娜大吵了一架。是依依紧急救火请朋友补写了两篇，才没让杂志开天窗。

所以，那个耳光的罪魁祸首是薇薇和兰莉娅吗？

但那都是多久以前的事儿啦！为什么她们还念念不忘！

而且，退稿的明明是伊琳娜啊，林瞳到底在她们面前说了她什么样的坏话！以为她是软柿子好捏吗？

依依越想越气，忍不住对两个流氓开始了新一轮的虐待。

当荣轩赶到的时候，正是依依揍他们揍得最起劲儿的时候。

荣轩被依依暴力和狂放的姿态惊呆了，而依依同样也被荣轩惊呆了——因为，他气势汹汹地开来了自己的车，除此之外，后面还跟着十几辆款式各异的车子，每辆车上都跳下好几个身穿黑西装的保镖。

这是依依第一次知道，腰缠万贯的荣家，居然还有私人保镖。

“你这又是怎么回事！”一把夺下依依手里的棒球棍，荣轩简直气得七窍生烟，“你知道我又差点被你吓死吗！知道我派出去多少人满大街乱转，才总算在这里找到你吗？”

“我、我在为自己报仇嘛！”依依连忙解释，“其实事情是这样的……”

“闭嘴，先跟我回去！”荣轩一把揪住她的衣领，把她使劲往车子里拖。

暴怒的老板最可怕，依依只能乖乖闭嘴，乖乖跟着荣轩走。

然而，没走几步，她突然五官扭曲，口中发出呻吟：“哎……啊……”

“怎么了？”荣轩立刻脸色一变，同时不小心松开了手。依依得到自由，立刻抱住肚子就地一蹲，龇牙咧嘴，表情痛苦。

荣轩连忙抱住她的肩膀，正在这时，他看见一丝鲜血顺着依依的裤管流淌下来，染红了她的袜子。见此情景，荣轩的脸色一下子变得死灰，惊恐万分地把她抱起来：“依依！依依你再忍耐一下！”

“忍耐你个大头鬼！”依依大怒，一巴掌甩在荣轩脸上，然后趁他吃痛松手的一瞬间跳到地上，继续蹲下来缩成一团，“浑蛋……这怎么忍啊！你……你快给我找个女同事来，让她帮我去买姨妈巾……”

“什么巾？”荣轩一愣。

“白痴！人家例假来了，你还在旁边问什么问！”依依终于忍不住哭着大骂起来。

“……原来是……这……”荣轩的表情一下子抽搐了，“我、我还以为你流产了……”

“流你个头的产！我怎么可能怀孕！”依依继续又哭又骂，“你又没放过招，我怎么会中招！还不快帮我找姨妈巾啊，你想让我在大庭广众之下丢脸死吗！”

荣轩这才回过神，慌慌张张地去找女同事。

然而，就在他转身的时候，他突然发现四周静悄悄的。

所有的人，都正在呆呆地盯着他们俩看。

在场的保镖们，都被他们高分贝音量的对话吸引了注意力。并且，纷纷露出各不相同的怪异表情。

这时，在旁边看热闹的夏雪夜和白洛雷，意味深长地对视了一眼。

“原来他们交往了这么久，老板还没放大招啊。”雪夜若有所思。

“真纯情呢。”白洛雷摸着下巴。

据说，之后的很长一阵子，这两个家伙见到荣轩的问候语都是：“唷，老板，还没放大招吗？”

这件事是真是假，依依不知道。因为从那天以后，她就再也没有见过荣轩。

废话！那浑蛋让她丢脸都丢到北极去了，她没把他揍得半死已经够客气了，还跟他见面？做梦！

而同时，依依也意识到了，当初宾妮险些流产的事情带给荣轩的阴影到底有多深，深的让他看到她流血，居然会吓成那个样子。

哼，当然这点小事还不至于让依依的气消。

她毅然和荣轩打起了冷战。

从那天起，她坚决不跟荣轩见面，不接他电话，不谈论有关他的任何事情。而让依依没想到的是，隔天开始，各种购物包裹就如雪片般飞到她的手里。

那些包裹有寄到公司的，有寄到家里的，还有塞在她信箱里的。每一件包裹都装着依依想买却舍不得买的东西，让她非常的吃惊。

不过，睿智聪明的谢依依小姐可不会被这种小事难倒，她稍一思索，就知道是电脑专家白洛雷和荣轩狼狈为奸，把她的购物网站 ID 给盗走了。

这两个浑蛋啊！

依依又好气又好笑，她真没想到这种故事里才会看到的桥段，居然会发生在自己身上。

不过，她的意志很坚定的，她才不会被这些小恩小惠打动，她的冷战计划是不会改变的！

一天，两天……

一周，两周……

就这样，依依和荣轩的冷战，足足持续了大半个月。

到了第三周，变故终于发生了。

这天是星期六，早上依依还在被窝里睡大觉的时候，突然被一阵震耳欲聋的门铃声给吵醒了。她刚要起床开门，却听见大门发出一声巨响，然后就……轰然倒塌了。

门外，站着英俊潇洒的总裁大人荣轩，温柔淡定的特助乔溪，还有一群身穿黑西装的保镖。

“你……你们要干什么！”依依把被子裹在身上，惊慌地尖叫起来。

然而，根本没有人理睬她，荣轩踏进一步，环视客厅，然后冷冷地吐出一个字：“搜。”

下一秒，保镖们就冲进房间，开始四处翻箱倒柜。

“你们到底要干什么！黑社会吗！”依依急得跳脚。

“别担心，谢小姐，”这时，乔溪微微一笑，“我们只是来你家找一样东西，找到了就会走的。”

“什么东西？”

“户口簿。”

“你们要我的户口簿干什么？！”依依问出这个问题之后，还没等乔溪回答，荣轩已经淡定地开了口：“……结婚。”

“什么？”依依震惊地瞪大了眼睛。

“我要跟你结婚。”荣轩看了她一眼。

依依的嘴张成了鸭蛋型。

静默了几秒钟，她又开始跳脚：“浑蛋！我户口还在老家，这里哪来的户口簿？要结婚也应该用我的身份证啊！”

荣轩“哦”了一声，冲着翻箱倒柜的保镖们环视一圈：“听见没有？

谢小姐要你们找身份证。”

众保镖整齐划一地发出“是！”的声音，然后转而开始找身份证。

依依无语了。

她怎么不知道，她的这个男朋友，她的老板，她未来的老公，居……居然还有当黑社会老大的潜质？

平民女子真是没法活了！

“你哭什么？恐婚吗？”这时，看见依依悲伤啜泣的样子，荣轩莫名其妙地问。

“恐你个大头的婚！谁哭了，我是被你气笑了啊！”依依拼命控制着自己扭曲的面部表情，“你……你这个人做事能不能遵循一下章法？哪有人闯进民居就嚷嚷着要结婚的？戒指不买了吗？双方家长不见面了吗？连婚礼细节都不用商量了吗？”

“这个你不用急，等我找到身份证，就带你去见家长。”荣轩淡定地说。几乎在同时，房间一角传来保镖雀跃的声音：“荣先生，找到谢小姐的身份证了！”

“辛苦了，”荣轩说着看了一眼依依，“那么，你赶快换一件漂亮衣服，我们要去见家长了。”

十分钟以后，依依已经被塞进了那辆黑色加长林肯轿车里，坐在了荣轩的身边。

她战战兢兢，如坐针毡，被即将见家长的事实吓得全身紧张不已。

至于她还在跟荣轩冷战？呃，这种小事早就被抛到脑后去了。

她现在关心的是，荣轩的家人会是什么样子的？很雍容，很严肃，很八卦，还是像荣轩一样很淡定腹黑？依依想到自己在电视剧里看过的媳妇见公婆的情景，脑海中不禁浮现出这样一幅画面：

她紧张地坐在沙发上，荣轩的家人淡定优雅地坐在她的对面，双方之间隔着一个茶几。

然后，长辈开始问话了。

谢小姐啊，你多大了？什么学历？父母是做什么的？平常有什么兴趣爱好？祖上三代都是什么身份？打算跟荣轩生几个孩子？身体健康吗？英法德语都会不会啊？大学期间有没有游遍欧洲美洲非洲？有些什么职业资格证书？对我们华荣集团的未来发展有什么看法？……

妈呀，想到这种画面，依依就觉得胃部一阵抽痛。

这时，林肯车已经远离市区，来到郊外，开进了一片茂密的森林里。森林尽头，一扇巨大的雕花黑铁门缓缓向两侧打开，呈现在依依面前的，是一条幽深静谧的小径，一眼望不到边。

车子在小径上又开了很久，依依才终于见到第一栋建筑物。

而这，只是荣家花园里的一座凉亭而已。

关于荣轩的家到底有多大，依依很难形容，只能用自己的亲身经历来说明。在她和荣轩结婚以后，曾经在荣家大宅里迷路了十八次，其中一次还差点在迷宫般的花园饿死。

最后，荣轩给她配了一个对讲机，让她随时随地都能和管家联络，这才把她从水深火热之中拯救了出来。

这就是万恶的有钱人的家。

经过凉亭之后，车子又开了好一会儿，荣家的主宅终于到了。

诸位亲戚已经在客厅里等候，椭圆形的会议桌旁边坐满了人，依依走进客厅的时候，被这黑压压的阵势吓了一大跳。

这些亲戚之中不乏熟面孔，当初荣佑受伤，荣家人在酒店宴请依依的时候，许多荣家的亲戚也在场。当时那些家伙都一个比一个热情，大呼小叫地吵着要依依嫁给荣佑，然而今天不知怎么回事，这些家伙却又一个比一个安静，连大气都不敢出一声。

依依看看站在自己身边的荣轩，了然于心。

咳，看来是总裁大人出场，大家全都不敢说话了。

会议桌的一端，有两个并排的空位，显然就是给依依和荣轩准备的位置。两人手握手地在椅子上坐下，荣轩清了清嗓子，向会议桌环视一圈，淡定地开了口。

“那么，今天请诸位聚在这里，是为了告知我和谢小姐的婚事。”

咦？是告知，不是商量吗？

依依在心里疑惑着，听见荣轩又继续开口。

“有关婚礼日期和各项细节，之前我已经用电子邮件发到诸位的手里了。如果哪位有不同的意见，可以现在就提出来。”

鸦雀无声。

众亲戚们保持着正襟危坐的姿势，谁都不说话。

于是，荣轩又说:“那么，如果没有意见，这件事就这么定了，散会。”

就这样，这场才开了三分钟的家庭会议，迅速散会了。

依依目瞪口呆，转头盯着荣轩：“这就完了？”

荣轩也看着她：“完了啊，怎么，有哪里不对吗？”

“哪里都不对好吗！”依依抓着他的衣襟拼命摇晃，“不是要见家长吗！不是众亲戚要对我轮番轰炸问长问短刨出我的学业工作财产家庭感情史，要把我的祖宗十八代全都刨根问底刨个稀烂才会罢休吗！为什么都没有人正眼看我？！”

“在荣家我就是最大的家长，我在这里，谁敢对你这么不礼貌？”荣轩一脸奇怪的表情，“还是说，你喜欢被人刨根问底？没关系，那我再叫他们回来。”

“不是这个问题！你父母呢？他们都不管你的终身大事吗？”

“我十二岁就大小事都自己做主了，父母不会干涉我的选择。如果你想见也可以，不过我得先去找一找。他们早就归隐田园，大概正在乡下种地，我也不知道他们具体在什么地方。”

依依一头黑线。

有钱人的世界真是太奇怪了。

这时，荣轩还以为依依不高兴了，连忙说："没关系的，虽然很难见到我的父母，但是我可以跟你去见你的父母，现在就可以。"

依依无力地摇摇手："不用了，我父母是旅游狂，现在也不知道正在世界的哪个角落里逍遥呢。我八岁开始就会自力更生，自己给自己煮饭吃了。"

荣轩怔了一下："……哦，难怪你的厨艺这么好。"

哈哈哈哈……

该怎么说呢？他们俩不但本身相爱，连爹妈的行事风格也这么相似，真是天造地设的一对。

于是，几个月以后，谢小姐和荣先生毫无悬念地结婚了。

婚后，荣轩给自己放了一个大假，带着依依在世界各地的名胜风景转了一圈。好笑的是，在美国的尼亚加拉大瀑布，他们居然遇到了正在那里旅行的依依的父母，四个人很开心的在一起吃了顿饭。

而回来以后，伊琳娜对依依大加赞赏。因为依依临走前写的稿子大受欢迎，杂志的新年特刊在市面上反响强烈，大大提高了华荣集团在社会中的声誉。

不仅如此，后来依依还跟米嘉联手，想方设法调和荣轩和Jimmy之间的矛盾。经过姑娘们不懈的努力，You-Time和华荣集团建立了合作关系，将业务的触角延伸到了高端传媒领域。

夏雪夜和白洛雷则从公关部辞职，自立门户。他们是一对相处模式非常奇怪的情侣，性格也跟普通人大不一样，行事作风有时连荣轩也看不懂。

荣佑去了美国。

华荣集团的分公司早已在美国初具规模，需要荣家的人亲自过去坐镇。之前乔溪在美国这么久，就是为了给荣佑做好一切前期工作，让他能够更快融入国外的环境。

让众人大跌眼镜的是，荣佑居然把美国分公司做得有声有色。

或许，天性自由的他不合适国内的生活，也不喜欢大家族的环境。只有在更广阔的天空下，他才能找到真正属于自己的人生。

闲暇之余，荣佑经常会回国。

当他还没有回来的时候，荣先生就经常对荣夫人提出严肃警告："依依，荣佑回来以后，你不准跟他没完没了的出去疯。"

依依老实道："知道了。不过，如果我真的跟他出去疯，你会揍我吗？"

荣轩淡定道："不会，我怎么舍得揍你？"

"那你……？"

"我揍他。"

"呜呜呜，不要啊，我一定听你的话，你不要揍他！"依依不怕自己受伤，但是她见不得朋友为了自己受伤。因此，她是绝对不会再敢跟荣佑出去疯了。

在这一点上，荣轩真是把她摸得一清二楚。

所以，她的老公，她的爱人，果然永远都是一个淡定腹黑、聪慧睿智的老板啊。

呜呜呜，她败了……

那么，从此以后，老板大人和下属小姐就一直这样，过着幸福的生活。